高等职业教育土建类"十四五"系列教材

U0641658

道路勘测设计

DAOLU

KANCE SHEJI

主　编　杜祝遥　孙　虎

副主编　何　佳　陈　蓉

工作手册式

电子课件
（仅限教师）

华中科技大学出版社
http://press.hust.edu.cn
中国·武汉

内 容 简 介

  道路勘测设计是路桥类专业学生必修的专业课之一。道路勘测设计是对根据设计任务书提出的公路路线或按照城市规划拟定的城市道路路线进行查勘与测量(铁路和道路测量、市政工程测量),取得必要的勘测设计资料,以便按照规定编制设计文件。设计要体现国家的方针、政策,切合实际,技术先进,经济合理,安全、适用、美观并符合交通工程的要求。公路还应综合考虑山、水、田、林、路等统筹安排、布置协调。设计标准应根据工程的性质、要求的不同而不同。设计要研究汽车行驶与道路几何元素的关系,以保证在设计速度、预计交通量,以及地形和其他自然条件下行驶安全、经济、旅客舒适以及路容美观。做好勘测设计工作不仅能使道路在建设工程中取得好的经济效果和社会效益,而且能使其在建成投产后取得好的使用效果。

  本书全面阐述了道路设计的基本理论和计算方法,以及道路勘测的基本方法。本书的知识内容较为全面且基础,更适合高职高专院校学生。根据交通运输部颁布的《公路工程技术标准》(JTG B01—2014)的相关内容,本书也进行了相应修改和完善。本书分为绪论、公路平面设计、公路纵断面设计、公路横断面设计、选线、定线、公路交叉设计、公路外业勘测、公路现代测设技术等 9 个工作手册。本书可作为高职高专院校道路桥梁工程技术及其相关专业的教材,也可供从事公路工程设计与施工的有关工程技术人员学习、参考。

  为了方便教学,本书还配有电子课件等教学资源包,任课教师可以发邮件至 husttujian@163.com 索取。

图书在版编目(CIP)数据

道路勘测设计/杜祝遥,孙虎主编.—武汉:华中科技大学出版社,2023.7
ISBN 978-7-5680-8450-5

Ⅰ.①道…　Ⅱ.①杜…　②孙…　Ⅲ.①道路测量　②道路工程-设计　Ⅳ.①U412

中国国家版本馆 CIP 数据核字(2023)第 142406 号

道路勘测设计
Daolu Kance Sheji

杜祝遥　孙　虎　主编

策划编辑:康　序
责任编辑:李曜男
封面设计:孢　子
责任监印:朱　玢
出版发行:华中科技大学出版社(中国·武汉)　　　电话:(027)81321913
　　　　　武汉市东湖新技术开发区华工科技园　　　邮编:430223
录　　排:武汉正风天下文化发展有限公司
印　　刷:武汉科源印刷设计有限公司
开　　本:787mm×1092mm　1/16
印　　张:14
字　　数:346 千字
版　　次:2023 年 7 月第 1 版第 1 次印刷
定　　价:45.00 元

前言
Preface

改革开放以来,国民经济飞速发展,公路建设一日千里。基于此,培养一批高素质专业人才势在必行,也是高校教育发展的必然趋势。

道路勘测设计是路桥类专业学生必修的专业课之一。道路勘测设计是对设计任务书提出的公路路线或按照城市规划拟定的城市道路路线进行查勘与测量,取得必要的勘测设计资料,以便按照规定编制设计文件。设计要体现国家的方针、政策,切合实际,技术先进,经济合理,安全、适用、美观并符合交通工程的要求。公路还应综合考虑山、水、田、林、路等统筹安排、布置协调。设计要研究汽车行驶与道路几何元素的关系,以保证在设计速度、预计交通量,以及地形和其他自然条件下行驶安全、经济、旅客舒适以及路容美观。做好勘测设计工作不仅能使道路在建设工程中取得好的经济效果和社会效益,而且能使其在建成投产后取得好的使用效果。

作者根据高职高专人才培养的目标,根据高等职业教育培养技术应用型人才的要求,探寻本学科专业技能工作手册式教学的方法,力争编写出同时具有学术水平超前、技能突出、贴近生产实际等优点的专业课教材。本书内容精练,突出应用,加强技能培养,各工作手册配套相应的技能实训。本书在基本理论方面简要化,由浅入深,对传统教材内容体系做了适当调整,把理论贯穿到实践中。

本书由陕西国防工业职业技术学院杜祝遥(负责编写工作手册1、2、4)、孙虎(负责编写工作手册6~9)担任主编,由陕西国防工业职业技术学院何佳(负责编写工作手册3)、陈蓉(负责编写工作手册5)担任副主编。

本书在编写过程中,参考和引用了大量图书资料、规范与论文等,并得到了许多专家和单位的无私帮助,在此一并表示衷心感谢。

为了方便教学,本书还配有电子课件等教学资源包,任课教师可以发邮件至husttujian@163.com 索取。

由于编者水平有限,书中不足之处在所难免,恳请广大读者批评指正。

编　者

2023 年 3 月

目录 Contents

工作手册 1

绪论

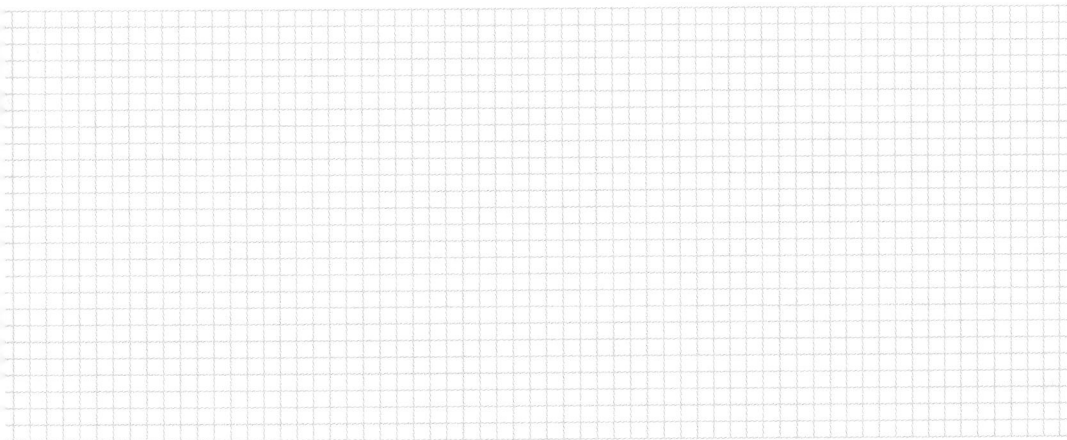
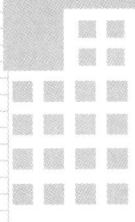

项目描述　本项目主要介绍了道路运输的特点与作用、道路的分类、公路与城市道路的分类与技术分级、公路的基本组成,初步建立线形的概念;介绍了公路工程技术标准的地位与作用;重点介绍了公路等级划分的方法与公路勘测设计程序,以及设计车速、交通量的概念。本项目的目的是为后面的项目深入打好基础。

知识目标
1. 了解现代交通运输体系的特点和公路发展的现状。
2. 了解公路发展状况及其主要组成部分、公路勘测设计的阶段和任务。
3. 掌握公路分级与技术标准、公路设计的基本要求。

技能目标
1. 掌握公路设计参数的计算方法。
2. 能够分析已建公路的等级。

1.1　交通运输体系

交通运输是国民经济的"大动脉",是联系工业和农业、城市和乡村、生产和消耗的纽带,是国民经济的"先行官"。交通运输的发展,有利于促进整个社会的经济发展和人民物质文化生活水平的提高,有利于加强国防建设。交通运输是一个国家得以繁荣昌盛的重要物质基础。因此,要实现国民经济的高度发展与现代化,就要先实现交通运输的现代化。

（一）交通运输网络的构成

现代交通运输系统是由公路、铁路、水路、航空及管道五种运输方式组成的。这些运输方式的点、线、面组成国家综合运输系统。

公路运输适用于旅客及货物各种运距的批量运输,如图 1-1 所示。

铁路运输适用于远程的大宗货物及旅客运输,其特点是运量大、迅速,如图 1-2 所示。高速铁路(轮轨、磁悬浮)的出现使铁路运输能力得到进一步提高。由于铁路运输需转运(两次、三次),装卸费用较高,铁路运输一般只在远距离运输上有优势。受铁路轨道的限制,铁路运输属线性运输。

水路运输(见图 1-3)是通航地区最廉价的运输方式,但速度慢,受自然因素制约大;运输方式包括内河运输及海洋(近海、远洋)运输。

图 1-1　公路运输

图 1-2　铁路运输

航空运输适用于快速运送旅客、紧急物资及邮件，速度快，但成本也高，如图 1-4 所示。

图 1-3　水路运输

图 1-4　航空运输

管道运输是用于液态、气态及散装粉状材料运输的专用方式，如图 1-5 所示。

图 1-5　管道运输

（二）公路运输的特点及其在国民经济中的地位

公路运输与其他运输方式比较，具有如下特点。

① 机动灵活，能迅速集中和分散货物，可以做到直达运输，不需中转，可以实现"门到门"的直接运输，节约时间和减少中转费用，减少货损。

② 受交通设施限制少，是最广泛的一种运输方式，可伸展到任何山区、农村、机关、单位，可承担其他运输方式的转运任务，是交通运输网中其他各种运输方式联系的纽带。

③ 适应性强，服务面广，时间上随意性强，可用于小批量运输和大宗运输。

④ 公路运输投资少，资金周转快，社会效益显著。

⑤ 与铁路、水路比较，由于汽车燃料价格高、服务人员多、单位运量小，公路运输在长途运输时的运输成本偏高。但随着高速公路的迅速发展、汽车制造技术的不断改进、运输管理水平的不断提高，这些不足正在逐步得到改善。

公路运输的这些特点使公路运输得以快速发展。20 世纪 70 年代，经济发达国家大多改变了一个多世纪以来以铁路运输为中心的局面，公路运输在各种运输方式中起了主导作用。现代高速公路的出现，使公路运输在经济建设中发挥了更加重要的作用。公路运输是我国综合运输体系中最活跃的一种运输方式，并显示出广阔的发展前景。

1.2　我国道路现状及发展规划

1.2.1　公路发展史

古代：公元前 2000 年前就有了可以行驶牛车、马车的道路。秦始皇统一六国后，大修驰道，颁布"车同轨"法令，使道路建设得到一个较大的发展。

近代：20 世纪初，汽车输入我国，通行汽车的公路开始发展。从 1906 年在广西友谊关修建第一条公路开始，到 1949 年年底，全国公路通车里程为 81 000 km。

现代：中华人民共和国成立以后，为了迅速恢复和发展国民经济，巩固国防，国家对公路建设做了很大的努力，取得了显著成就，特别是改革开放后，公路建设迅速发展。

1978 年年底，公路通车里程达 880 000 km。1994 年年底，公路通车里程达 1 100 000 km，并实现了县县通公路，97％的乡及 78％的村通了公路。截至 2014 年年底，我国公路总里程达到 4 463 900 km。

我国高速公路建设非常迅速，从 1990 年第一条高速公路（沈大高速公路）建成通车后到 2014 年年底，高速公路总里程达 111 900 km，仅次于美国，稳居世界第二位。2017 年年中，全国高速公路里程已达 131 000 km，位居世界第一。

1.2.2　公路现状及发展规划

新中国成立后,特别是改革开放以来,我国公路建设取得了巨大成就。截至 2014 年年末,全国公路总里程为 4 463 900 km,比上年末增加 107 700 km;公路密度为 46.50 km/hm²,提高 1.12 km/hm²;全国等级公路里程为 3 900 800 km,比上年末增加 145 300 km;等级公路占公路总里程的 87.4%,提高 1.2 个百分点。其中,一级及以上公路的里程为 545 600 km,增加21 300 km,占公路总里程的 12.2%,提高 0.2 个百分点。各行政等级公路里程:国道为 179 200 km(其中普通国道为 106 100 km)、省道为 322 800 km、县道为 55 200 000 km、乡道为1 105 100 km、专用公路为 80 300 km,分别比上年末增加 2400 km、4900 km、5200 km、14 500 km 和 3500 km。全国高速公路里程为 111 900 km,比上年末增加 7500 km。其中,国家高速公路为 73 100 km,增加 2300 km。全国高速公路车道里程为 495 600 km,增加 34 300 km。全国农村公路(含县道乡道、村道)里程为 3 881 600 km,比上年末增加 96 800 km,其中村道为 2 224 500 km,增加 77 100 km。全国通公路的乡(镇)占全国乡(镇)总数的 99.98%。其中通硬化路面的乡(镇)占全国乡(镇)总数的98.08%,比上年末提高 0.28 个百分点。通公路的建制村占全国建制村总数的 99.82%。其中通硬化路面的建制村占全国建制村总数的 91.76%,提高 2.76 个百分点。

从 20 世纪 80 年代末开始,在"五纵七横"国道主干系统规划的指导下,我国高速公路从无到有,实现了持续、快速和有序的发展,特别是 1998 年以来,国家实施积极的财政政策,加大了包括公路在内的基础设施建设投资力度,高速公路建设进入快速发展期,年均通车里程超过4000 km。高速公路的快速发展,极大地提高了我国公路网的整体技术水平,优化了交通运输结构,对缓解交通运输的"瓶颈"制约发挥了重要作用,有力地促进了我国经济发展和社会进步。

2004 年,交通部(现为交通运输部)推出新一轮国家高速公路网规划。我国将建成布局为"7918"的高速公路网络,即 7 条北京放射线、9 条南北纵线、18 条东西横线,总里程约85 000 km。规划的国家高速公路网将连接所有现状人口在 20 万以上的 319 个城市,包括所有省会城市以及港澳台地区。规划中,东部地区平均 0.5 h 上高速公路,中部地区平均 1 h 上高速公路,西部地区平均 2 h 上高速公路。

此外,国家高速公路网还包括辽中环线、成渝环线、海南环线、珠三角环线、杭州湾环线、台湾环线共 6 条环线,2 段并行线和 35 条联络线。

(1) 7 条北京放射线如下:

① 北京—上海(1245 km);

② 北京—台北(1973 km);

③ 北京—港澳(2387 km);

④ 北京—昆明(2865 km);

⑤ 北京—拉萨(3733 km);

⑥ 北京—乌鲁木齐(2582 km);

⑦ 北京—哈尔滨(1280 km)。

(2) 9 条南北纵线如下:

① 鹤岗—大连(1394 km);

② 沈阳—海口(3711 km);

③ 长春—深圳(3618 km);

④ 济南—广州(2110 km);

⑤ 大庆—广州(3460 km);

⑥ 二连浩特—广州(2685 km);

⑦ 包头—茂名(3132 km);

⑧ 兰州—海口(2577 km);

⑨ 重庆—昆明(838 km)。

(3) 18 条东西横线如下：

① 绥芬河—满洲里(1523 km);

② 珲春—乌兰浩特(887 km);

③ 丹东—锡林浩特(960 km);

④ 荣成—乌海(1880 km);

⑤ 青岛—银川(1601 km);

⑥ 青岛—临汾(920 km);

⑦ 连云港—霍尔果斯(4286 km);

⑧ 南京—洛阳(712 km);

⑨ 上海—西安(1490 km)

⑩ 上海—成都(1960 km);

⑪ 上海—重庆(1898 km);

⑫ 杭州—瑞丽(3405 km);

⑬ 上海—昆明(2336 km);

⑭ 福州—兰州(2488 km);

⑮ 南昌—南宁(1250 km);

⑯ 厦门—成都(2307 km);

⑰ 汕头—河池(1029 km);

⑱ 广州—昆明(1610 km)。

2013 年 6 月 20 日,交通运输部公布《国家公路网规划(2013 年—2030 年)》。今后十几年,我国将投入 4.7 万亿元,到 2030 年,建成公路网总规模约 5 800 000 km,国家公路网约 400 000 km,其中普通国道约 265 000 km,国家高速公路约 136 000 km(含展望线)。

《国家公路网规划(2013 年—2030 年)》的目标是形成"布局合理、功能完善、覆盖广泛、安全可靠"的国家干线公路网络,实现首都辐射省会、省际多路连通,地市高速通达、县县国道覆盖。国家高速公路网由 7 条首都放射线、11 条南北纵线、18 条东西横线及地区环线、并行线、联络线等组成,约 118 000 km(较之前的 85 000 km 提高了 33 000 km)。另规划远期展望线 18 000 km,位于西部地广人稀地区。

1000 km 以内的省会城市间可当日到达,东中部地区省会城市到地市可当日往返,西部地区省会城市到地市可当日到达;区域中心城市、重要经济区、城市群内外交通联系密切,形成多中心放射的路网格局;沿边、沿海公路连续贯通,形成环绕我国大陆的沿边沿海普通国道路线;有效连接国家陆路门户城市和重要边境口岸,形成重要国际运输通道,与东北亚、中亚、南亚、东南亚的联系更加便捷。

① 普通国道全面连接县级及以上行政区、交通枢纽、边境口岸和国防设施。

② 国家高速公路全面连接地级行政中心、城镇人口超过 20 万的中等及以上城市、重要交通枢纽和重要边境口岸。

国家级干线公路将形成由普通国道、国家高速公路共同组成的线网格局：普通国道提供普遍的、非收费的交通基本公共服务，国家高速公路提供高效、快捷的运输服务。

根据规划，未来我国的公路交通由两大体系构成：一是以高速公路为主的收费公路体系，二是除了高速公路之外的不收费的公路体系。从长远来看，收费公路占整个里程的比例为 3% 以下，非收费公路体系则占 97% 以上。

1.2.3 我国的城市道路建设

城市道路是随着城市的建立与社会生产力的发展而发展的。从奴隶社会进入封建社会，城市规模的发展对城市道路提出平、直的要求，出现棋盘式的路网。

洛阳周王城距今已有 3000 年的历史。据晋《元康地道记》记载，周王城城郭各开三门，共 12 门。每个门有三个门道，道宽 20 步，男子走左、女子走右，车辆走中。城内道路与门道相对应，有经、纬各九条，建筑布局合理，规划井然有序，如图 1-6(a)所示。

从秦始皇在城市划分街坊(公元前 221 年)，长达 2000 多年的封建社会使城市布局得到发展，道路系统分明，如唐长安、宋汴梁(开封)、平江(苏州)、临安(杭州)、元北京、明大同等城市都具有典型的城市道路图式。图 1-6(b)所示为明大同城市道路网，城市平面规则对称，

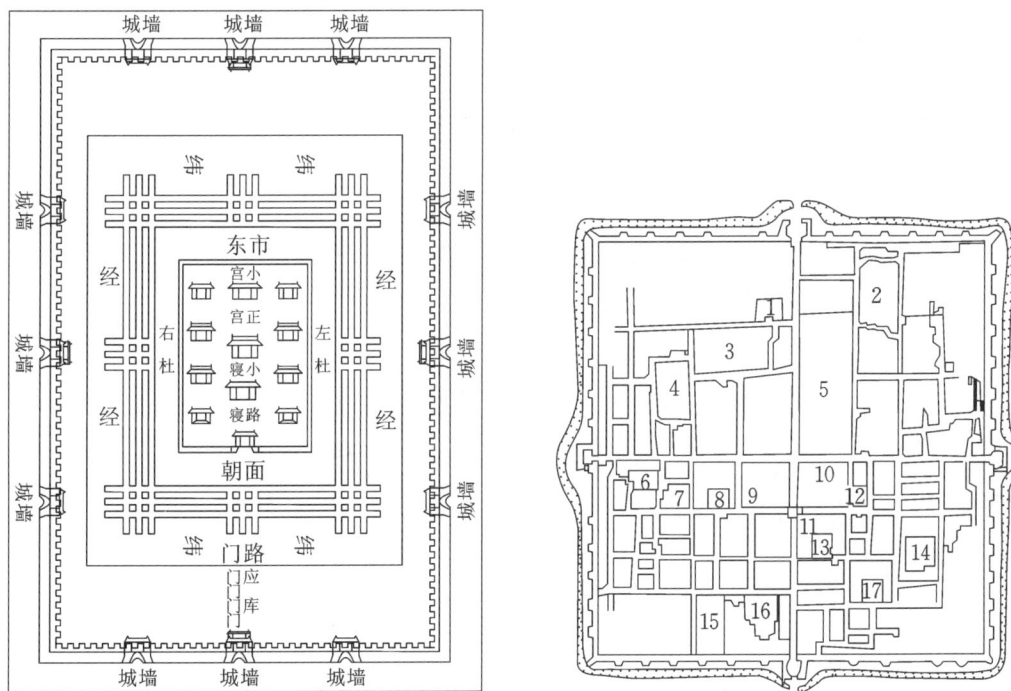

(a) 周王城城市道路网　　　　　　(b) 明大同城市道路网

图 1-6　中国古代典型城市道路网

1—县文庙；2—大有北仓；3—总兵衙门；4—府衙；5—代王府；6—上华严寺；7—下华严寺；8—太宁观；9—钟楼；
10—九龙壁；11—鼓楼；12—关帝庙；13—县衙；14—大有南仓；15—小教场；16—善化寺；17—府文庙

主要街道为十字形,直通城门,街巷主次分明,官衙、寺庙等重要建筑分布在主要街道附近,并在十字路口建鼓楼、钟楼,构成城市立体轮廓。

新中国成立后,城市建设得到大力发展,截至 2002 年末,我国城市已达 660 个,其中非农业人口在 100 万以上的特大城市及 50 万～100 万人口的大城市为 75 个(其中 200 万人以上的有北京、上海、天津、沈阳、武汉、广州、哈尔滨、重庆等,100 万～200 万人的有南京、西安、成都、长春、太原、大连、济南、青岛、抚顺、鞍山、昆明、兰州、杭州、郑州和长沙等);20 万～50 万人口的中等城市有 192 个;20 万以下人口的小城市有 393 个。中小城市进入发展最快时期。截至 2002 年末,城市面积为 464 772 km²,城市人均道路面积为 7.8 m²,地下铁路已初具规模、轻轨交通已开始修建和运营,并修建了各种互通式与分离式立体交叉、快速道路、高架路、人行天桥、人行地道及自动控制信号交通管理等。

1.3　道路的基本组成

1.3.1　公路的基本组成

公路是布置在大地表面供各种车辆行驶的一种线形带状构造物。公路由线形和结构两部分组成。

1. 公路的线形组成

1) 路线

路线是指公路的中线。线形是指公路中线在空间的几何形状和尺寸。公路中线是一条三维空间曲线,由直线和曲线组成。

2) 平面线形、纵面线形

在公路线形设计中,设计人员是从平面线形、纵面线形和空间线形(又叫平、纵组合线形)三个方面来研究的。图 1-7 所示为公路平面线形、纵面线形的示意图。

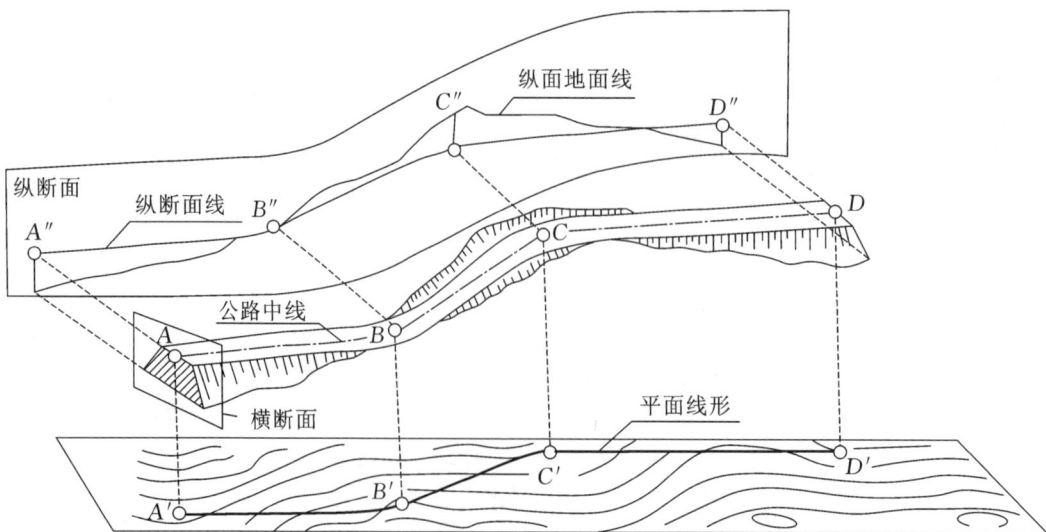

图 1-7　公路平面线形、纵面线形的示意图

2.公路的结构组成

公路的结构组成主要包括路基、路面、桥涵、隧道及沿线设施等。

1）路基

（1）路基的定义。

路基是按照路线位置和一定技术要求作为路面基础的带状构造物，一般由土、石按照一定结构尺寸要求构成，承受由路面传递下来的行车荷载。路基使公路连续，构成车辆及行人的通行部分。

（2）路基横断面组成。

用一法向切面通过道路中线剖切路基得到的图形叫作路基横断面。路基横断面由行车道、中间带、路肩、边沟、边坡、截水沟、碎落台、护坡道等部分组成，如图1-8所示。

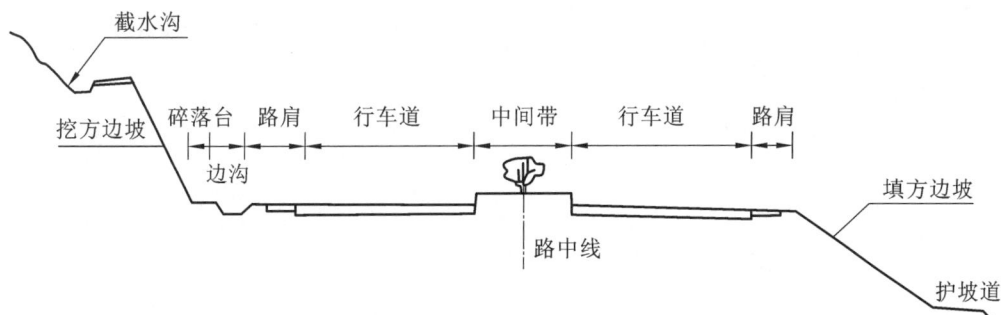

图1-8 路基横断面

（3）路基横断面形式。

路基横断面形式通常有路堤、路堑、半填半挖路基三种基本形式，如图1-9所示。

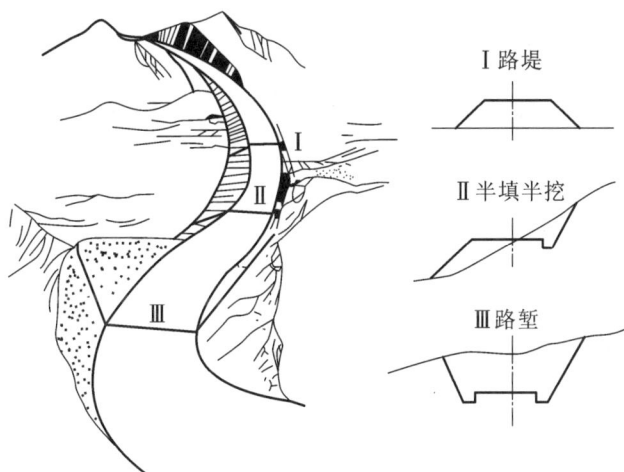

图1-9 路基横断面形式

路堤是指路基顶面高于原地面时，在原地面上填筑成的路基。路堑是指路基顶面低于原地面时，将原地面下挖而构成的路基。在一个断面内，部分为路堤、部分为路堑的路基为半填半挖路基。路基结构必须稳定、坚实并符合规定的尺寸，以承受汽车和自然因素的作用。

（4）路基防护。

路基防护是指在横坡较陡的山坡上或沿河一侧路基边坡受水流冲刷威胁的路段，为保证路基的稳定，加固路基边坡所修建的构造物。常见的路基防护有填石路基（见图 1-10）、砌石护坡（见图 1-11）、挡土墙（见图 1-12）、护脚（见图 1-13）及护面墙（见图 1-14）等。

图 1-10　填石路基

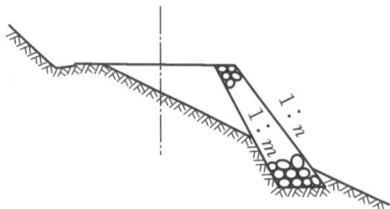

图 1-11　砌石护坡

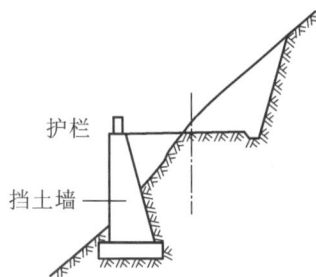

图 1-12　挡土墙

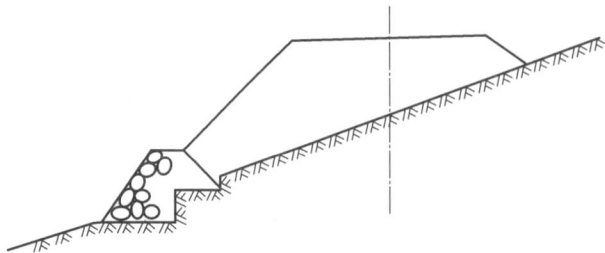

图 1-13　护脚

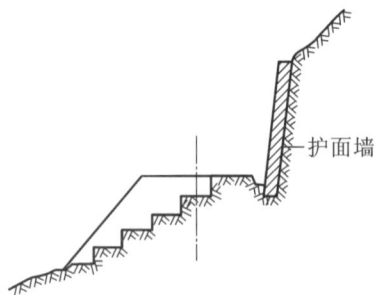

图 1-14　护面墙

（5）路基排水。

路基排水是指为保持路基稳定而设置的地面和地下排水设施。公路排水系统按其排水方向可分为纵向排水系统和横向排水系统。

常见的纵向排水系统有边沟、截水沟、排水沟等；常见的横向排水系统有路拱、桥涵、透水路堤、过水路面、渡槽等。

排水系统按其排水位置不同又分为地面排水和地下排水两部分。地面排水用于排除危害路基的雨水、积水及外来水等地面水。在地下水位较高的地段还应设置地下排水系统。盲沟是常见的地下排水结构物。

2）路面

路面是在路基表面用各种材料分层铺筑的结构物，以供车辆在其上以一定速度安全、舒适地行驶。路面的主要作用是加固行车部分，使其有一定强度、平整度和粗糙度。路面按其使用性能、材料组成和结构强度可分为高级路面、次高级路面、中级路面、低级路面。路面按其力学性能可分为柔性路面和刚性路面两大类。常用的路面材料有沥青、水泥、碎（砾）石、砂、黏土等。路面结构层如图 1-15 所示。

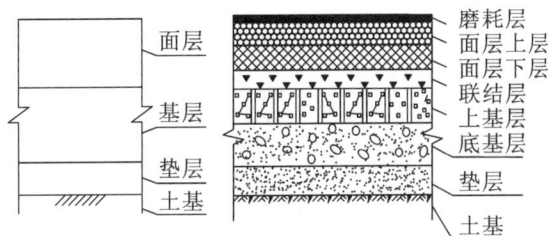

图 1-15　路面结构层

3）桥涵

道路在跨越河流、沟谷和其他障碍物时使用的构筑物叫桥涵。桥涵的单孔跨径 $L_0 \geq 5$ m、多孔跨径总长 $L \geq 8$ m 时叫桥梁，反之则叫涵洞，如图 1-16 所示。

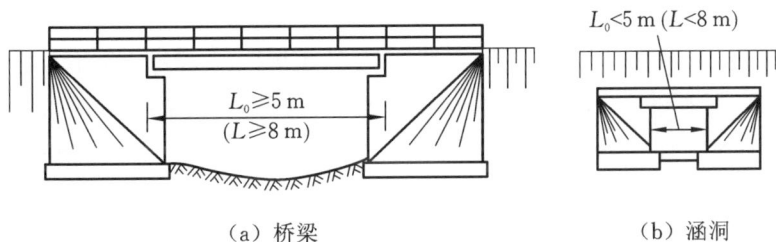

（a）桥梁　　　　　　　　　（b）涵洞

图 1-16　桥梁和涵洞

4）隧道

公路穿越山岭、置于地层内的结构物叫隧道。隧道应用在公路上能缩短里程，避免翻山越岭，保障行车的快捷，是山区公路中采用的特殊构造物之一，如图 1-17 所示。

明挖岩（土）体后修筑棚式或拱式洞身再覆土建成的隧道叫明洞，如图 1-18 所示。明洞常用于地质不良或土层较薄的地段。

图 1-17 隧道

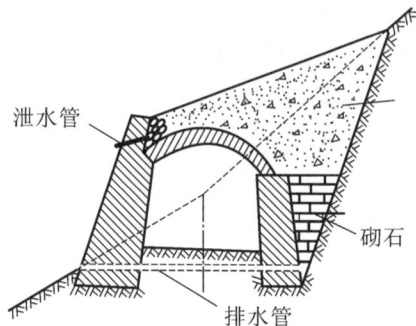

图 1-18 明洞

5）沿线设施

为了保证行车安全、舒适和路容美观,公路除设置基本结构物和特殊结构物外,还需设置各种沿线设施。沿线设施是公路沿线交通安全、管理、服务、环保等设施的总称。

（1）交通安全设施:为保证行车与行人安全和充分发挥公路的作用而设置的设施。交通安全设施包括人行地下通道、人行天桥、标志、标线、交通信号灯、护栏、防护网、反光标志、照明等设施。

（2）交通管理设施:为保障良好的交通秩序,防止事故发生而设置的各种设施。交通管理设施包括公路标志(又可分为指示标志、警告标志、禁令标志、指路标志等)、路面标线、路面标志、紧急电话、公路情报、公路监视、交通控制设施等。

（3）防护设施:为防治公路上的塌方、泥石流、坠石、滑坡、积雪、雪崩、积砂、水毁等病害而设置的各种设施和构造物,如抗滑坡构造物、防雪走廊、防沙棚等。

（4）停车设施:为了方便旅客和保证安全,在沿线适当地点设置的停车场、汽车站、回车道等设施。

（5）渡口:三、四级公路跨越较大河流、湖泊、水库,当交通量不大且暂时不能建桥时设置的船渡设施。渡口通常包括引道、码头、渡船及附属设施等部分。

（6）路用房屋及其他沿线设施包括养护房屋、营运房屋、收费站、加油站等设施。

（7）绿化:公路不可缺少的部分,有稳定路基、荫蔽路面、美化路容、增加行车安全和发展用材林木的功能。有一些地区的绿化还能减轻积砂、积雪、洪水等对公路的危害。

1.3.2 城市道路的组成

城市道路应将城市各主要组成部分,如居民区、市中心、工业区、车站、码头、文化福利设施联系起来,形成一个完整的道路系统,方便城市的生产和生活活动,从而充分发挥城市的经济、社会和环境效益。城市道路的组成部分如下:

① 供汽车行驶的机动车道,供有轨电车行驶的有轨电车道,供自行车、三轮车等行驶的非机动车道;

② 专供行人步行交通用的人行道(地下人行道、人行天桥);

③ 交叉口、交通广场、停车场、公共汽车停靠站台；

④ 交通安全设施，如交通信号灯、交通标志、交通岛、护栏等；

⑤ 排水系统，如边沟、雨水口、窨井、雨水管等；

⑥ 沿街地上设施，如照明灯柱、电线杆、邮筒等；

⑦ 地下管线，如电缆、煤气管、给水管等；

⑧ 具有卫生、防护和美化作用的绿化带；

⑨ 地下铁道、高架道路等。

1.4　道路的分级与技术标准

1.4.1　路的分类

一、道路的定义

道路是供各种车辆(无轨)和行人等通行的工程设施。道路按使用特点分为公路、城市道路、厂矿道路、林区道路及乡村道路等。

二、公路

公路是指连接城市、乡村和工矿基地等，主要供汽车行驶，具备一定技术和设施的道路。公路按重要性和使用性质可划分为国家干线公路(简称国道)、省干线公路(简称省道)、县公路(简称县道)及专用公路等。

国道是指在国家干线网中，具有全国性的政治、经济、国防意义，并经确定为国家干线的公路。

省道是指在省公路网中，具有全省性的政治、经济、国防意义，并经确定为省级干线的公路。

县道是指具有全县性的政治、经济意义，并经确定为县级的公路。

专用公路是由工矿、农林等部门投资修建，主要供部门使用的公路。

在城市、厂矿、林区、港口等内部的道路，都不属于公路范畴，但穿过小城镇的路仍属公路。

三、城市道路

城市范围内，供车辆及行人通行的，具备一定技术条件和设施的道路叫城市道路。

城市道路除了把城市各部分联系起来为城市各种交通服务外，还起着形成城市结构布局的骨架，提供通风、采光、保持城市生活环境空间及为防火、绿化提供场地的作用。

四、厂矿道路

厂矿道路指主要供工厂、矿山运输车辆通行的道路。厂矿道路通常分为厂内道路、厂外道路及露天矿山道路。厂外道路为厂矿企业与国家公路、城市道路、车站、港口衔接的道路或连接厂矿企业分散的车间、居住区的道路。

五、林区道路

林区道路指修建在林区,主要供各种林业运输工具通行的道路。由于林区地形及运输木材的特征,林区道路的技术要求应按专门制定的林区道路工程技术标准执行。

六、乡村道路

乡村道路是指修建在乡村、农场,主要供行人及各种农业运输工具通行的道路。乡村道路主要为农业生产服务,一般不列入国家公路等级标准。

各类道路由于位置、交通性质及功能均不相同,在设计时依据、标准及具体要求也不相同,要特别注意。

1.4.2　公路的分级和技术标准

一、公路的分级

2014 年 9 月,交通运输部颁布实行的国家行业标准《公路工程技术标准》(JTG B01—2014)(以下简称《标准》)将公路根据功能和适应的交通量分为五个等级,即高速公路、一级公路、二级公路、三级公路、四级公路。

（一）高速公路

高速公路为专供汽车分向、分车道行驶并应全部控制出入的多车道公路。高速公路的年平均日设计交通量宜在 15 000 辆小客车以上。

（二）一级公路

一级公路为供汽车分向、分车道行驶,并可根据需要控制出入的多车道公路。
一级公路的年平均日设计交通量宜在 15 000 辆小客车以上。
一级公路是连接高速公路或某些大城市的城乡接合部、开发区经济带及人烟稀少地区的干线公路。一级公路实际上有两种不同的任务和功能。一种是干线功能,部分控制出入;只对所选定的相交公路或其他道路提供平面出入连接,而在同其他公路、城市道路、铁路、管线、渠道等相交处设置立体交叉,并设置隔离设施以防止行人、非机动车等进入。另一种是用作集散公路,通常采取接入管理措施。《标准》规定,整体式一级公路一般应设置中央分隔带。

（三）二级公路

二级公路为供汽车行驶的双车道公路。

二级公路的年平均日设计交通量宜为 5000～15 000 辆小客车。

二级公路为中等以上城市的干线公路或者通往大工矿区、港口的公路。为保证汽车的行驶速度和交通安全,在混合交通量大的路段,可设置慢车道供非汽车交通行驶。

（四）三级公路

三级公路为主要供汽车行驶的双车道公路。

双车道三级公路的年平均日设计交通量宜为 2000～6000 辆小客车。

（五）四级公路

四级公路为供汽车、非汽车交通混合行驶的双车道或单车道公路。

双车道四级公路的年平均日设计交通量宜为 2000 辆小客车以下;单车道四级公路的年平均日设计交通量宜为 400 辆小客车以下。

二、公路技术标准

公路技术标准是指一定数量的车辆在车道上以一定的设计速度行驶时,对路线和各项工程的设计要求。公路技术标准是法定的技术要求,进行公路设计时必须遵守。各级公路的具体标准是由各项技术指标来体现的,主要技术指标一般包括设计速度、行车道数及宽度、路基宽度、最大纵坡、平曲线最小半径、行车视距、桥梁设计荷载等。设计速度是技术指标中最重要的指标,对工程费用和运输效率的影响最大。对于路线在公路网中具有重要的经济、国防意义者,交通量较大者,地形平易者,应规定较高的设计速度;反之则应规定较低的设计速度。各级公路的具体指标值将在后面各章节中逐一介绍。

确定一条公路的等级,应首先确定该公路的功能(是干线公路,还是集散公路;属于直达还是连接;是否需要控制出入等),然后根据预测交通量初拟公路等级,最后结合地形、交通组成等确定设计速度、路基宽度。

（一）公路等级选用的基本原则

(1)公路等级选用应根据公路功能、路网规划、交通量,充分考虑项目所在地区的综合运输体系、远期发展规划等,论证后确定。

一条公路,可分段选用不同的公路等级或同一公路等级不同的设计速度、路基宽度,但不同公路等级、设计速度、路基宽度间的衔接应协调,过渡应顺适。

(2)主要干线公路应选用高速公路。

(3)次要干线公路应选用二级或二级以上公路。

(4)主要集散公路宜选用一、二级公路。

(5)次要集散公路宜选用二、三级公路。

(6)支线公路宜选用三、四级公路。

（二）各级公路设计交通量的预测

确定一条公路建设标准的主要因素是公路功能、路网规划和交通量。交通量是指设计年限末的设计交通量。因此,确定公路技术等级前,设计人员应做好可行性研究,掌握该公路各路段的近期交通量资料并合理地预测远期交通量,认真分析该公路在整个公路网中的地位(公路的使用任务和功能),从而正确地确定公路的标准。设计人员在设计时应避免一条公路投入使用不久,因为交通量不适应改建。

各级公路设计交通量的预测应符合下列规定。

(1)高速公路和一级公路的设计交通量应按20年预测;二、三级公路的设计交通量应按15年预测;四级公路可根据实际情况确定。

(2)设计交通量预测的起算年应为该项目可行性研究报告中的计划通车年。

(3)设计交通量的预测应充分考虑走廊带范围内远期社会、经济的发展和综合运输体系的影响。

(4)设计路段长度。

公路为带状项目,沿途的社会环境、经济环境和自然环境都会有很大差异,其地形、地物以及交通量不会完全相同,甚至会有很大的差别。因此,一条比较长的公路可以根据沿途情况的变化和交通量的变化,分段采用不同的车道数或不同的公路等级,不同技术标准路段之间过渡应顺适。

在现行标准以前已存在的各等级公路,仍然可以继续存在并发挥其应有的作用。对于某些需要改造的公路,设计人员应根据需要与可能的原则,按照公路网发展规划,有计划地进行改善,提高其通行能力及使用质量,以达到相应等级公路标准的规定。

公路分期修建必须遵照统筹规划、总体设计、分期实施的原则,使前期工程在后期仍能充分利用。高速公路整体式断面路段不得横向分割分期修建。

三、确定公路用地范围的原则

公路建设应贯彻切实保护耕地、节约用地的原则。设计人员在确定公路用地范围时应符合以下规定。

公路用地范围为公路路堤两侧排水沟外边缘(无排水沟时为路堤或护坡道坡脚)以外,或路堑坡顶截水沟外边缘(无截水沟时为坡顶)以外不小于1 m范围内的土地;在有条件的地段,高速公路、一级公路不小于3 m、二级公路不小于2 m范围内的土地为公路用地范围。

在风沙、雪害等特殊地质地带,设置防护设施时,应根据实际需要确定用地范围。

桥梁、隧道、互通式立体交叉、分离式立体交叉、平面交叉、交通安全设施、服务设施、管理设施、绿化、料场及苗圃等用地,应根据实际需要确定用地范围。

四、公路建设的规定

公路建设必须贯彻国家环境保护的政策,并符合以下规定。

(1)公路环境保护应贯彻"以防为主、以治为辅、综合治理"的原则。

(2)公路建设应根据自然条件进行绿化、美化路容、保护环境。

(3)高速公路、一级公路和有特殊要求的公路建设项目应进行环境影响评价。

(4)生态环境脆弱的地区,或因工程施工可能造成环境近期难以恢复的地带,应进行环境保护设计。

（5）公路分期修建必须遵照统筹规划、总体设计、分期实施的原则，使前期工程在后期仍能充分利用。高速公路整体式断面路段不得横向分幅分期修建。

五、公路改建的规定

公路交通量接近或达到饱和时，设计人员应对改建与新建方案进行比选论证。公路改建应符合以下规定。

改建公路，当利用现有公路的局部路段，因提高设计速度可能诱发工程地质灾害时，经论证，该局部路段的设计可维持原设计速度，但其长度不宜大于相应公路等级的设计路段长度。

高速公路的改建必须在进行交通量预测、交通组织设计、交通安全评价等基础上做出具体实施方案设计。工程实施应减少对既有公路的干扰，并应有保证通行的安全措施。维持通车路段的服务水平可降低一级。

一、二、三级公路改建时，设计人员应做保通设计方案。

公路建设项目，应综合考虑设计、施工、养护、管理等成本效益，分析其安全、环保、运营等社会效益，选用综合效益最佳的方案。

1.4.3　城市道路的分类、分级和技术标准

1. 城市道路的分类、分级

按照道路在道路网中的地位、交通功能及对沿线建筑物的服务功能等，城市道路分为四类，共十级。

1）快速路

快速路应为城市中大量、长距离、快速的交通服务。快速路的对向车行道之间应设中央分隔带，进出口应采用全控制或部分控制的方式。

快速路两侧不应设置吸引大量车流、人流的公共建筑物的进出口。快速路两侧的一般建筑物的进出口应加以控制。

2）主干路

主干路应为连接城市各主要分区的干路，以交通功能为主。自行车交通量大时，主干路宜采用机动车与非机动车分隔的形式，如三幅路或四幅路。

主干路两侧不应设置吸引大量车流、人流的公共建筑物的进出口。

3）次干路

次干路应与主干路结合组成道路网，起集散交通的作用，兼有服务功能。

4）支路

支路应为次干路与街坊路、小区的连接线，解决局部地区交通，以服务功能为主。

除快速路外，每类道路按照所在城市的规模、设计交通量、地形等分为Ⅰ、Ⅱ、Ⅲ级。

2. 城市道路的技术标准

我国的城市道路设计规范规定了各类城市道路的技术指标,如表 1-1 所示。

表 1-1　各类城市道路的技术指标

项目类别	级别	设计车速/(km/h)	双向机动车道数/条	机动车道宽/m	分隔带设置	道路断面形式
快速路		80、60	≥4	3.75	必须设	双、四幅路
主干路	Ⅰ	60、50	≥4	3.75	应设	单、双、三、四幅路
	Ⅱ	50、40	≥4	3.75	应设	单、双、三幅路
	Ⅲ	40、30	2~4	3.5~3.75	可设	单、双、三幅路
次干路	Ⅰ	50、40	2~4	3.75	可设	单、双、三幅路
	Ⅱ	40、30	2~4	3.5~3.75	不设	单幅路
	Ⅲ	30、20	2	3.5	不设	单幅路
支路	Ⅰ	40、30	2	3.5~3.75	不设	单幅路
	Ⅱ	30、20	2	3.5	不设	单幅路
	Ⅲ	20	2	3.5	不设	单幅路

注:1. 设计车速在条件许可下,宜采用大值。

　2. 改建道路应依据地形、地物限制、拆迁占地等具体困难选用表中适当等级。

　3. 城市文化街、商业街可参照表中次干路及支路的技术指标。

1.5　城市道路网与道路红线

道路红线指城市道路用地的分界控制线,通常由城市规划部门确定。红线宽度为道路用地的规划范围,包括车行道、人行道、绿化带等在内的规划道路的总宽度,也称规划路幅。

城市道路的红线规划,是依据城市总体规划确定道路网的形式、道路的功能、走向和位置,是一次修建还是分期逐步改造,是新建道路还是旧路改造。

城市道路网的主要形式有:方格网式、环形放射式、自由式和混合式。

1. 方格网式

方格网式呈棋盘形状,是常见的一种形式。干道间距为 800~1000 m,干道之间再布置次要道路,将用地分为大小合适的街坊。方格网式多用于地势平坦的中小城市或大城市的局部地区。例如,我国西安、洛阳、太原、郑州、石家庄、开封、福州、苏州等均采用方格网式。图 1-19 所示为西安市道路网。

为便利方格网对角线方向交通,形成方格对角线式,如我国长春、沈阳等城市,但所形成的三角形街坊及畸形复杂的交叉口对建筑布置和交通组织不利。

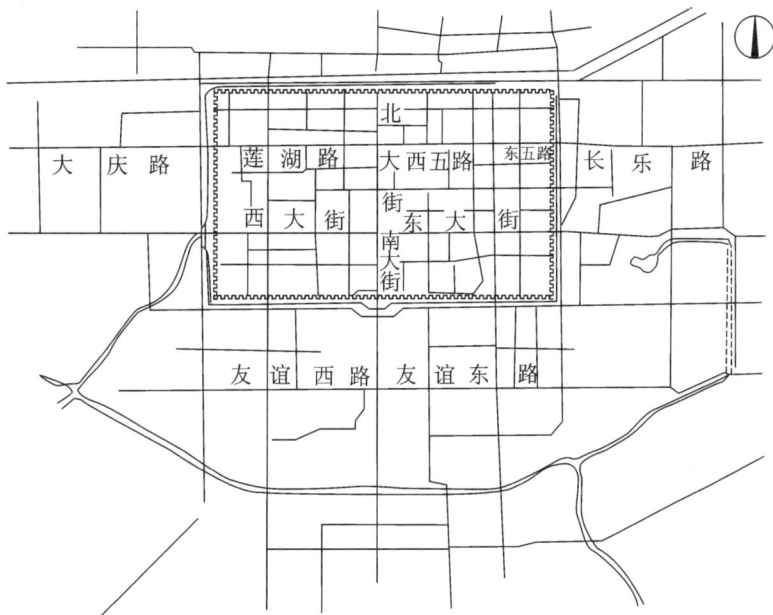

图 1-19 西安市道路网

2. 环形放射式

环形放射式由市中心向外辐射路线,四周以环路沟通,多为旧城中心区向外发展而成,有利于市中心与各区之间的交通联系,多适用于大城市和特大城市。例如,成都市道路系统即由八条放射路和两条环路组成(见图 1-20)。

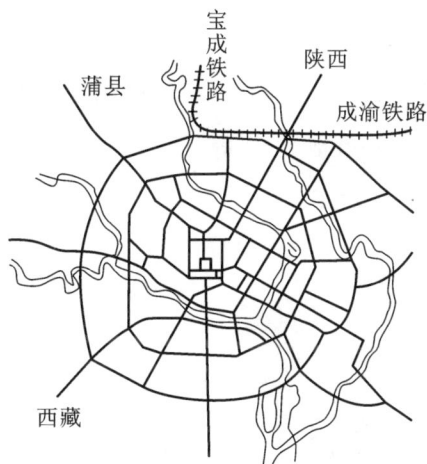

图 1-20 成都市道路系统图

3.自由式

自由式结合地形,路线弯曲,无一定形状。我国许多山区城市地形起伏大,道路选线时为减少纵坡,常沿山麓或河岸布线,形成自由式道路网,如我国青岛、重庆、南宁、九江、芜湖和攀枝花等城市。自由式的优点为能充分结合自然地形、节省道路工程造价,缺点为非直线系数大、不规则街坊多、建筑用地较分散。图 1-21 所示为青岛市道路系统图。图 1-22 所示为重庆市区干道系统图。重庆市为山区城市,地形特陡处的干道之间采用隧道连接。

图 1-21　青岛市道路系统图

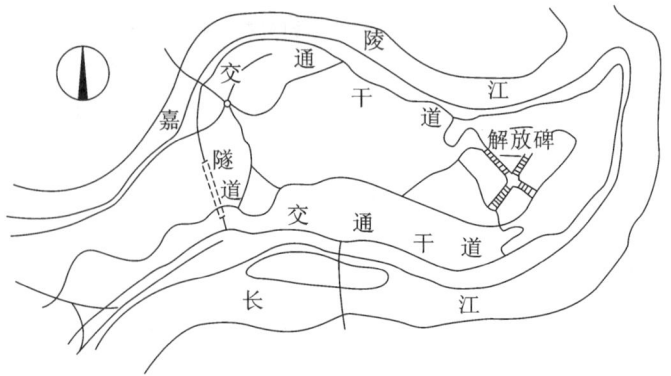

图 1-22　重庆市区干道系统图

4. 混合式

混合式为上述三种形式的组合。我国大多数城市采用混合式,如上海、北京、南京、合肥等城市保留旧城的方格网,为减少市中心交通压力设置环路和放射路。图 1-23 所示为上海市干道系统图。图 1-24 所示为北京市区道路网。

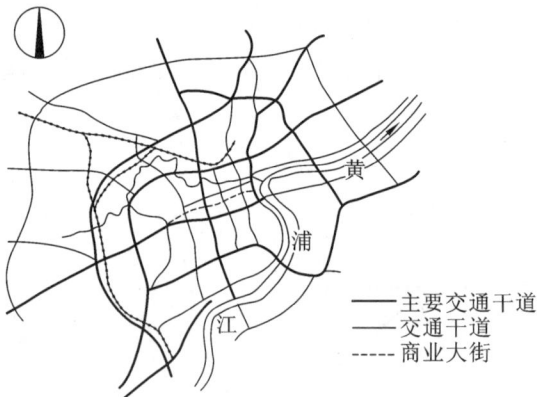

　　——主要交通干道
　　——交通干道
　　----商业大街

图 1-23　上海市干道系统图

图 1-24　北京市区道路网

1.6　道路勘测设计程序

1.6.1　公路勘测设计的依据

一、公路勘测设计的技术依据

公路勘测设计的主要技术依据如下:

①《公路工程技术标准》(JTG B01—2014);

②《公路路线设计规范》(JTG D20—2017);

③《城市道路工程设计规范》(2016 年版)(CJJ 37—2012)。

公路勘测设计的相关技术依据如下:

①《公路勘测规范》(JTG C10—2007);

②《公路全球定位系统(GPS)测量规范》(JTJ/T 066—98);

③《工程测量规范》(GB 50026—2007)。

公路勘测设计的其他技术依据如下:

①《公路工程基本建设项目设计文件编制办法》;

②《公路工程勘察设计招标投标管理办法》;

③《建设工程勘察设计管理条例》;

④《公路环境保护设计规范》(JTG B04—2010)。

二、自然条件

我国幅员辽阔,各地地理位置和自然条件各不相同,而道路是设置在大地表面的带状建筑物,因此道路设计受到各种自然条件的限制。影响道路的自然因素主要有地形、气候、水文、地质、土壤及植被等,这些自然因素主要影响道路等级和设计速度的选用、路线方案的确定、路线平纵横的几何形状、桥隧等构造物的位置和规模、工程数量和造价等。

地形决定了选线条件,直接影响道路的技术标准和指标。按道路布线范围内地表形态、相对高差、倾斜度及平整度,地形大致分为平原、微丘地形和山岭、重丘地形。平原、微丘地形中,平原地形指一般平原、山间盆地、高原等,地表平坦、无明显起伏、地面自然坡度一般在 3°以内。微丘地形指起伏不大的丘陵,地面自然坡度在 20°以下,相对高差在 100 m 以下,布线一般不受地形限制。河湾顺适、地形开阔且有连续宽台地的河谷地形,河床坡度多在 5°以下,地面自然坡度在 20°以下,沿河布线一般不受地形限制,路线纵坡平缓或略有起伏,也属于平原、微丘地形。山岭、重丘地形中,山岭地形指山脊、陡峻山坡、悬崖、峭壁、峡谷、深沟等,地形变化复杂、地面自然坡度大多在 20°以上,路线平、纵、横面大部分受地形限制,桥、隧、涵及防护支挡构造物增多,工程数量及造价明显增加;重丘地形指连续起伏的山丘且有深谷和较高的分水岭,地面自然坡度一般在 20°以上,路线平、纵面大多受地形限制。高原地带的深侵蚀沟,以及有明显分水线的绵延较长的高地,地面自然坡度在 20°以上,路线平、纵面大部分受地形限制,也属于山岭、重丘地形。

气候状况直接或间接影响地面水的数量、地下水位高度、路基水温状况,以及泥泞期、冬季积雪和冰冻期的路面使用质量。

水文情况决定排水结构物的数量和大小,水文地质情况决定了含水层厚度和位置、地基或边坡的稳定性。

地质构造决定了地基和路基附近岩层的稳定性,决定是否有滑坍、碎落和崩坍的可能,同时也决定了土石方工程施工的难易程度和筑路材料的质量。

土是路基和路面基层的材料,它影响路基形状和尺寸,也影响路面类型和结构的确定。

地面的植物覆盖影响暴雨径流、水土流失程度,经济种植物还影响路线的布设。

上述自然条件是相互联系和相互制约的,并且处于经常相互作用和不断变化的过程中。因此道路勘测时要细致调查、实地观察,充分考虑各种自然条件,并注意今后的自然变化和道路建成后的影响,保证道路在复杂的自然条件下坚固稳定与交通运输的畅通。

三、交通条件

(一)设计车辆和交通量换算

公路上行驶的车辆主要是汽车。对于混合交通的公路,行驶的车辆还有非机动车。汽车的物理特性及行驶于路上的车辆的组成对于公路几何设计有决定意义,因此选择有代表性的车辆作为设计的依据(及设计车辆)是有必要的。

1. 设计车辆

研究公路路幅组成、弯道加宽、交叉路口的设计、纵坡、视距等都与设计车辆的外廓尺寸有着密切的联系。汽车的种类很多,按使用的目的、结构或发动机的不同分成各种类型。作为公路设计依据的汽车可分为三类,即小客车、载重汽车、鞍式汽车。公路设计采用的设计车辆的外廓尺寸如表 1-2 和图 1-25 所示。

表 1-2　设计车辆的外廓尺寸

车辆类型	总长/m	总宽/m	总高/m	前悬/m	轴距/m	后悬/m
小客车	6	1.8	2	0.8	3.8	1.4
载重汽车	12	2.5	4	1.5	6.5	4
鞍式汽车	16	2.5	4	1.2	4+8.8	2

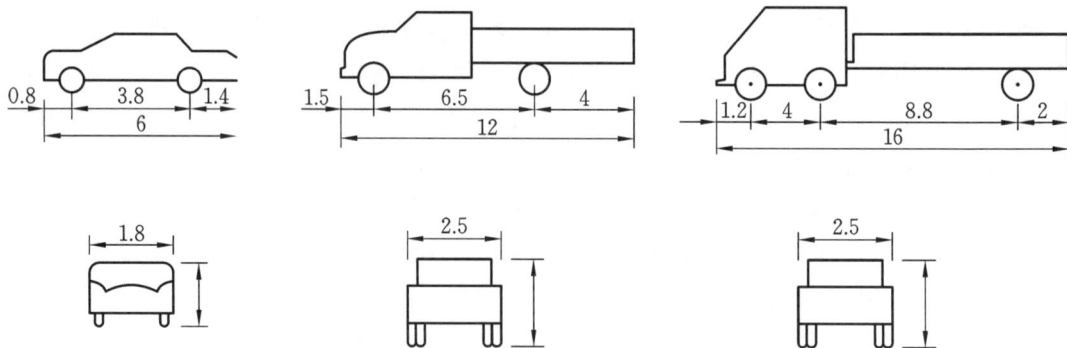

图 1-25　设计车辆的外廓尺寸图(单位:m)

汽车外廓尺寸限界即对汽车的总高、总宽、总长的限制规定,这项规定使用于公路和城市道路运输用的汽车。

车高:载重、半挂汽车的高度决定净空高度,小客车的高度决定驾驶员的视线高度。

车宽:世界各国大型客车、货运汽车的宽度大致相同,一般为 2.5 m,如果超过2.5 m,会严重降低通行能力。

车长：载重汽车的长度不超过 12.0 m，为提高运输效率，车辆的长度有向长的方面发展的趋向。

车辆前悬、轴距及后悬是根据双后轴的载重汽车考虑的。

鞍式汽车分半挂车和全挂车两种。全挂车的车身较长，但在转弯时半挂车占用路面的宽度较大。因此，我国选用了半挂车的车身长度，采用 16.0 m。这个长度可以装运一个 30 t 的集装箱或两个 20 t 的集装箱。

自行车在大城市近郊和居民密集的地方较多，在设计时应充分注意。自行车的外廓尺寸为宽 0.75 m，长 2.00 m，载人后高度为 2.00 m。

2. 交通量换算

公路上行驶的汽车有各种不同车型，我国的二、三、四级公路上还有着相当大比例的非机动车。为了设计方便，《标准》将公路上行驶的各种车辆换算成小客车。

各种车辆的折算系数与车辆的行驶速度、该车种行车时占用公路净空有关。《标准》规定交通量换算采用小客车为标准车型。车型和车辆折算系数如表 1-3 所示。

表 1-3　车型和车辆折算系数

代表类型	车辆折算系数	说明
小客车	1.0	客车≤19 座，货车载质量≤2 t
中型车	1.5	客车>19 座，2 t<货车载质量≤7 t
大型车	2.0	7 t<货车载质量≤14 t
拖挂车	3.0	货车载质量>14 t

① 畜力车、人力车、自行车等非机动车在设计交通量换算中按路侧干扰因素计。

② 一、二级公路上行驶的拖拉机按路侧干扰因素计；三、四级公路上行驶的拖拉机每辆折算为 4 辆小客车。

③ 公路通行能力分析所要求的车辆折算系数应针对路段、交叉口等形式，按不同的地形条件和交通需求，采用相应的折算系数。

（二）设计速度

评价一条公路首先要看它在客、货运输方面是否方便。这些是和运行速度、交通安全直接相关的。在驾车行驶中，驾驶人员采用的速度，除了取决于他本身的驾驶技术和汽车的性能以外，还取决于以下四个基本条件：公路及路侧的外部特征、气候、其他车辆以及限速标志或设施。上述任何一种条件都能控制速度。当交通量与气候条件良好时，公路的外部特征（包括公路本身的道路条件）基本上决定了驾驶人员的行车速度。

1. 设计速度的定义

设计速度是指在气候条件良好、交通量正常、汽车行驶只受公路本身条件影响时，驾驶员能够安全、舒适驾驶车辆行驶的最大速度。

根据国内外研究，当设计速度高时，运行速度低于设计速度；当设计速度低时，运行速度高于设计速度。这也说明设计速度与运行安全有关。

设计速度是公路设计时确定其几何线形的最关键参数。技术标准根据车辆动力性能和地形条件,确定了不同等级公路的设计速度指标。设计速度一经选定,公路的所有相关要素,如圆曲线半径、视距、超高、纵坡、竖曲线半径等指标均与其配合以获得均衡设计。

2. 设计速度的规定

设计速度的最大值:根据汽车性能,并参考国内外的实际经验,从节约能源以及人在感官上的感觉出发,设计速度的最大值采用 120 km/h 是适宜的。

设计速度的最小值:考虑我国实际的地形条件、土地利用和投资的可能性,确定设计速度的最小值为 20 km/h。各级公路的设计速度如表 1-4 所示。

表 1-4　各级公路的设计速度

公路等级	高速公路			一级公路			二级公路		三级公路		四级公路
设计车速/(km/h)	120	100	80	100	80	60	80	60	40	30	20

3. 设计速度的选用

设计速度应根据公路的功能与技术等级,结合地形、工程经济、预期的运行速度和沿线土地利用性质等因素综合论证确定,并应符合下列规定。

① 高速公路设计速度不宜低于 100 km/h,受地形、地质等条件限制时,可以选用 80 km/h。

② 作为干线的一级公路的设计速度宜采用 100 km/h,受地形、地质等条件限制时,可采用 80 km/h。作为集散的一级公路的设计速度宜采用 80 km/h,受地形、地质等条件限制时,可采用 60 km/h。

③ 高速公路和作为干线的一级公路的特殊困难局部路段因新建工程可能诱发工程地质灾害时,经论证,该局部路段的设计速度可采用 60 km/h,但长度不宜大于 15 km,或仅限于相邻两互通式立体交叉之间的路段。

④ 作为干线的二级公路的设计速度宜采用 80 km/h,受地形、地质等条件限制时,可采用 60 km/h。作为集散的二级公路的设计速度宜采用 60 km/h,受地形、地质等条件限制时,可采用 40 km/h。

⑤ 三级公路的设计速度宜采用 40 km/h,受地形、地质等条件限制时,可采用 30 km/h。

⑥ 四级公路的设计速度宜采用 30 km/h,受地形、地质等条件限制时,可采用 20 km/h。

(三) 交 通 量

交通量是指单位时间内通过公路某段面的交通流量(单位时间通过公路某段面的车辆数目)。

交通量的具体数值由交通调查、分析和交通预测确定。交通调查、分析和交通预测是公路建设项目可行性研究阶段进行现状评价、综合分析建设项目的必要性和可行性的基础,也是确定公路建设项目的建设规模、技术等级、工程设施、经济效益,以及公路几何线形设计的主要依据。

交通调查、分析和交通量预测水平,尤其是预测的水平、质量和可靠程度,将直接影响项目决策的科学性和工程技术设计的经济合理性。交通量根据单位时间可分为设计日交通量(单向、双向,汽车、混合交通)、设计小时交通量和设计年累计交通量。

1. 设计日交通量

交通量普遍采用的计量方式是年平均日交通量(简写为 AADT),用全年总交通量除以365 而得。设计交通量是指拟建公路到交通预测年限时能达到的年平均日交通量(辆/d),在确定道路等级、论证公路的计划费用或各项结构设计等方面有重要作用,但不适合直接用于几何设计。因为在 1 年中,每月、每日、每小时的交通量都会变化,在某些季节、某些时段可能会高出年平均日交通量数倍,不宜作为具体设计的依据。

远景设计年平均日交通量以公路使用任务及性质为基础,根据历年交通观测资料推算求得,一般按年平均增长率累计计算确定。年平均日交通量按下式计算。

$$N_d = N_0(1+\gamma)^{n+1}$$

式中:N_d——年平均日交通量,辆/d;

N_0——起始年平均日交通量,辆/d,包括现有交通量和道路建成后从其他道路吸引过来的交通量;

γ——年平均增长率,%;

n——远景设计年限。

2. 设计小时交通量

小时交通量(辆/h)是以小时为计算时段的交通量,是确定车道数、车道宽度,评价服务水平的依据。大量的公路交通量变化图示表明,在一天中,每小时交通量的变化量是相当大的。如果用一年中最大的高峰小时交通量作为设计依据,会造成浪费,但如果采用日平均小时交通量则不能满足实际需要,造成交通拥挤,甚至阻塞。

为了设计交通量的取值既保证交通安全畅通,又使工程造价经济、合理,我们借助 1 年中小时变化曲线来确定适合设计使用的小时交通量,方法如下。

将一年中所有小时交通量按其与年平均日交通量百分数的大小顺序排列起来并绘成曲线,如图 1-26 所示。

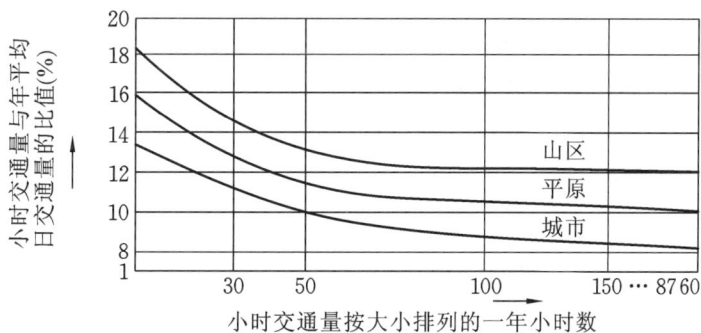

图 1-26 年平均日交通量与小时交通量的关系曲线

从该图中可以看出,在 30~50 位小时交通量附近曲线急剧变化,从此向右曲线明显变缓,而在它的左侧,曲线坡度则急剧加大。据此,设计小时交通量的合理取值,应选在第30～50位小时的范围以内。如以第30位小时交通量作为设计依据,意味着在1年中有29个小时超过设计值,将发生拥挤,占全年小时数的0.33%,而能顺利通过的保证率达99.67%。

目前世界许多国家,包括我国均采用第30位小时交通量作为设计依据。《标准》规定公路设计小时交通量宜采用年第30位小时交通量,也可根据公路功能采用当地的年第20～40位小时中最为经济合理时位的小时交通量。

对于各种不同年份、不同地区的公路,我们都能绘出相应的曲线。虽然各条曲线的弯曲程度和上下位置有所差别,但曲线的基本图形是类似的。在确定设计小时交通量时,设计人员应绘制各路线交通量变化图。有平时观测资料的公路,必须使用观测资料,没有观测资料的,可参考性质相似、交通情况相仿的其他公路的观测资料进行推算。

(四)通行能力

通行能力是在一定的道路和交通条件下,公路上某路段适应车流的能力,以单位时间内通过的最大车辆数表示。单位时间通常以小时计;车辆数对于多车道公路用一条车道的通过数表示,对于双车道公路用往返车道合计数表示。通行能力是正常条件下公路交通的极限值。从规划设计角度,通行能力分为基本通行能力和设计通行能力两种。

1.基本通行能力

基本通行能力是指在理想条件下,单位时间内一条车道或一条车道的某路段可以通过的小客车的最大数,是计算各种通行能力的基础。理想条件包括公路本身和交通两个方面:在公路本身方面,车道宽、侧向净宽应足够,平、纵线形和视距良好;在交通方面,只有小客车行驶,没有其他车型混入且不限制车速。现有公路即使是高速路,基本上没有合乎理想条件的,可能通过的车辆数一般都低于基本通行能力。

基本通行能力可采用车头时距或车头间距推算。车头时距是指连续两车通过车道同一地点的时间间隔,车头间距是指交通流中连续两车之间的距离。如果通过车头时距推算,一条车道的通行能力 C(单位为 pcu/h)按下式计算。

$$C = 3600/t$$

式中:t——连续车流平均车头间隔时间(s),可通过观测求得。

如果通过车头间距推算,一条车道的通行能力 C(单位为 pcu/h)按下式计算。

$$C = 1000V/L$$

式中:V——车速,km/h;

　L—连续车流平均车头间隔距离(m),可通过观测求得。

2.设计通行能力

1)公路服务水平

公路上交通量少,行车自由度就大,反之就会受到限制。为了说明公路交通负荷状况,规范以交通流状态为划分条件,定性地描述交通流从自由流、稳定流到饱和流和强制流的变化阶段,《标准》将公路服务水平划分为四级。高速公路、一级公路以车流密度为划分服务水平的主要指标;二、三级公路以延误率和平均运行速度为主要指标;交叉口用车辆延误来描述服务水平。《标准》规定的各级公路设计采用的服务水平如表 1-5 所示。与每一级服务水平相应的交通量称为服务交通量。

表 1-5　各级公路设计采用的服务水平

公路等级	高速公路	一级公路	二级公路	三级公路	四级公路
设计服务水平	三级	三级	四级	四级	一级

注:1.一级公路作为集散公路时,设计服务水平可降低一级。

　　2.长隧道及特长隧道路段、非机动车及行人密集路段、互通式立体交叉的分合流区段、匝道以及交织区段的设计服务水平可降低一级。

各级服务水平的含义如下。

一级服务水平:交通量小、驾驶员能自由或较自由地选择行车速度并以设计速度行驶,行驶车辆不受或基本不受交通流中其他车辆的影响,交通流处于自由流状态,超车需求远小于超车能力,被动延误少,为驾驶员和乘客提供的舒适便利程度高。

二级服务水平:随着交通量的增大,速度逐渐减小,行驶车辆受别的车辆或行人的干扰较大,驾驶员选择行车速度的自由度受到一定限制,交通流状态处于稳定流的中间范围,有拥挤感;到二级下限时,车辆间的相互干扰较大,开始出现车队,被动延误增加,为驾驶员提供的舒适便利程度下降,超车需求与超车能力相当。

三级服务水平:当交通需求超过二级服务水平对应的服务交通量后,驾驶员选择车辆运行速度的自由度受到很大限制,行驶车辆受别的车辆或行人的干扰很大,交通流处于稳定流的下半部分并已接近不稳定流范围,流量稍有增长就会出现交通拥挤,服务水平显著下降;到三级下限时,行车延误的车辆达到 80%,所受的限制已达到所允许的最低限度,超车需求超过了超车能力,但可通行的交通量尚未达到最大值。

四级服务水平:交通需求继续增大,行驶车辆受别的车辆或行人的干扰更加严重,交通流处于不稳定流状态;靠近下限时,每小时可通行的交通量达到最大值,驾驶员已无自由选择速度的余地,交通流变成强制状态,所有车辆都以通行能力对应的但相对均匀的速度行驶。一旦上游交通需求和来车强度稍有增加,或交通流出现小的扰动,车流就会出现走走停停的状态,此时能通过的交通量很不稳定,其变化范围从基本通行能力到零,时常发生交通阻塞。

2) 设计通行能力

设计通行能力由可能通行能力乘以与该路服务水平相应的交通量和基本通行能力之比(V/C)得到。

可能通行能力是由于通常的公路和交通条件与理想条件有较大差距,考虑了影响通行能力的诸多因素,如车道宽、侧向净宽和大型车混入后,对基本通行能力进行修正后的通行能力。

V/C 是在理想条件下,各级服务水平最大服务交通量与基本通行能力之比。基本通行能力是四级服务水平上限最大交通量。V/C 值小,最大服务交通量小,车流运行条件好,服务水平就高;V/C 值大,服务交通量也大,车流运行条件差,服务水平也低。当设计小时交通量超过设计通行能力时,公路将发生堵塞。

各种通行能力的计算方法参考交通工程的有关书籍。

1.6.2　公路勘测设计程序

（一）工程可行性研究

工程可行性研究是基本建设前期工作的一项重要内容,是建设程序的组成部分,是建设项目决策和编制计划任务书的科学依据,可定义为"论证工程（或产品）项目技术上的可行性和经济上的合理性,论证何时修建或是否分期修建,提供业主决策,保证工程的经济效益。"

公路建设必须严格遵守国家规定的基本建设程序。所有大中型项目应根据批准的项目建议书（或委托书）进行可行性研究,可行性研究工作完成后应进行评估。经过综合分析,设计人员提出投资少、效益好的建设方案。

可行性研究工作是交通建设综合管理的手段,必须从运输生产的目的出发。研究技术可行性必须与经济效益相结合,研究经济效益必须考虑采用新技术的可能、重视运输领域的综合效益。

可行性研究应附必要的图表,包括路线方案（及比较方案）图、历年工农业总产值与客货运量统计表、公路客货运量、交通量预测表、效益计算表等。

在可行性研究的同时,设计人员应进行环境影响分析,以工程性质、路线位置、资源利用、环境影响等为依据。同时,可行性研究还应对工程进行宏观分析,确定项目是否成立。在计划任务书下达后,进行初步设计的同时,设计人员应编制环境影响评价书,即根据工程对环境的影响,提出对环境污染、破坏的防治措施以及综合整治的方法。公路可行性研究一般包括下列内容。

① 总论:论述建设项目的任务依据、历史背景和研究范围,提出可行性研究的主要目标。

② 现状及问题:调查及论述建设地区综合运输网的交通现状和建设项目在交通中的地位与作用;论述原有公路的工程技术状况及不适应的程度。

③ 发展预测:进行全面的交通调查和经济调查,论述建设项目所在地区的经济研究建设项目与经济发展的内在联系,预测交通运输量的发展情况。

④ 公路建设标准和规模:论述项目建设规模和采用的等级及其主要技术指标。

⑤ 建设条件和方案选择:调查建设项目所处地理位置的地形、地质、地震、气候等自然特征,建筑材料来源及运输条件;进行路线方案的比选,提出推荐方案的主要控制点;评价建设项目对环境的影响,并编制环境影响报告书。

⑥ 投资估算与资金筹措:主要工程数量、公路建设用地和拆迁、单价拟定估算及资金筹措等。

⑦ 工程建设实施计划:勘测设计和工程施工的计划与要求、工程管理和技术培训等。

⑧ 经济评估:运输成本等经济参数的确定,建设项目的直接经济效益和费用计算,经济评价敏感性分析,建设项目的间接经济效益分析;收费公路还要做财务经过综合分析,提出投资少、效益好的建设方案。

可行性研究工作是交通建设综合管理的手段,必须从运输生产的目的出发。可行性研究必须与经济效益相结合,研究经济效益必须考虑采用新技术的可能,重视运输效益。

（二）设计任务书

公路勘测设计工作是根据批准的设计任务书进行的。设计任务书一般由提出计划的主管部门下达或由下级单位编制后报批。设计任务书应包括下列内容:①建设的依据和意义;②路线的建设规模和修建性质;③路线的基本走向和主要控制点;④工程技术等级和主要技术标准;⑤勘测设计的阶段划分及各阶段完成的时间;⑥建设期限,投资估算,需要钢、木、水泥的数量;⑦施工力量的原则安排;⑧路线示意图。

在计划任务书实施过程中,建设规模、期限、技术等级标准及路线走向等重大问题有变更时,应报原批准机关审批同意。

（三）勘测设计阶段及任务

公路勘测设计根据路线的设计和要求,可分为一阶段设计、两阶段设计和三阶段设计。

① 一阶段设计:适用于技术简单、方案明确的小型公路工程,即根据批准的设计任务书,进行一次详细定测,编制施工图设计和工程预算。

② 两阶段设计:公路测设一般采用的测设程序。设计方法有两种:先进行初测、编制初步设计和工程概算,经上级批准后,再进行定测、编制施工图和工程预算;直接进行定测、编制初步设计;然后根据批准的初步设计,通过补充测量编制施工图。

③ 三阶段设计:对于技术上复杂且缺乏经验的建设项目或建设项目中的个别路段、特殊大桥、互通式立体交叉、隧道等,必要时应采用三阶段设计。三阶段设计分为初步设计、技术设计和施工图设计三个阶段。技术设计阶段主要是对重大、复杂的技术问题,落实技术方案,计算工程数量,提出修正的施工方案,修正设计概算,深度和要求介于初步设计和施工图设计之间。

不论采用哪种划分阶段设计,在勘测前都要进行实地调查(或称视察),它是勘测前不可缺少的一个步骤,也可与可行性研究结合在一起,但不作为一个阶段。

（四）设计文件编制

设计文件是公路勘测设计的最后成果,经审查批准后是公路施工的依据。其组成、内容和要求随设计阶段不同而异。

根据《公路工程基本建设目设计文件编制办法》的规定,设计文件由总说明书,总体设计(高速公路、一级公路),路线,路基、路面及排水,桥梁、涵洞,隧道,路线交叉,交通工程及沿线设施,环境保护,渡口码头及其他工程,筑路材料,施工方案(施工组织计划),设计概算(施工图预算)等13篇组成。设计文件的表达形式有文字说明、设计图、表格三种。

1.7　本课程的任务

1.7.1　本课程的性质和学习本课程的基本要求

道路勘测设计是交通土建专业的一门主要专业课,主要介绍公路勘测设计的基本理论、原理和方法,是实践性强、与理论紧密结合的课程。因此,学习本课程,必须贯彻理论与实际相结合的原则,通过学习,熟悉公路线形的基本设计方法。课程除课堂教学外,还结合多媒体和实践进行教学。

1.7.2　本课程的特点

公路是一条带状的空间三维结构物,受到人、车、路和环境等诸多因素的影响和约束。公路交通特性、驾驶员的心理状态与公路几何设计都有着密切的关系。为了能满足行车安全、快速、经济、舒适和路容美观协调等要求,设计人员在设计时要深入调查、综合研究各方面的影响因素,从而设计出技术可行、方案合理、结构先进、费用节省、环境协调、效益明显的公路。

本课程与各专业基础、专业课程有着密切的联系,涉及工程制图、工程测量、工程地质、桥涵水文、桥梁工程、路基路面、道路建筑材料、道路工程经济与管理等。本课程与这些课程有紧密联系,需综合运用。

1.7.3　本课程的主要内容

本课程的主要内容包括平面设计、纵断面设计、横断面设计、选线、定线、公路交叉设计、公路外业勘测、公路现代测设技术等。

如何进行合理的公路线形几何设计和路线外业勘测是本课程研究的重点。有关公路结构的内容将在路基路面、桥梁工程、隧道工程等专业课中学习。

通过本课程的学习掌握公路平面、纵断面、横断面设计内容和方法,以及相应的技术标准规范的要求;了解不同地形条件下的选线要点和定线程序;掌握实地放线的方法以及公路外业勘测作业内容。本课程所学内容是从事公路勘测设计和公路施工测设工作的必备知识。

巩固训练

基础练习

一、填空题

1. 公路根据功能和适应的交通量分为五个等级，即 _____、_____、_____、_____、_____。

2. 公路勘测设计根据路线的设计和要求，可分为 _____、_____、_____。

3. 交通量是 _____。

4. _____ 是确定建设项目前具有决定性意义的工作。

二、单项选择题

1. 专供汽车分方向、分车道行驶，全部控制出入的多车道公路是（　　）。

A. 高速公路　　　B. 一级公路　　　C. 二级公路　　　D. 三级公路

2. 一级公路的设计服务水平为（　　）。

A. 一级　　　　　B. 二级　　　　　C. 三级　　　　　D. 四级

3. （　　）是公路勘测设计的最后成果。

A. 图纸　　　　　B. 合同　　　　　C. 设计文件　　　D. 资料

4. （　　）是连接高速公路或某些大城市的城乡接合部、开发区经济带及人烟稀少地区的干线公路。

A. 高速公路　　　B. 一级公路　　　C. 二级公路　　　D. 三级公路

5. 公路工程基本建设项目一般采用两阶段设计，即初步设计和（　　）设计。

A. 施工图　　　　B. 技术　　　　　C. 二次　　　　　D. 结构

三、问答题

1. 公路等级如何划分？

2. 公路勘测设计的依据有哪些？

3. 公路可行性研究报告的内容包括哪些？

技能实训

某公路需进行规划设计，已知目前年平均日交通量约为 6500 辆小客车，现经过远景交通量预测，知 15 年后远景年平均日交通量约为 14 000 辆小客车。根据该交通量要求进行道路等级设计并确定公路设计速度，同时参考相应公路设计规范确定其他各项道路设计指标。

公路平面设计

工作手册2

项目描述

　　公路平面设计是指确定路线中线的平面位置,与汽车行驶轨迹有关。因此,完成本项工作任务应从熟悉汽车行驶轨迹出发,掌握选择三种平面线形(直线、圆曲线、缓和曲线)的原则和方法,考虑三种线形选择的关联因素后,能够正确理解平面设计的基本要点,最后提交平面设计成果等相关内容。

知识目标

　　1. 了解公路平面线形的组成。
　　2. 熟悉圆曲线最小半径的含义及设计参数标准的要求。
　　3. 掌握缓和曲线的几何意义及相关计算。
　　4. 掌握平面线形组合及半径的选择。

技能目标

　　能够识读和编制公路平面设计成果。

2.1 公路平面线形

　　公路是一条带状的空间结构物。对公路线形的研究主要是指对公路中心线的空间线形的研究。中心线在水平面上的投影称为路线平面。沿着中心线竖直剖切,再将竖直曲面展开成直面,即形成路线的纵断面。中心线上的任意一点处的法向剖面称为路线在该点的横断面。公路设计实际上就是确定平面、纵断面及横断面的尺寸和形状,也就是我们所说的平面设计、纵断面设计和横断面设计。三个设计既相互联系又相互制约,在设计时必须综合考虑。

　　公路的平面线形,由于其位置受社会经济、自然地理、周围环境和技术条件等因素的制约,从起点到终点在平面上不可能是一条直线,而是由许多直线段和曲线段(包括圆曲线和缓和曲线)组合而成。公路平面线形要素包括直线、圆曲线和缓和曲线,通常称为"平面线形三要素"。直线是曲率为零的线形;圆曲线是曲率为常数的线形;缓和曲线是曲率逐渐变化的线形。在设计时,设计人员对三要素进行恰当组合,以保证汽车在公路上能安全、顺适地运行。

2.2　汽车行驶轨迹

现代道路的主要服务对象是汽车,所以研究汽车行驶规律是道路设计的基本课题。在路线的平面设计过程中,设计人员主要考虑汽车的行驶轨迹。平面线形与行驶轨迹相符或接近才能保证行车的顺畅与安全,特别是在高速行驶的情况下,对汽车行驶轨迹的研究尤其重要。

大量的观测研究表明,汽车行驶轨迹在几何性质上有以下特征:

① 轨迹线是连续的,即在任何一点上不出现错头、折点或间断;

② 轨迹线的曲率是连续的,即轨迹线上任何一点不出现两个曲率值;

③ 轨迹线的曲率对里程或时间的变化率是连续的,即轨迹上任一点不出现两个曲率变化值。

不连续的平面线形如图 2-1 所示。

曲率不连续的路线如图 2-2 所示。

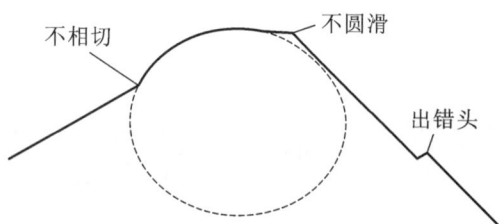

图 2-1　不连续的平面线形

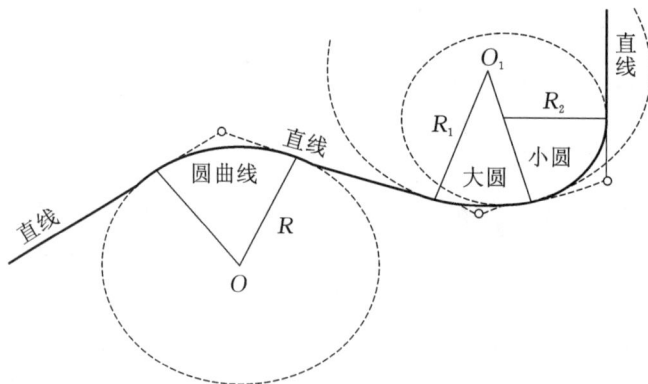

（a）路线图

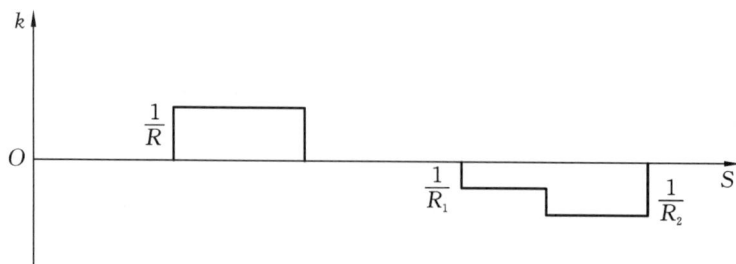

（b）曲率图

图 2-2　曲率不连续的路线

图 2-3 所示为曲率连续的路线。从理论上说,这种线形仍然不符合汽车的行驶轨迹,但是,它与汽车的行驶轨迹偏离不大。为了便于设计和施工,现代高等级道路一般采用图 2-3 所示的平面线形,即曲率连续的平面线形,尽管它是不完全可循的,但实践证明是很好的线形。低等级公路由于行车速度低,也经常使用图 2-2 所示的平面线形。

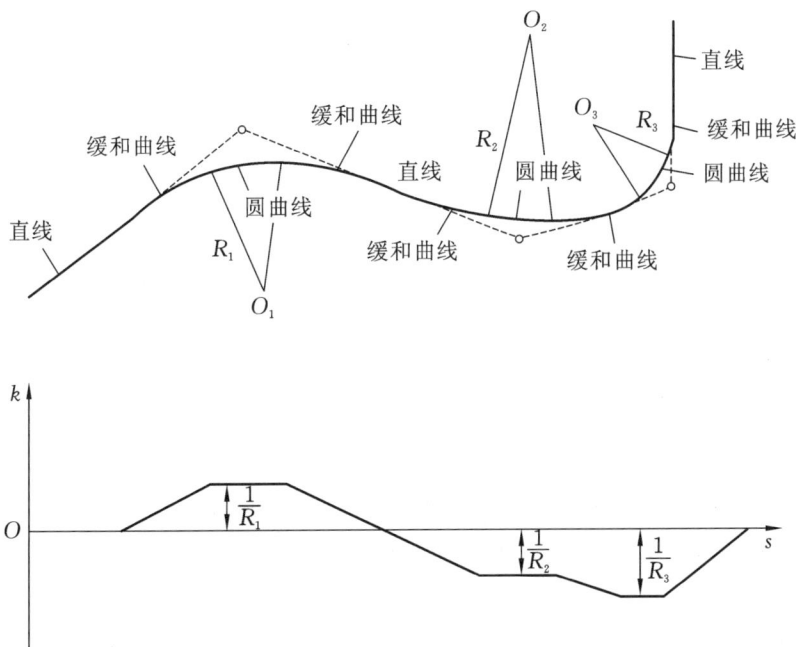

图 2-3 曲率连续的路线

(1) 行驶中的汽车的导向轮(或转向轮)旋转面与车身纵轴面有 3 种关系:

① 夹角的角度为零;

② 夹角的角度为常数;

③ 夹角的角度为变数。

(2) 与上述 3 种关系对应的行驶轨迹如下:

① 曲率为零(曲率半径为无穷大)的线形,即直线;

② 曲率为常数(曲率半径为常数)的线形,即圆曲线;

③ 曲率为变数(曲率半径为变数)的线形,即缓和曲线(回旋线)。

现代道路平面线形正是由上述 3 种基本几何线形,即直线、圆曲线和缓和曲线合理组合而成的。在低速道路上,为简化设计,设计人员可以只使用直线和圆曲线两种要素;近代高速公路平面线形只用曲线不用直线或者以曲线为主、直线为辅。这就说明平面线形三要素是基本组成,各要素占比例及使用频率并无统一规定。各要素合理使用、配置得当,均可满足汽车行驶要求。它们的参数要根据地形情况,人的视觉、心理,道路技术等级等条件来确定。

2.3　直线

2.3.1　直线的运用

1. 直线的主要特征

直线是平面线形中的基本线形,在公路平面设计中的使用最为广泛。一般在选线和定线时,只要地势平坦,无大的地物、地形障碍,选线、定线人员都会优先考虑使用直线。直线有以下主要优点:

① 直线具有路线顺捷、缩短里程和行车方向明确的特点;

② 直线具有视距良好、行车快速、易于排水等特点;

③ 直线线形简单,容易测设;

④ 直线路段能提供较好的超车条件,对于双车道的公路,有必要在间隔适当距离处设置一定长度的直线路段。

但是直线路段是不是越长越好呢? 不尽其然。研究发现,如果直线路段过长,线形唯一,行车单调,易使驾驶员产生疲劳,也容易使驾驶员产生加速行驶的冲动,从而易发生超速情况等。

过长直线路段的行车安全性较差,往往是发生交通事故较多的路段。另外,直线路段难以与地形及周围环境相协调,并易造成大挖大填,工程的经济性也较差。

因此,在设计中,直线路段应根据路线所处地段的地形、地物,驾驶人员的视觉、心理状态,以及保证行车安全等因素合理布设。

2. 直线的适用条件

满足以下情况的,可优先选择直线:

① 路线不受地形、地物限制的平原区或山间的开阔谷地;

② 市镇及其近郊或规划方正的农耕区等以直线为主体的地区;

③ 为缩短构造物长度以便于施工的长大桥梁、隧道路线;

④ 为争取较好的行车和通视条件的平面交叉的前后路段;

⑤ 双车道公路在适当间隔内设置一定长度的直线,以提供较好条件的超车路段。

2.3.2　直线路段的长度限制

直线是平面线形的基本线形。根据以上论述,设计人员应对直线路段的最大、最小长度有所限制。

1. 直线路段的最大长度

由于长直线的安全性差,一些国家对直线路段的最大长度做了规定:德国规定直线路段的最大长度不超过 $20V$（V 是设计车速,以 km/h 为单位）;俄罗斯规定直线路段的最大长度为 8 km;美国规定直线路段的最大长度为 4.83 km。我国目前尚无统一的规定。但调查研究表明,直线路段的最大长度为汽车以设计速度行驶 70 s 左右的距离。长直线在选用时的总体原则:公路线形应与地形相适应,与景观相协调,对直线路段的最大长度应有所限制;当采用长直线线形时,为弥补景观单调的缺陷,应结合具体情况采取相应的技术措施。

2. 直线路段的最小长度

1) 同向曲线间的直线路段的最小长度

同向曲线是指两个转向相同的相邻曲线间连以直线形成的平面线形。中间的直线路段的长度是指前一曲线的终点至后一曲线的起点的长度。直线路段的长度很短时,在视觉上容易形成直线与两端的曲线构成反弯的错觉,使整个组合线形缺乏连续性,形成所谓的"断背曲线"。

《公路路线设计规范》(JTG D20—2017)规定:当设计速度 $V \geqslant 60$ km/h 时,同向曲线间的直线路段的最小长度(以 m 计)以不小于行车速度(以 km/h 计)数值的 6 倍为宜,即 $L_1 \geqslant 6V$,如图 2-4(a)所示;当设计速度 $V \leqslant 40$ m/h 时,可参照上述规定执行。

2) 反向曲线间的直线路段的最小长度

反向曲线是指两个转向相反的相邻曲线间连以直线形成的平面线形。由于两弯道转弯方向相反,考虑其超高和加宽缓和的需要以及驾驶员的操作方便,反向曲线间的直线路段的最小长度应有所限制。

《工路路线设计规范》(JTG D20—2017)规定:当设计速度 $V \geqslant 60$ km/h 时,反向曲线间的直线路段的最小长度(以 m 计)以不小于设计速度(以 km/h 计)数值的 2 倍为宜,即 $L_2 \geqslant 2V$,如图 2-4(b)所示;当设计速度 $V \leqslant 40$ km/h 时,可参照上述规定执行。

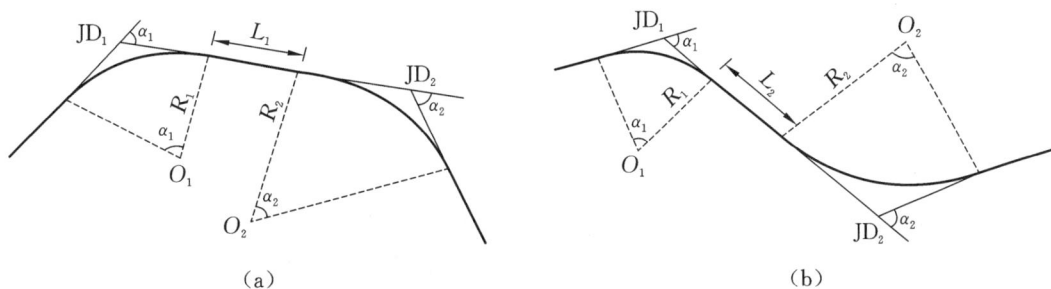

图 2-4　同向曲线与反向曲线的直线路段的最小长度

3) 相邻回头曲线间的直线路段的最小长度

回头曲线即"之"字形曲线,是指山区公路为克服高差在同一坡面上回头展线时采用的曲线。按通常设置平曲线的方法,曲线长度会过短,纵坡会过大。为了克服这种情况,设计人员常采取在转角顶点的外侧设置回头曲线的方法来布置路线。

一般来说,转角大于 150° 的曲线可视为回头曲线。《公路路线设计规范》(JTG D20—2017)规定,在回头曲线之间,前一回头曲线的终点至后一回头曲线的起点的距离宜满足要求,如表 2-1 所示。

表 2-1　相邻回头曲线间的直线路段的最小长度

公路等级	一般值/m	极限值/m
二级公路	200	120
三级公路	150	100
四级公路	100	80

2.4　圆曲线

2.4.1　圆曲线的几何要素

圆曲线(圆曲线的线段长度)指的是道路平面走向改变方向或竖向改变坡度时设置的连接两相邻直线段的圆弧形曲线。圆曲线具有易与地形相适应、线形美观、易于测设等优点,成为公路平面设计中常用的线形之一。

圆曲线的几何要素(见图 2-5)的计算公式如下:

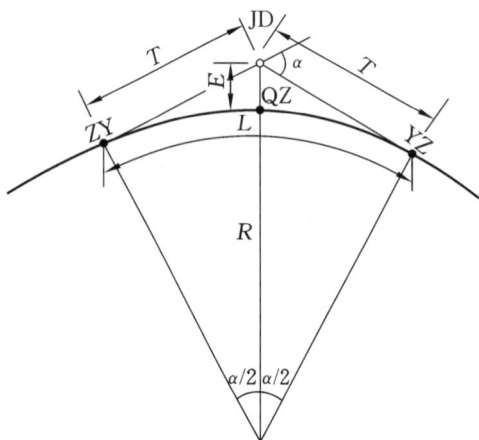

图 2-5　圆曲线的几何要素

$$T = R \tan \frac{\alpha}{2}$$

$$L = \frac{\pi}{180} \alpha R$$

$$E = R\left(\sec\frac{\alpha}{2} - 1\right)$$

$$J = 2T - L$$

式中:T——切线长,m;

L——曲线长,m;

E——外距,m;

J——曲线差(或校正值),m;

R——圆曲线半径,m;

α——转角,(°);

2.4.2　圆曲线半径计算

圆曲线的线段长度由半径决定,圆曲线半径选用得当,可获得圆滑的平面线形。选用圆曲线半径时,应注意以下几点:

① 在地形、地物等条件允许时,应优先选用大于或等于不设超高的最小半径;

② 一般情况下宜采用圆曲线最小半径的 4～8 倍或超高为 2%～4% 的圆曲线半径;

③ 在自然条件特殊、困难或受其他条件严格限制而不得已时,方可采用圆曲线极限最小半径值。

④ 圆曲线最大半径不宜超过 10 000 m。

行驶在曲线上的汽车受离心力作用,稳定性受到影响。离心力的大小又与圆曲线半径密切相关,半径越小越不利,所以在选择圆曲线半径时应尽可能采用较大的值,只有在地形或其他条件受限制时才可使用较小的圆曲线半径。为了行车的安全与舒适,《标准》规定了圆曲线半径在不同情况下的最小值。

根据汽车行驶在曲线上力的平衡方程得

$$R = \frac{V^2}{127(\mu + i_b)}$$

式中：R——圆曲线半径，m；

　　V——行车速度，km/h；

　　μ——横向力系数；

　　i_b——超高横坡坡度，%。

在指定车速 V 下，圆曲线最小半径取决于容许的最大横向力系数 μ_{max} 和该曲线的最大超高横坡坡度 $i_{b max}$。

1. 横向力系数 μ

横向力系数可近似为单位车重上受到的横向力。横向力的存在对行车产生不利影响，而且 μ 越大越不利，主要表现在以下几个方面。

1）考虑汽车行驶的横向稳定性

汽车在圆曲线上行驶的稳定性包括横向倾覆稳定性和横向滑移稳定性。汽车在设计和制造时，充分考虑了横向倾覆稳定性，重心足够低，完全可以保证在正常装载和行驶情况下，不会在横向上产生倾覆。因此，在圆曲线设计过程中，设计人员主要考虑横向滑移稳定性，保证轮胎不在路面上产生滑移即可。为此，需要满足关系式横向力 $X \leqslant$ 轮胎与路面间的摩阻力 F，因为 $X = \mu \cdot G$、$F = G \cdot f$，所以只需满足条件

$$\mu \leqslant f$$

式中：f——轮胎与路面间的摩阻系数，与车速、路面种类及状态、轮胎状态等有关。

在干燥路面上，f 为 0.4～0.8；汽车在潮湿的黑色路面上高速行驶时，f 降低为 0.25～0.40；路面结冰和积雪时，f 降为 0.2 以下；在光滑的冰面上，f 可降为 0.06（不加防滑链）。

2）考虑驾驶员操作

弯道上行驶的汽车在横向力作用下，轮胎会产生横向变形，使轮胎的中间平面与轮迹前进方向形成一个横向偏移角，如图 2-6 所示，增加了汽车在方向操纵上的困难，尤其是车速较高时，就更不容易保持驾驶方向上的稳定。

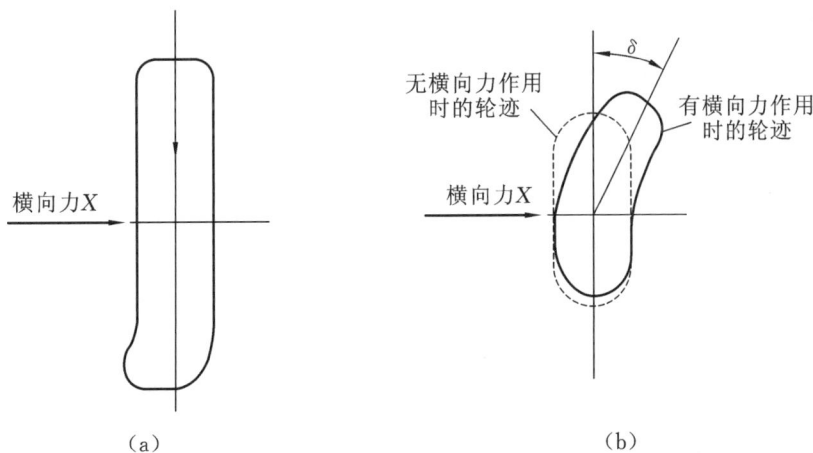

图 2-6　汽车轮胎的横向偏移角

3）考虑燃料消耗和轮胎磨损

由于横向力的影响，行驶在曲线上的汽车比在直线上的汽车的燃料消耗和轮胎磨损都要大，这是因为当汽车在曲线上行驶时，除了要克服行驶阻力，还要克服横向力对行车的作用，才能使汽车沿着正确的方向行驶，因此增加了燃料的消耗；与此同时，在曲线上行驶时，横向力的作用使汽车轮胎发生变形，致使轮胎的磨损也增加了。表 2-2 所示为横向力系数 μ 与燃料消耗、轮胎磨损的关系。

表 2-2　横向力系数 μ 与燃料消耗、轮胎磨损的关系

横向力系数 μ	燃料消耗/（%）	轮胎磨损/（%）
0	100	100
0.05	105	160
0.10	110	220
0.15	115	300
0.20	120	390

4）考虑乘车的舒适性

汽车行驶在弯道上，随横向力系数 μ 值的大小不同，乘客将有不同的感受。实验表明，乘客的感受随 μ 的变化如下：

① 当 $\mu < 0.10$ 时，乘客感觉不到曲线的存在，感觉很平稳；

② 当 $\mu < 0.15$ 时，乘客稍感到曲线的存在，感觉尚平稳；

③ 当 $\mu < 0.20$ 时，乘客已经感到曲线的存在，稍感不平稳；

④ 当 $\mu < 0.35$ 时，乘客感到曲线的存在，已感到不平稳；

⑤ 当 $\mu < 0.40$ 时，乘客感觉汽车非常不稳定，有倾倒的危险感。

综上所述，μ 值的采用关系到行车的安全、经济与舒适。为计算圆曲线最小半径，设计人员应考虑各方面，采用一个舒适的 μ 值。研究表明：μ 的舒适界限为 0.10～0.16，随行车速度而变化，车速高时取低值，车速低时取高值。

2. 超高横坡坡度 i_b

汽车在圆曲线上行驶时，受横向力或离心力作用会产生滑移或倾覆，为了抵消这部分力，保证汽车能安全、稳定地通过圆曲线，在该路段横断面上设置的外侧高于内侧的单向横坡称为超高横坡。超高横坡度的计算将在工作手册 3 中具体讲解。

2.4.3　圆曲线最小半径的计算

为了行车的安全与舒适，《标准》规定了三种圆曲线最小半径，即圆曲线最小半径极限值、一般值、不设超高的最小半径。

1. 圆曲线最小半径

圆曲线最小半径是指对于按设计速度行驶的车辆，能保证其安全行驶的最小半径，是设

计采用的极限值。当 μ 和 i_b 都取最大值时,按上式可计算出圆曲线最小半径。《标准》中规定的圆曲线最小半径(见表 2-3),是路线设计中的极限值,是在特殊困难条件下不得已才使用的,一般不能轻易采用。

表 2-3　圆曲线最小半径

设计速度/(km/h)		120	100	80	60	40	30	20
圆曲线 最小半径/m	极限值	650	400	250	125	60	30	15
	一般值	1000	700	400	200	100	65	30

圆曲线最小半径的一般值是使按设计速度行驶的车辆保持安全性与舒适性的建议值。参考国内外的经验,确定圆曲线最小半径的一般值时,取横向力系数为 0.05~0.06,经计算取整数,即可得出最小半径的一般值。常规计算时,圆曲线半径应尽量大于或等于最小半径的一般值。

2. 不设超高的圆曲线最小半径

在设计速度一定时,当圆曲线半径较大时,离心力就比较小,此时弯道采用与直线相同的双路面拱断面时,离心力对外侧车道上行驶的汽车的影响也很小,因此《标准》规定了不设超高的圆曲线最小半径,如表 2-4 所示。此时,横向力系数 $\mu = 0.035$。

表 2-4　不设超高的圆曲线最小半径

设计速度/(km/h)		120	100	80	60	40	30	20
不设超高的圆曲线 最小半径/m	路拱≤2%	5500	4000	2500	1500	600	350	150
	路拱>2%	7500	5250	3350	1900	800	450	200

不设超高的圆曲线最小半径是判断圆曲线设不设超高的一个界限。当圆曲线半径大于或等于该设计车速对应的不设超高的圆曲线最小半径时,圆曲线横断面采用与直线相同的双向路拱横断面,不必设计超高;反之则采用向弯道内倾斜的单向超高横断面形式。

2.4.4　圆曲线要素点桩号计算

图 2-7 所示为圆曲线要素示意图。

ZY(桩号)＝JD(桩号)−T

YZ(桩号)＝ZY(桩号)＋L

QZ(桩号)＝YZ(桩号)−$L/2$

JD(桩号)＝QZ(桩号)＋$J/2$

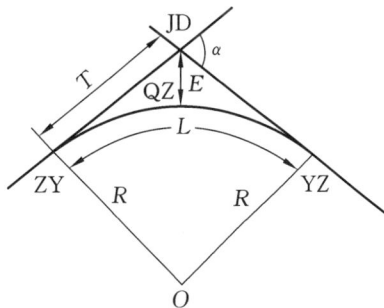

图 2-7　圆曲线要素示意图

2.5　缓和曲线

2.5.1　缓和曲线的作用

1. 设置缓和曲线的条件

当圆曲线半径小于不设超高的圆曲线最小半径且公路等级在三级及以上时,应在直线和圆曲线之间设置缓和曲线,以满足曲率半径逐渐过渡的要求。

2. 设置缓和曲线的目的

1）有利于驾驶员操纵转向盘

汽车从直线驶入圆曲线,即从无限大的半径到一定值的半径或从大半径圆曲线驶入小半径圆曲线时,从汽车前轮转向角逐渐变化的必要性来看,其中间需要插入一个逐渐变化的缓和曲线,才能保持车速不变而使汽车前轮的转向角从 0°至 α 逐渐转向,从而有利于驾驶员操纵转向盘。

2）消除离心力的突变,提高舒适性

当圆曲线半径较小时,离心力很大。为了使汽车能安全、迅速、平稳、舒适地从没有离心力的直线逐渐驶入离心力较大的圆曲线,或从离心力小的大半径圆曲线逐渐驶入离心力大的小半径圆曲线,消除离心力的突变,必须在直线和圆曲线间,或大圆与小圆之间设置曲率半径随弧长逐渐变化的缓和曲线。

3）完成超高和加宽的过渡

当圆曲线需要设置超高和加宽时,一般应在缓和曲线长度内完成超高或加宽的过渡。

4）与圆曲线配合得当,使线形美观

圆曲线与直线径向连接时,连接处曲率突变在视觉上有不平顺的感觉。但在圆曲线与直线间设置缓和曲线后,线形连续圆滑,增加了美观性。

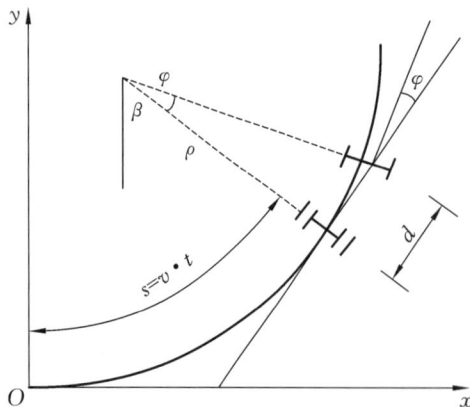

图 2-8　汽车进入曲线行驶轨迹图
β—缓和曲线角(或方向变位角);φ—弧度角

2.5.2　缓和曲线的性质

根据汽车由直线进入圆曲线的行驶轨迹,假定汽车是匀速行驶,驾驶员匀速转动转向盘,当转向盘转动角度为 φ 时,前轮相应的转动角度为 φ(见图 2-8)。通过理论推导得出弧长 l 和曲率半径 ρ 的关系,即

$$l = \frac{vd}{kw\rho}$$

式中:k——小于 1 的系数;

　　　w——转向盘转动的角速度,rad/s;

d——汽车前后轴轮距,m;

v——汽车匀速行驶的速度,m/s。

因为 v、d、w、k 均为常数,可以得出弧长和半径成反比。

2.5.3 回旋线作为缓和曲线

（一）回旋线的数学表达式

回旋线的数学表达式为

$$l\rho = A^2$$

式中:l——回旋线上某点至回旋线起点的曲线长,m;

ρ——点曲率半径,m;

A——回旋线的参数,m。

车辆行驶理论方程与回旋线基本方程相符。回旋线是公路路线设计中最常用的缓和曲线。《标准》规定缓和曲线采用回旋线。多年实践证明,回旋线作为缓和曲线是比较好的。

确定回旋线参数 A 时,由 $RL_s = A^2$,得

$$A = \sqrt{RL_s}$$

式中:R——圆曲线半径,m;

L_s——缓和曲线长度,m。

只要设计选定圆曲线半径和缓和曲线长度,回旋线参数就确定了。

图 2-9 所示为回旋线及其应用。图 2-10 所示为回旋线的曲率变化。

如图 2-9 所示,在回旋线上任意点 P 取微分单元,则有

$$dl = r \cdot d\beta$$
$$dx = dl \cdot \cos\beta$$
$$dy = dl \cdot \sin\beta$$

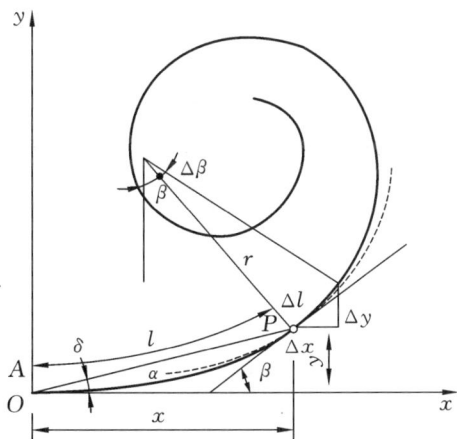

图 2-9 回旋线及其应用

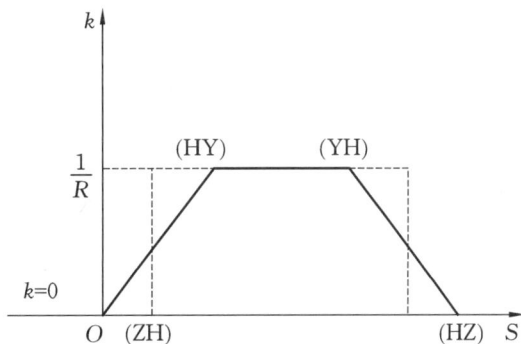

图 2-10 回旋线的曲率变化

将 $rl = A^2$ 代入得

$$dl = \frac{A^2}{l} \cdot d\beta$$

公式变换得

$$l \cdot dl = A^2 \cdot d\beta$$

积分得

$$l^2 = 2A^2\beta$$

公式变换得

$$\beta = \frac{l^2}{2A^2}$$

将 $rl = A^2$ 代入得

$$r = \frac{A}{\sqrt{2\beta}}$$

代入微分公式得

$$dx = \frac{A}{\sqrt{2\beta}}\cos\beta \cdot d\beta$$

$$dy = \frac{A}{\sqrt{2\beta}}\sin\beta \cdot d\beta$$

将上式积分并将 $\sin\beta$、$\cos\beta$ 用级数展开整理可得用参数 r 和 l 表示的回旋线直角坐标方程,即

$$x = l - \frac{l^3}{40r^2} + \frac{l^5}{3456r^4} - \cdots = l - \frac{l^5}{40R^2L_s^2} + \frac{l^9}{3456R^4L_s^4} - \cdots$$

$$y = \frac{l^2}{6r} - \frac{l^4}{336r^3} + \frac{l^6}{42240r^5} - \cdots = \frac{l^3}{6RL_s} - \frac{l^7}{336R^3L_s^3} + \frac{l^{11}}{42240R^5L_s^5} - \cdots$$

式中:l——任一点到缓和曲线起点的弧长,m;

　　　r——任一点的曲率半径;

　　　R——圆曲线半径,m;

　　　L_s——缓和曲线长度,m。

（二）有缓和曲线的道路平曲线的几何要素

如图 2-11 所示,道路平面线形三要素的基本组成是直线—回旋线—圆曲线—回旋线—直线。这种组合也称作"基本型"平曲线。

"基本型"平曲线的几何要素的计算公式如下:

$$q = \frac{L_s}{2} - \frac{L_s^3}{240R^2}$$

$$p = \frac{L_s^2}{24R} - \frac{L_s^4}{2688R^3}$$

$$\beta_0 = 28.6479\frac{L_s}{R}$$

$$T = (R+p)\tan\frac{\alpha}{2} + q$$

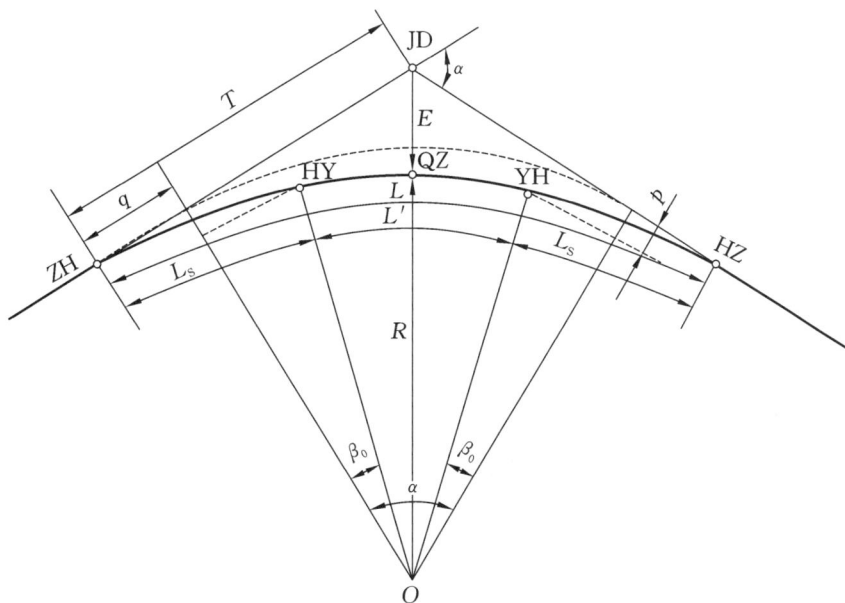

图 2-11 "基本型"平曲线

$$L=(\alpha-2\beta_0)\frac{\pi}{180}R+2L_s=\frac{\pi}{180}\alpha R+L_s$$

$$E=(R+p)\sec\frac{\alpha}{2}-R$$

$$j=2T-L$$

用切线支距法敷设带有回旋线平曲线的圆曲线部分的切线支距法的公式如下:

$$x=q+R\sin\phi_m$$

$$y=q+R(1-\cos\phi_m)$$

式中:$\phi_m=28.6479(\frac{2l_m+L_s}{R})$,$l_m$为圆曲线上任意一点至缓和曲线终点的弧长。

（三）回旋线的相似性

回旋线的曲率是连续变化的,而且曲率的变化与曲线的长度变化呈线性关系。因此,我们可以认为回旋线的线形只有一种,修改参数 A 就能得到不同大小的回旋曲线,A 相当于回旋曲线的放大系数。回旋曲线的这种相似性对于简化要素的计算和编制曲线表很有用处。

$A=1$ 时的回旋曲线又叫单位回旋曲线。根据相似性,我们可以根据单位回旋曲线要素计算任意回旋曲线的要素。回旋曲线的要素又分为长度要素(如切线长、曲线长、内移值、直角坐标等)和非长度要素(如缓和曲线角、弦偏角等)

2.5.4 缓和曲线的最小长度

由于车辆在缓和曲线上完成不同曲率的过渡行驶,所以缓和曲线要有足够的长度,使驾驶人员能从容地转方向盘,乘客感觉舒适,线形美观流畅,圆曲线上的超高和加宽的过渡也能在缓和曲线内完成。缓和曲线的最小长度可以从以下几方面考虑。

1. 旅客感觉舒适

汽车在缓和曲线上行驶时，离心加速度随缓和曲线的变化而变化，变化过快会使乘客有不舒适的感觉。离心加速度的变化率的公式为

$$\alpha_s = \frac{\alpha}{t} = \frac{v^2}{Rt}$$

假定汽车匀速行驶，则 $t = L_s/v$，则

$$\alpha_s = \frac{v^3}{RL_s}$$

$$L_s = \frac{v^2}{R\alpha_s}$$

对于式中的离心加速度变化率采用什么值，各国不尽相同。对于一般高速路，英国采用0.3，美国采用0.6。我国在制定缓和曲线设计标准时，参照日本经验，将离心加速度的变化率定为0.5～0.6。若以 $V(\mathrm{km/h})$ 表示设计速度，则缓和曲线的最小长度 $L_{s,\min}$ 的计算公式为

$$L_{s,\min} = \frac{V^3}{R\alpha_s}$$

2. 超高渐变率适中

由于缓和曲线上设置有超高过渡段，如果过渡段太短则会因路面急剧地由双坡变为单坡而形成一种扭曲的面，对行车和路容均不利。

在超高过渡段上，路面外侧逐渐抬高，从而形成附加坡度，当圆曲线上的超高值一定时，这个附加坡度就取决于过渡段的长度，附加坡度（超高渐变率）太大或太小都不好，太大会使行车左右剧烈摇摆，影响行车安全，太小对排水不利。规范规定了适中的超高渐变率，可导出计算过渡段最小长度的公式，即

$$L_{s,\min} = \frac{B\Delta i}{P}$$

式中：B——旋转轴至行车道（设路缘带时为路缘带）外侧边缘的宽度，m；

　　　Δ_i——超高坡度与路拱坡度代数差，%；

　　　P——超高渐变率。

3. 行驶时间不过短

缓和曲线的参数不可使行驶车辆在缓和曲线上的行驶时间过短，过短会使驾驶员操作不便，甚至造成驾驶操作时的紧张和忙乱。一般认为汽车在缓和曲线上行驶时间至少应有 3 s，则

$$L_{s,\min} = \frac{V}{1.2}$$

考虑了上述影响缓和曲线长度的各项因素，规范规定了各级公路缓和曲线的最小长度和城市道路缓和曲线的最小长度，如表 2-5 和表 2-6 所示。

表 2-5　各级公路缓和曲线的最小长度

设计速度/(km/h)		120	100	80	60	40	30	20
缓和曲线的 最小长度/m	一般值	130	120	100	80	50	40	25
	最小值	100	85	70	60	40	30	20

表 2-6 城市道路缓和曲线的最小长度

设计速度/(km/h)	80	60	50	40	30	20
缓和曲线的最小长度/m	70	50	45	45	25	20

2.5.5 缓和曲线的设置与省略

对于四级公路,无论圆曲线半径多大,设计人员可不考虑在直线和圆曲线间设置缓和曲线,当圆曲线半径大于或等于表 2-4 所列的"不设超高的最小半径"时,缓和曲线无条件省略。

半径不同的圆曲线的径向连接处,应设置缓和曲线,但符合下述条件时可以省略缓和曲线。

(1) 小圆半径大于表 2-4 所列的"不设超高的最小半径"时。

(2) 小圆半径大于表 2-7 所列的"小圆临界半径"且符合下列条件之一时:

① 小圆曲线按规定设置相当于最小回旋线长度的回旋线时,其小圆与大圆的内移值之差不超过 0.1 m;

② 设计速度大于或等于 80 km/h 时,大圆半径 R_1 与小圆半径 R_2 之比小于 1.5;

③ 设计速度小于 80 km/h 时,大圆半径 R_1 与小圆半径 R_2 之比小于 2。

表 2-7 复曲线中的小圆临界半径

公路等级	高速公路			一级公路			二级公路		三级公路	
设计速度/(km/h)	120	100	80	100	80	60	80	60	60	30
临界半径/m	2100	1500	900	1500	900	500	900	500	250	130

2.6 行车视距

2.6.1 视距的种类与要求

1. 视距的种类

为了保证行车安全,驾驶员驾驶汽车在公路上行驶时,在任意点位置都应能看到汽车前方相当远的距离,以便在发现路面障碍物或迎面来车时及时采取措施,避免相撞,这个必要的距离称为行车视距。为了计算方便,规范规定了行车轨迹为离路面内侧边缘(曲线段为路面内侧未加宽前)1.5 m 处,驾驶员视线高 1.2 m,障碍物高 0.1 m。

驾驶员发现路面障碍物或迎面来车时,根据采取措施的不同,行车视距可分为以下几种。

① 停车视距：汽车行驶时，自驾驶员看到障碍物时起，至到达障碍物前安全停止所需的最短距离。

② 会车视距：在同一车道上两对向行驶汽车相遇时，从互相发现起，至同时采取制动措施使两车安全停止所需的最短距离。

③ 错车视距：在没有明确划分车道线的双车道公路上，两对向行驶的汽车相遇，发现彼此时即采取减速避让措施安全错车所需的最短距离。

④ 超车视距：在双车道公路上，后车超越前车时，从开始驶离原车道之处起，至与对向来车相遇之前，完成超车并安全回到自己的车道所需的最短距离。

在上述四种视距中，超车视距最长，需单独研究；错车视距最短，容易保证。经研究分析，会车视距约等于停车视距的 2 倍，所以停车视距是最基本的视距，双车道公路也应保证有足够长的超车视距的路段。

2. 各级公路对视距的要求

高速公路和一级公路上的车辆分向分车道行驶，车辆同向行驶不存在会车问题，主要考虑停车视距，所以《标准》规定了高速公路、一级公路应满足停车视距的要求，如表 2-8 所示。

表 2-8　高速公路、一级公路的停车视距

设计速度/(km/h)	120	100	80	60
停车视距/m	210	160	110	75

二、三、四级公路上、下行车道没有分开，混合交通严重，所以《标准》规定二、三、四级公路的会车视距长度不应小于停车视距的 2 倍，如表 2-9 所示。

表 2-9　二、三、四级公路的停车视距、会车视距与超车视距

设计速度/(km/h)	80	60	40	30	20
停车视距/m	110	75	40	30	20
会车视距/m	220	150	80	60	40
超车视距/m	550	350	200	150	100

双向行驶的双车道公路，应根据需要并结合地形，3 min 的行驶时间里，提供一次满足超车视距要求的超车路段。一般情况下，超车路段不小于路线总长度的 10%～30%。超车路段的设置应结合地形并力求均匀。

2.6.2　视距的计算

1. 停车视距

停车视距可分为反应距离 s_1、制动距离 s_2 和安全距离 s_3 三部分，如图 2-12 所示。

计算停车视距的规定：驾驶员视线高为 1.2 m，物高为 0.1 m。对于高速公路、一级公路以及大型车比例高的二级公路、三级公路的下坡路段，设计人员应采用下坡段货车停车视距对相关路段进行检验。货车停车视距的规定：视线高为 2 m，物高为 0.1 m。

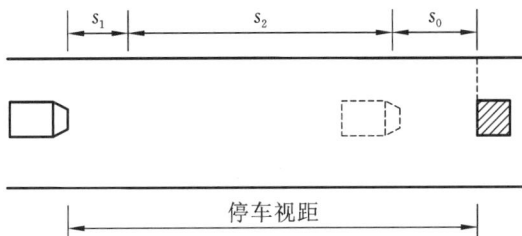

图 2-12　停车视距计算示意图

1）反应距离 s_1

驾驶员发现前方的障碍物后,经过判断决定采取制动措施到制动器真正开始起作用时汽车行驶的距离即反应距离。这段时间可分为感觉时间和反应时间来分析并用试验来测定:感觉时间很大程度上取决于物体的外形、颜色,驾驶员的视力和机敏程度,以及大气的可见度等。根据测定资料,在设计时,感觉时间取 1.5 s、反应时间取 1.0 s 是较适当的,感觉和反应的总时间 $t=2.5$ s,在这段时间内汽车行驶的距离为

$$s_1 = \frac{Vt}{3.6}$$

2）制动距离 s_2

制动距离是指汽车从制动到汽车完全停住所行驶的距离。

$$s_2 = \frac{\left(\dfrac{V}{3.6}\right)^2}{2gf_1}$$

式中:V——设计速度,km/h;

f_1——纵向摩阻系数,依车速及路面状况而定。

路面潮湿状态下小客车的停车视距如表 2-10 所示。

表 2-10　路面潮湿状态下小客车的停车视距

设计速度/(km/h)	行驶速度/(km/h)	f_1	计算值/m	规定值/m
120	102	0.29	212.0	210
100	85	0.30	153.7	160
80	68	0.31	105.9	110
60	54	0.33	73.2	75
40	36	0.38	38.3	40
30	30	0.44	28.9	30
20	20	0.44	17.3	20

3）安全距离 s_0

安全距离是指汽车停车点到达障碍物前的距离,一般取 5～10 m。

停车视距为

$$s_T = \frac{Vt}{3.6} + \frac{\left(\dfrac{V}{3.6}\right)^2}{2gf_1} + s_0$$

2. 超车视距

超车的全程分为四个阶段,如图 2-13 所示。

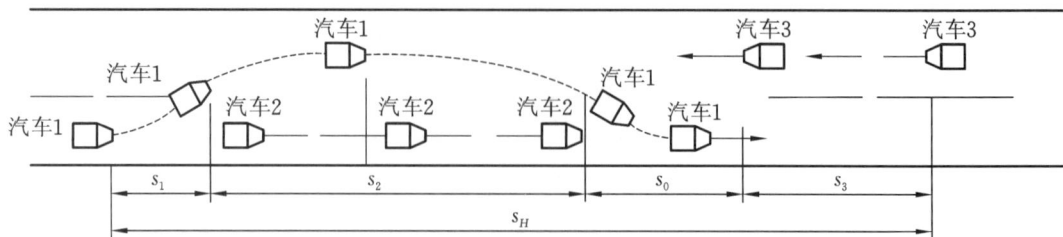

图 2-13 超车视距计算示意图

1) 加速行驶距离 s_1

驾驶员经判断认为有超车的可能,于是加速驶入对向车道,在驶入对向车道之前的加速行驶距离 s_1 为

$$s_1 = \frac{V_0 t_1}{3.6} - \frac{a t_1^2}{2}$$

式中:V_0——超车的初速度,km/h;

$\quad t_1$——超车加速时间,s;

$\quad a$——超车平均加速度,m/s²。

2) 超车时在对向车道行驶的距离 s_2

$$s_2 = \frac{V t_2}{3.6}$$

式中:V——超车时在对向车道上行驶的速度,km/h;

$\quad t_2$——超车时在对向车道上行驶的时间,s。

3) 超车完成时,超车汽车与对向汽车之间的安全距离 s_0

这个距离视超车汽车和对向汽车的行驶速度不同而采用不同的数值,一般取 15～100 m。

4) 开始加速到超车完成时对向汽车的行驶距离 s_3

$$s_3 = \frac{V'(t_1 + t_2)}{3.6}$$

式中:V'——对向汽车的行驶速度,km/h。

理想全超车过程的超车视距的计算公式为

$$s_H = s_1 + s_2 + s_3 + s_0$$

这样计算所得的距离较长,在地形复杂时很难实现。

跟随在慢车后面的快车的驾驶员往往在未看到前面安全区段时,就开始加速进入对向车道,如果在进入对向车道之后,发现迎面有汽车开来且超车距离不足时,驾驶员会及时返回自己的车道,仍跟随在慢车之后。因此,超车视距在超车条件困难时的计算公式为

$$s_H = \frac{2}{3} s_2 + s_3 + s_3'$$

式中:s_3'——对向车行驶的距离,为 $\frac{2}{3} t_2$ 行驶的距离。

2.6.3 视距保证

汽车在直线上行驶时,会车视距、停车视距和超车视距一般是容易保证的。当汽车在平面弯道上行驶时,内侧的建筑物、树木、路堑边坡等,均可能阻碍视线。我们将这种处于隐蔽地段的弯道称为"暗弯",对于"暗弯"都应该进行视距检查。若不能保证该级公路的设计视距长度,我们应该将阻碍视线的障碍物清除。

若平曲线内侧和中间带设置护栏或其他人工构造物,我们应对视距进行检查与验算,当不符合规定要求时,可采取加宽路肩或中间带、将构造物后移等措施。

横净距是指在曲线路段内侧车道上的汽车驾驶员,为取得前方视距而应保证获得的横向净空范围。

最大横净距是用于路线设计中检查安全行车所需的视距范围,在该范围内的一切障碍物都应被清除。

一般来说,检查弯道内平面视距能否得到保证的方法主要有解析法和几何法,这里以较为简单的几何法为例介绍横净距的求法。

1. 视距包络图

用绘图方法确定的清除障碍物的范围,称为视距包络图,如图 2-14 所示。

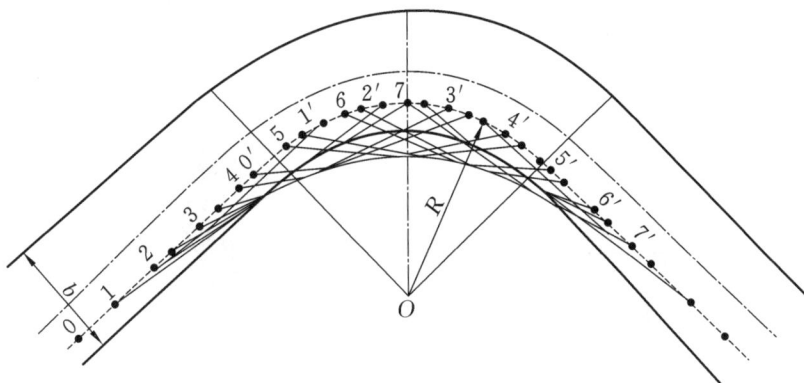

图 2-14　视距包络图

视距包络图的作图步骤如下:

① 按比例画出弯道平面图,在图上画出路面两边的边缘线(包括路面加宽)、路基边缘线(包括路基加宽)、路中线及距加宽前路面内侧边缘 1.5 m 的行车轨迹线(有缓和曲线时也应按缓和曲线形式画出汽车轨迹线);

② 由平曲线的起、终点向直线段方向沿轨迹线量取设计视距 s 的长度,定出 0 点(或对称 0 点);

③ 从 0 点向平曲线方向沿轨迹线把 0 点至曲线中点的轨迹长度分成若干等份(一般分10 等份),得 1、2、3 等点或对称的 1′、2′、3′ 等点;

④ 从 0、1、2、3 等点分别沿轨迹方向量取设计视距 s,定出各相应点 0′、1′、2′、3′ 等点,则

0-0′、1-1′、2-2′、3-3′等和对称的 0-0′、1-1′、2-2′、3-3′等都在轨迹线上满足设计视距 s 的要求；

⑤ 用直线分别连接$\overline{00′}$、$\overline{11′}$、$\overline{22′}$等和对称的$\overline{00′}$、$\overline{11′}$、$\overline{22′}$等，各线段互相交叉；

⑥ 用曲线板内切于各交叉的线段，画出内切曲线，这条内切曲线就是视距包络线；

⑦ 视距包络线两端与障碍线相交，在视距包络线与障碍线之间的部分，就是应该清除障碍物的范围。

用几何的方法不但能确定最大横净距，还可以确定弯道上任意桩号的横净距。

2. 开挖视距台

用视距包络图的方法计算出横净距后，就可按比例在各桩号的横断图上画出开挖视距台，以供施工放样，如图 2-15 所示。

开挖视距台的作图步骤如下：

① 按比例画出需要保证设计视距的各桩号的横断面图；

② 由未加宽时路面内侧边缘向路中心量取 2～5 m，并垂直向上量取 1.2 m 得 A 点，则 A 点为驾驶员眼睛的位置；

③ 由 A 点画水平线，并沿内侧方向量取横净距得 B 点；

④ 由 B 点垂直向下量取 y 高度得 C 点（由于泥土或碎石落在视距台上影响视线，为保证通视，对于土质边坡，y＝0.3 m；对于石质边坡，y＝0.1 m）；

⑤ 由点按边坡比例画出边坡线，则图中阴影线部分为应挖除的部分；

⑥ 各桩号分别按需要的横净距开挖视距台，连接起来就能保证设计视距。

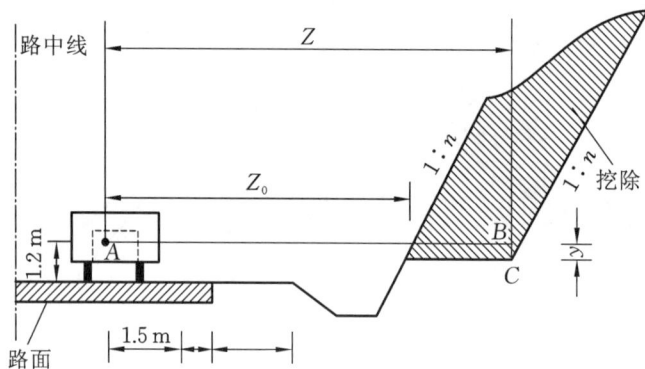

图 2-15　开挖视距台

2.7　公路平面设计方法

2.7.1　平面设计的一般原则

（1）平面线形应简洁，应与周围环境相协调。

在地形平坦开阔的平原、微丘区,路线平顺快捷,在平面线形三要素中直线所占比例较大;在地形有很大起伏的山岭、重丘区,路线则多弯曲,曲线所占比例较大。路线要与地形相适应,这既是美学问题,也是经济问题和保护生态环境问题。直线、圆曲线、缓和曲线的选用与合理组合取决于地形地物等具体条件,片面强调路线要以直线为主或以曲线为主,或人为规定三者的比例都是错误的,如图 2-16 所示。

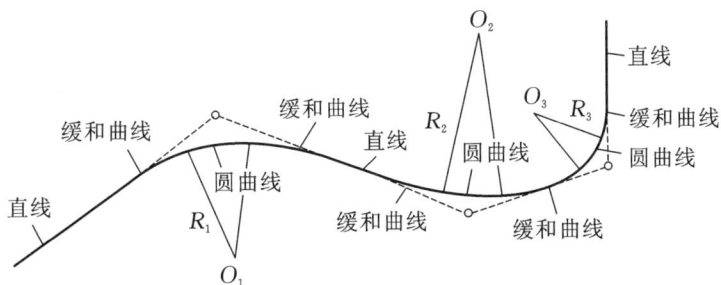

图 2-16 某公路的平面线形

(2)保持平面线形的均衡与连贯。

高、低线形标准之间要有过渡。结合地形变化,使路线的平面线形指标逐渐过渡,避免出现突变。不同标准路段相互衔接的地点应选在交通量发生变化处。

(3)应避免连续急弯的线形。

连续急弯线形给驾驶员造成不便,给乘客的舒适感带来不良影响。设计时可在曲线间插入足够长的直线或回旋线。

(4)平曲线应有足够的长度。

平曲线太短,汽车在曲线上行驶时间过短会使驾驶员操纵转向盘困难,来不及调整,所以规范规定了各级公路平曲线的最小长度,如表 2-11 所示。

表 2-11 各级公路平曲线的最小长度

公路等级	高速公路			一级公路			二级公路		三级公路		四级公路
设计速度 /(km/h)	120	100	80	100	80	60	80	60	40	30	20
平曲线的 最小长度/m	200	170	140	170	140	100	140	100	70	50	40

公路弯道在一般情况下由两段缓和曲线(或超高、加宽缓和段)和一段圆曲线组成。缓和曲线(一般采用回旋线)的长度不能小于该级公路对缓和曲线的最小长度的规定;中间圆曲线的长度也宜有不小于 3 s 的行程。

路线转角的大小反映了路线的舒顺程度,相对小一些为好。转角过小时,即使设置了较大的半径也容易使驾驶员将曲线长度看成比实际的要短,造成急转弯的感觉。这种现象在转角越小时越显著,会造成驾驶员错误减速转弯的操作。

一般认为,$\theta \leqslant 7°$ 属于小偏角。小转角弯道应设置较长的平曲线,其长度应大于表 2-12 中规定的"一般值"。但受地形及其他特殊情况限制时,可减小至表中的"低限值"。

表 2-12　公路转角等于或小于 7°时的平曲线的长度

公路等级		高速公路			一级公路			二级公路		三级公路		四级公路
设计速度/(km/h)		120	100	80	100	80	60	80	60	40	30	20
平曲线的最小长度/m	一般值	1400 $/\theta$	1200 $/\theta$	1000 $/\theta$	1200 $/\theta$	1000 $/\theta$	700 $/\theta$	1000 $/\theta$	700 $/\theta$	500 $/\theta$	350 $/\theta$	280 $/\theta$
	低限值	200	170	140	170	140	100	140	100	70	50	40

2.7.2　平面线形组合形式

设计人员可根据具体情况选用下述几种平面线形组合形式。

1. 基本型

基本型的两个回旋线参数可以根据地形条件设计成对称的或非对称的曲线。当回旋线参数 $A_1 = A_2$ 时为对称型,这种线形经常被采用,如图 2-17 所示。也可根据线形、地形变化的需要,在圆曲线两侧采用 $A_1 \neq A_2$ 的回旋线,设计成非对称型,但应注意设置基本型的几何条件为 $a > 2\beta_0$(a 为平曲线转角,β_0 为缓和曲线切线角)。

2. S 形

两个反向圆曲线用回旋线连接起来的组合线形称为 S 形,如图 2-18 所示。

S 形相邻两个回旋线参数 A_1 与 A_2 宜相等,设计成对称型。当采用不同的参数时,A_1 与 A_2 之比应小于 2.0,有条件时以小于 1.5 为宜。

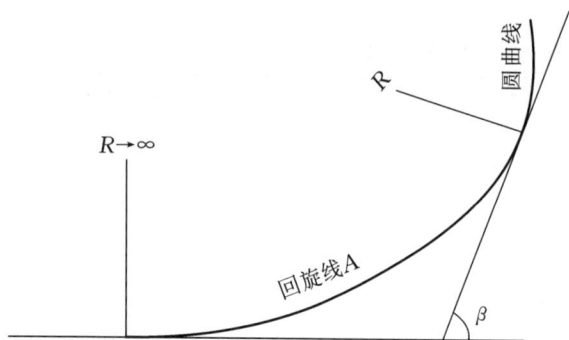

图 2-17　基本型

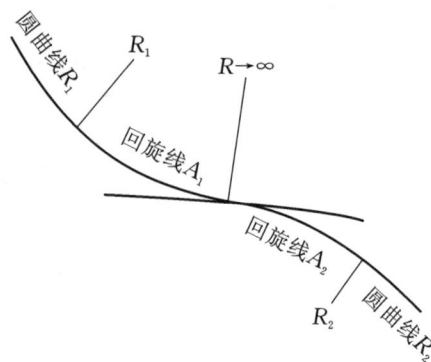

图 2-18　S 形

圆曲线半径之比不宜过大,以 $R_2/R_1 = \dfrac{1}{3} \sim 1$ 为宜。R_1 为大圆曲线半径(m),R_2 为小圆曲线半径(m)。

3. 复曲线

(1) 直线与两个同向圆曲线直接相连形式。

两个同向圆曲线按直线—圆曲线(R_1)—圆曲线(R_2)—直线的顺序组合构成。

（2）两个同向圆曲线两端设置缓和曲线形式。

两个同向圆曲线按直线—回旋线（A_1）—圆曲线（R_1）—圆曲线（R_2）—回旋线（A_2）—直线的顺序组合构成。

（3）卵形。

用一个回旋线连接两个同向圆曲线的组合形式称为卵形，按直线—回旋线（A_1）—圆曲线（R_1）—回旋线（A）—圆曲线（R_2）—回旋线（A_2）—直线的顺序组合构成，如图 2-19 所示。卵形组合的回旋线参数宜符合下式要求：

$$\frac{R_2}{2} \leqslant A \leqslant R_2$$

式中：A——回旋线参数；

　R_2——小圆曲线半径，m。

两个圆曲线半径之比，以 $R_2/R_1 = 0.2 \sim 0.8$ 为宜。

两个圆曲线的间距，以 $D/R_2 = 0.003 \sim 0.03$ 为宜，以免曲率变化太大。D 为两个圆曲线间的最小间距（m）。

4. 凸形

两个同向回旋线间不插入圆曲线而直接径向连接的线形称为凸形。

当凸形为对称型时，$\alpha = 2\beta_0$（α 为平曲线转角，β_0 为缓和曲线切线角），如图 2-20 所示。

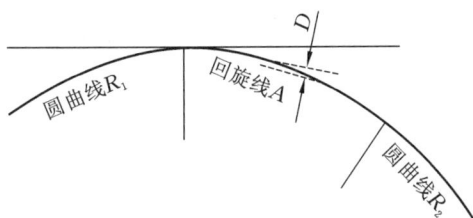

图 2-19　卵形

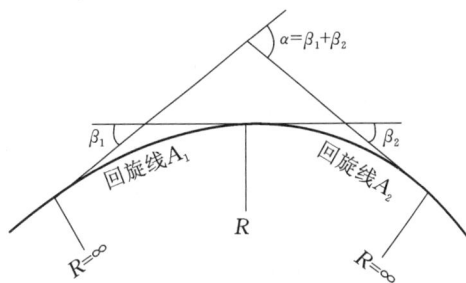

图 2-20　凸形

凸形的回旋线参数及其连接点的曲率半径，应分别符合容许最小回旋线参数和圆曲线一般最小半径的规定。

技术提示：凸形曲线在两个回旋曲线衔接处，曲率发生突变，不仅行车操作不便，而且由于超高，路面边缘线断面也在该处形成转折，所以凸形曲线作为平面线形是不理想的。在地形、地物受限制的路段方可采用凸形组合。

5. 复合型

两个及两个以上同向回旋线，在曲率相等处相互连接的形式称为复合型，如图 2-21 所示。

技术提示：复合型的两个回旋线参数之比以小于 1:1.5 为宜，复合型的线形组合仅在地形或其他特殊原因限制时（互通式立体交叉除外）才使用。

6. C 形

同向曲线的两个回旋线在曲率为零处径向衔接（即连接处曲率为 0，$R \rightarrow \infty$）的形式称为 C 形，如图 2-22 所示。

C 形的线形组合方式只在特殊地形条件下采用。

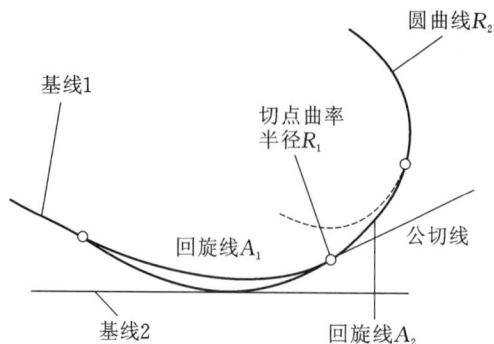

图 2-21　复合型

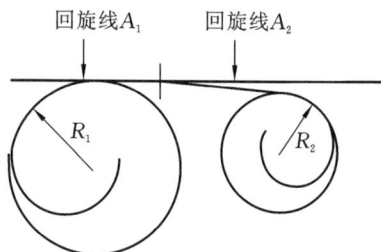

图 2-22　C 形

2.8　公路平面设计成果

2.8.1　直线、曲线及转角一览表

直线、曲线及转角一览表可以全面反映路线的平面位置和路线平面线形的各项指标,是公路平面设计的主要成果之一。设计人员在完成该表后才能填写逐桩坐标表和绘制路线平面设计图,同时在公路的纵、横断面和其他构造物设计时要用该表的数据,如表 2-13 所示。

2.8.2　逐桩坐标表

高速公路、一级公路的线形指标高,在测设和放线时采用坐标法才能保证测设精度。所以平面设计成果必须包括逐桩坐标表,如表 2-14 所示。

2.8.3　路线平面设计图

路线平面设计图是设计文件的重要组成部分,可以全面、清晰地反映公路平面的位置和经过地区的地形、地物等,是平面设计的重要成果之一,如图 2-23 所示。

1. 平面图的比例尺和测绘范围

路线平面图是指包括公路中线在内的有一定宽度的带状地形。若供做工程可行性研究,可采用 1∶10 000 的比例尺测绘(或向国家测绘部门和其他工程单位收集),但初步设计、施工图设计的设计文件组成部分应采用较大的比例尺,一般测绘时常用 1∶2000,在地形复杂地段的路线初步设计、施工图设计可采用 1∶500 或 1∶1000 的比例尺绘制。路线带状地形图的测绘宽度,一般取路中线两侧各 100～200 m,对于 1∶5000 的地形图,测绘宽度每侧应不小于 250 m,若有比较线,测绘宽度应将比较线包括进去。

表 2-13　直线、曲线及转角一览表

交点号	交点坐标 N(X)	交点坐标 E(Y)	交点桩号	转角值	曲线要素值/m 半径	缓和曲线长度	缓和曲线长度	切线长度	曲线长度	外距	校正值	曲线主点桩号 第一缓和曲线	第一缓和曲线终点或圆曲线起点	曲线中点	第二缓和曲线起点或圆曲线终点	第二缓和曲线	直线长度及方向 直线段长/m	交点间距/m	计算方位角	备注
1	2	3	4	5	6	7	8	9	10	11	12	13	14	15	16	17	18	19	20	21
	3098050.080	504080.676	K68+800																183°29′25.9″	
JD3	3096701.104	503998.393	K70+151.483	30°15′42.9″(Z)	2000	300	774.597	691.28	1356.340083	73.769	26.219	K69+460.203	K69+760.203	K70+138.373	K70+516.543	K70+816.543	660.203	1351.483	153°13′43″	
JD4	3094711.364	505002.236	K72+353.888	17°34′47.8″(Y)	5500			850.459	1687.55248	65.364	13.365		K71+503.430	K72+347.206	K73+190.982		686.886	2228.625	170°48′30.8″	
JD5	3091519.938	505518.645	K75+573.459	22°28′48″(Z)	2800	320	946.573	716.732	1418.580035	56.310	14.884	K74+856.727	K75+176.727	K75+566.017	K75+955.307	K76+275.307	1665.745	3232.936	148°19′42.8″	
JD6	3088796.382	507198.873	K78+758.720	17°11′10.5″(Y)	3000	330	994.987	618.551	1229.870058	35.589	7.232	K78+140.169	K78+470.169	K78+755.104	K79+040.039	K79+370.039	1864.861	3200.144	165°30′53.3″	
JD7	3087165.514	507620.195	K80+435.899	21°14′42.7″(Z)	2400	270	804.984	585.35	1159.916044	43.134	10.785	K79+850.549	K80+120.549	K80+430.507	K80+740.465	K81+010.465	480.510	1684.411	144°16′10.5″	
JD8	3085861.725	508558.111	K82+031.213	40°29′43.2″(Y)	2400	270	804.984	1020.748	1966.264039	159.424	75.232	K81+010.465	K81+280.465	K81+993.597	K82+706.729	K82+976.729	0.000	1606.098	184°45′53.8″	
JD9	3082191.827	508252.202	K85+638.606	44°55′33.3″(Z)	3600	350	1122.497	1664.016	3172.779416	297.104	155.252	K83+974.599	K84+324.590	K85+560.980	K86+797.370	K87+147.370	997.862	3682.625	139°50′20.5″	
JD10	3079648.171	510398.791	K88+811.722	38°12′23.6″(Y)	2200	260	756.307	892.387	1727.02624	129.569	57.749	K87+919.334	K88+179.334	K88+782.847	K89+386.360	K89+646.360	771.964	3328.367	178°02′44″	
JD11	3077098.408	510485.800	K91+305.221	28°10′38.5″(Z)	4600			1154.474	2262.223126	142.659	46.725		K90+150.747	K91+281.858	K92+412.970		504.386	2551.248	149°52′05.6″	
JD12	3073451.907	512602.307	K95+474.723	51°08′42.5″(Y)	2550	290	859.942	1365.896	2566.259792	278.451	165.533	K94+108.826	K94+398.826	K95+391.956	K96+385.086	K96+675.086	1695.857	4216.227	201°00′48″	
JD13	3070874.145	511612.108	K98+070.594	17°26′53.5″(Z)	2300	270	788.036	488.126	970.4149344	28.258	5.838	K97+582.467	K97+852.467	K98+067.675	K98+282.882	K98+552.882	907.381	2761.404	183°33′54.6″	
JD14	3069757.216	511542.518	K99+183.851	27°04′42.2″(Y)	2100	250	724.569	630.969	1242.474985	61.303	19.463	K98+552.882	K98+802.882	K99+174.120	K99+545.357	K99+795.357	0.000	1119.095	210°38′36.8″	
JD15	3068283.771	510669.614	K100+876.989	30°59′35.5″(Z)	1800	250	670.82	624.45	1223.679771	69.406	25.220	K100+252.539	K100+502.539	K100+864.379	K101+226.219	K101+476.219	457.182	1712.601	179°39′01.3″	
JD16	3066936.891	510677.833	K102+198.674	14°38′12.3″(Y)	2100	260	738.918	399.857	796.4654144	18.600	3.248	K101+798.817	K102+058.817	K102+197.050	K102+335.283	K102+595.283	322.599	1346.905	194°17′13.7″	
	3066351.016	510528.635	K102+800														204.717	604.574		

表 2-14　逐桩坐标表

桩号	坐标		方向角	桩号	坐标		方向角
	北（X）	东（Y）			北（X）	（Y）	
K0+000.000	2578.662	37 628.020	103°45′18″	K0+580.000	2578.305	37 628.356	93°30′11″
K0+020.000	2578.657	37 628.039	103°45′18″	K0+600.000	2578.305	37 628.376	87°50′42″
K0+040.000	2578.652	37 628.059	103°45′18″	HY+602.969	2578.305	37 628.379	86°44′41″
K0+060.000	2578.648	37 628.078	103°45′18″	K0+620.000	2578.307	37 628.395	80°14′21″
K0+080.000	2578.643	37 628.098	103°45′18″	K0+640.000	2578.311	37 628.415	72°36′00″
K0+100.000	2578.638	37 628.117	103°45′18″	K0+660.000	2578.318	37 628.434	64°57′37″
ZH+109.397	2578.636	37 628.126	103°45′18″	K0+680.000	2578.328	37 628.451	57°19′16″
K0+120.000	2578.633	37 628.137	104°33′36″	QZ+686.606	2578.332	37 628.456	54°47′51″
K0+140.000	2578.628	37 628.156	110°27′44″	K0+700.000	2578.340	37 628.467	49°40′54″
HY+159.397	2578.619	37 628.173	121°27′44″	K0+720.000	2578.354	37 628.481	42°02′32″
K0+160.000	2578.619	37 628.174	122°05′29″	K0+740.000	2578.370	37 628.494	34°24′10″
K0+180.000	2578.606	37 628.189	136°24′56″	K0+760.000	2578.387	37 628.504	26°45′48″
QZ+187.355	2578.601	37 628.194	141°41′00″	YH+770.243	2578.396	37 628.508	22°51′02″
K0+200.000	2578.590	37 628.201	150°44′22″	K0+780.000	2578.405	37 628.512	19°29′15″
YH+215.313	2578.576	37 628.207	161°42′24″	K0+800.000	2578.424	37 628.518	14°52′00″
K0+220.000	2578.572	37 628.208	164°54′22″	K0+820.000	2578.444	37 628.522	13°18′05″
K0+240.000	2578.552	37 628.212	175°01′21″	HZ+820.243	2578.444	37 628.522	13°18′05″
K0+260.000	2578.532	37 628.213	179°24′34″	K0+840.000	2578.463	37 628.527	13°18′05″
HZ+265.313	2578.527	37 628.213	179°36′40″	K0+860.000	2578.483	37 628.532	13°18′05″
K0+280.000	2578.512	37 628.213	179°36′40″	K0+880.000	2578.502	37 628.536	13°18′05″
K0+300.000	2578.492	37 628.213	179°36′41″	K0+900.000	2578.522	37 628.541	13°18′05″
K0+320.000	2578.472	37 628.213	179°36′41″	K0+920.000	2578.541	37 628.545	13°18′05″
K0+340.000	2578.452	37 628.213	179°36′42″	K0+940.000	2578.561	37 628.550	13°18′05″
ZH+256.688	2578.435	37 628.213	179°36′42″	K0+960.000	2578.580	37 628.555	13°18′05″
K0+360.000	2578.432	37 628.213	179°32′57″	ZH+962.111	2578.582	37 628.555	13°18′05″
K0+380.000	2578.412	37 628.214	176°30′58″	K0+980.000	2578.599	37 628.559	13°41′00″
K0+400.000	2578.392	37 628.216	168°55′35″	K1+000.000	2578.619	37 628.564	15°00′53″

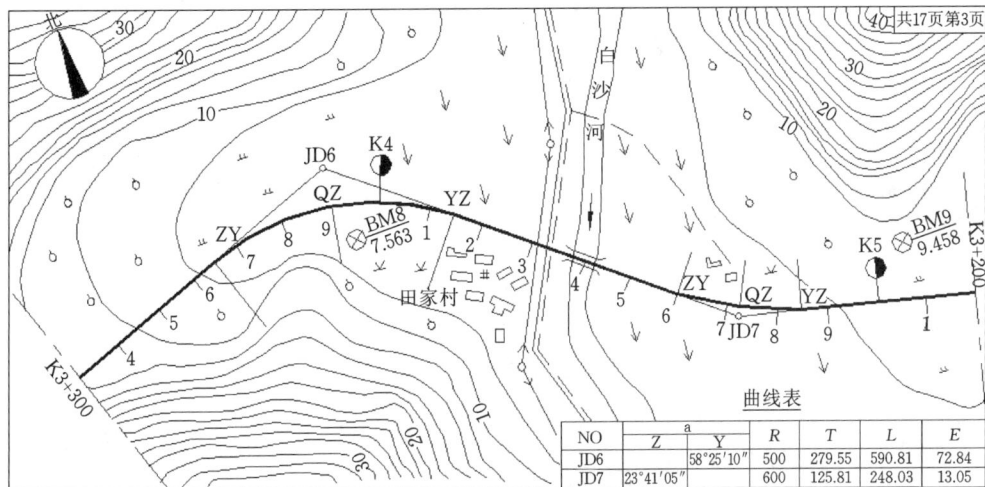

图 2-23　路线平面设计图

路线平面图应示出地形、地物、路线位置及桩号、断链、平曲线主要桩位与其他主要交通路线的关系,以及县以上境界等,标注水准点、导线点及坐标格网或指北图式,示出特大桥、大桥、中桥、隧道、路线交叉位置等。图中还应列出平曲线要素表。

2.路线平面图的展绘

1）导线或路中线的展绘

在初测阶段,应先沿着路线走廊布设附合导线,将导线点按其坐标准确地展绘到绘有坐标方格网的图纸上,以导线为基线,作为测绘地形图的依据。

在定测阶段,先将交点按坐标准确地展绘到绘有坐标方格网的图纸上,再按逐桩坐标表提供的数据展绘曲线,并注明百米桩、千米桩;以路线为基线,测绘地形。

2）控制点的展绘

各种比例尺的地形图,均应展绘出测绘宽度内的各等级三角点、导线点、图根点、水准点等,并按规定的符号表示。

3）各种构造物的测绘

各种比例尺的地形图,各类构造物、建筑物及其主要附属设施应按《公路勘测规范》（JTG C10—2007）的规定测绘和表示。对于各种线状地物,如管线、高、低压电线等,应实测其支架或电杆的位置。对于穿越路线的高压线,应实测其悬垂线距地面的高度并注明电压。对于地下管线等,应详细测定其位置。对于公路及其附属物,应按实际形状测绘。

4）水系及其附属物的测绘

各种比例尺的地形图,均应展绘出测绘宽度内的海洋的海岸线;水渠顶边及底边高程;堤坝顶部及坡脚的高程;水井井台高程;水塘塘顶边及塘底的高程。河流、水沟等应注明水流流向。

5）地形、地貌的测绘

各种比例尺的地形图,地形、地貌、植被、不良地质地带等均应详细测绘并用等高线和国家测绘局规定的"地形图图式"符号及数字注明。

巩固训练

基础练习

一、填空题

1. 公路平面线形要素包括_____、_____。

2. 路线不受地形、地物限制的平原区或山间的开阔谷地优先选用_____线形。

3. 同向曲线间直线长度很短时形成_____。

4. 二级公路相邻回头曲线间的直线路段的最小长度一般值为_____。

5. 在指定车速下,圆曲线最小半径取决于_____和_____。

二、单项选择题

1. (　　)是平面线形中的基本线形。

A. 直线　　　　　　B. 缓和曲线　　　　　C. 圆曲线　　　　　　D. 回旋线

2. 最大直线长度以汽车以设计速度行驶(　　)左右所行驶的距离控制为宜。

A. 60 s　　　　　　B. 70 s　　　　　　C. 75 s　　　　　　D. 80 s

3. 当设计速度 V≥60 km/h 时,同向曲线直线路段的最小长度(以 m 计)以不小于行车速度(以 km/h 计)数值的(　　)倍为宜。

A. 3　　　　　　　　B. 4　　　　　　　C. 6　　　　　　　D. 7

4. 规范规定圆曲线最大半径不宜超过(　　)m。

A. 9000　　　　　　B. 12 000　　　　　C. 11 000　　　　　D. 10 000

5. 设计速度为 100 km/h,圆曲线最小半径极限值为(　　)m。

A. 500　　　　　　　B. 400　　　　　　C. 180　　　　　　D. 260

三、问答题

1. 设置缓和曲线的目的是什么?

2. 平面设计对直线路段的长度有何限制要求?

3. 什么是行车视距?哪些场合下行车视距会受到限制?

4. 下面给出一组路线平面设计资料:

JD=K4+650.56	JD=K5+321.21
ZH=K4+525.82	ZH=K5+238.27
HY=K4+585.82	HY=K5+298.27
YH=K4+709.82	YH=K5+339.50
HZ=K4+769.08	HZ=K5+399.50

试求:(1)两曲线的切线长、曲线长、缓和曲线长及曲线中点桩号;

(2)两曲线间交点间距及所夹直线段长度。

5. 某公路的弯道半径为 80 m,超高横坡坡度为 6%,最大横向力系数为 0.10。试计算通过该弯道允许的最大安全行驶车速。

技能实训

图 2-24 所示为某三级公路路线交点示意图。点 A 的桩号为 K0+000;交点 B 对应的圆曲线半径为 350 m,缓和曲线的长度为 50 m;交点 C 对应的圆曲线半径为 250 m,缓和曲线的长度为 40 m。

要求:

(1)计算各交点对应曲线要素及相应主点桩号。

(2)完成直线、曲线及转角一览表。

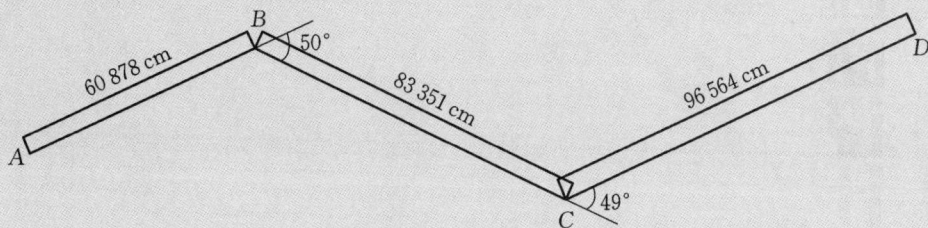

图 2-24 某三级公路路线交点示意图

(3)绘制该公路的路线平面设计图,并按设计要求标注各坡点桩号、百米桩、千米桩及曲线要素等。

公路纵断面设计

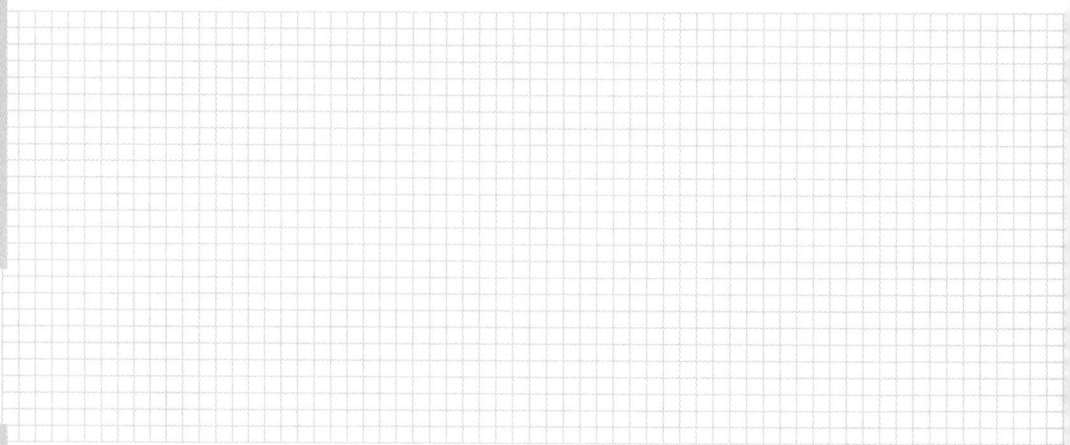

工作手册3

项目描述

本项目主要介绍纵断面的概念和线形组成要素；最大纵坡和最小纵坡；坡长限制和缓和坡段；平均合成坡度；竖曲线要素计算及竖曲线的最小半径；平、纵组合设计要点；纵断面设计方法、步骤；设计成果。

知识目标

1. 掌握纵断面的概念和线形组成要素。
2. 掌握纵坡设计的一般原则。
3. 掌握竖曲线的设计及计算方法。

技能目标

能够识读和编制公路纵断面设计成果。

3.1 概述

用一个曲面沿道路中线竖直剖切，展开的平面称为道路的纵断面。反映路线在纵断面上的形状、位置及尺寸的图形叫路线纵断面图，反映路线所经地区中线的地面起伏情况与设计标高之间的关系，与平面图、横断面图结合能够完整地表达道路的空间位置和立体线形。纵断面线形设计应根据道路的性质、任务、等级和地形、地质、水文等因素，考虑路基稳定、排水及工程量等的要求，对纵坡的大小、长短、前后纵坡的情况、竖曲线半径大小以及与平面线形的组合关系等进行综合设计，从而设计出纵坡合理、线形平顺圆滑的理想线形，达到行车安全、快速、舒适、工程费较省、运营费用较少的目的。

道路纵断面设计与选线有密切的关系：实际上在选线的过程中，设计人员已经做了纵坡大小、坡长分配、纵面与平面配合等的考虑，纵断面设计是将选线的预想具体化，因此，可以认为纵断面设计是选线工作的继续和深化。当然，在纵断面设计的过程中，设计人员还要将对选线的预想进行适当的修正，如果在选线过程中对纵坡值考虑不够，就可能改线。

在具体设计纵坡时，设计人员要了解一些关于纵坡的基础知识。第一，对路基设计标高的规定。对于新建公路，高速公路和一级公路的路基设计标高是中央分隔带外侧边缘标高，二、三、四级公路的路基设计标高是路基边缘标高，设置超高和加宽路段的路基设计标高是指在设置超高、加宽之前的标高；对于改建公路，一般按新建公路的规定办理，也可以采用中央分隔带中线或行车道中线标高。对城市道路而言，路基设计标高一般是指车行道中心。

第二,纵坡坡度的表示方式不用角度,而用百分数(%),即每一百米的路线长度其两端高差几米,就是该路段的纵坡,上坡为"+",下坡为"-"。例如某段路线长度为 80 m,高差为-2 m,则纵坡坡度为-2.5%。第三,一般认为道路上 3%的纵坡对汽车行驶不造成困难,即上坡时不必换挡,下坡时不必刹车。对于小于 3%的纵坡,可以不做特殊考虑,只是为了排水的需要(公路边沟的沟底纵坡与路线纵坡一般是相同的),一般要有一个不小于最小纵坡的坡度。如果排水无困难,可以用平坡。但是采用了大于 5%的纵坡时,必须慎重考虑,因为坡度太大,上坡时汽车的燃料消耗过大,下坡时又必须用刹车,重车或有拖挂车的车辆都易出事故,对运输的经济与安全极为不利。

在路线测设的过程中,平面设计和纵断面设计是分开进行的,这样做固然有其方便之处。但是,必须注意平面设计和纵断面设计要互相配合,设计中要发挥设计人员对平、纵组合的空间想象力,否则,不可避免地会在技术经济上和美学上产生缺陷。纵断面设计是路基设计、桥涵设计及其他设计的基础,要与道路上行驶的汽车的技术性能相适应,满足汽车行驶能力学要求、驾驶员视觉及心理要求和乘客的舒适性要求,主要解决道路线形在纵断面上的位置、形状和尺寸问题,在路线纵断面图上决定坡度、坡长、竖曲线半径等数值以及做有关的计算工作。道路纵断面线形由直线和竖曲线组成,其设计内容包括纵坡设计和竖曲线设计两项。通过纵断面设计所完成的纵断面图是道路设计文件的重要内容之一。

定义:沿着道路中线竖向剖面的展开图即为路线纵断面。

纵断面设计:在路线纵断面图上研究路线线位高度及坡度变化情况的过程。

任务:研究纵断面线形的几何构成及其大小与长度。

依据:汽车的动力特性、道路等级、当地的自然地理条件以及工程经济性等。

路线纵断面图的构成:纵断面图由两条主要的线及文字资料两部分构成。

地面线:根据中线上各桩点的高程绘的一条不规则的折线,反映了沿着中线地面的起伏变化情况。

设计线:连接路线上各点路基设计高程的连续线,是经过技术、经济以及美学等多方面比较后定出的一条具有规则形状的几何线,反映了道路路线的起伏变化情况。

地面高程(标高):中线上地面点的高程。

设计高程(标高):路基设计高程(标高)。

(1)新建公路的路基设计标高:高速公路和一级公路宜采用中央分隔带的外侧边缘标高;二级公路、三级公路、四级公路宜采用路基边缘标高,在设置超高、加宽路段为设超高、加宽前该处边缘标高(路基未设超高、加宽前的路肩边缘的高程)。

(2)改建公路的路基设计标高:宜按新建公路的规定执行,也可视具体情况采用中央分隔带中线或行车道中线标高。

路基高度:横断面上设计高程与地面高程的高差。

路堤:设计高程大于地面高程。

路堑:设计高程小于地面高程。

纵断面设计内容:坡度线及竖曲线。

路线纵断面图如图 3-1 所示。

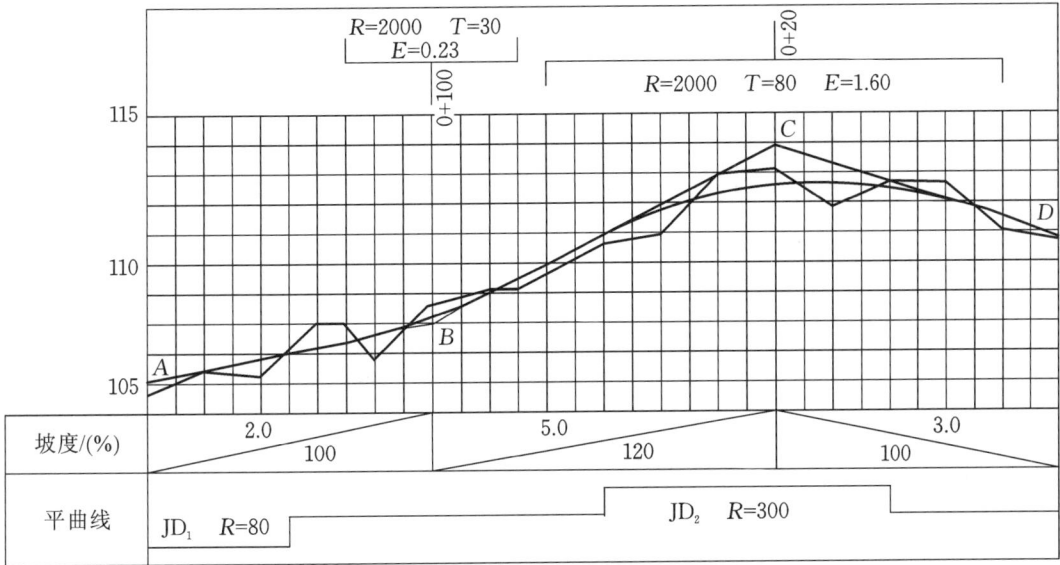

图 3-1　路线纵断面图

3.2　纵坡设计

3.2.1　公路纵坡与汽车行驶的关系

汽车正常行驶需要满足一定条件。按力学分析,牵引力来源于汽车的发动机,汽车的阻力有空气阻力、滚动阻力、坡度阻力和惯性阻力。要保证汽车正常行驶,牵引力必须大于或等于各项阻力之和。如果轮胎和路面之间的摩阻力不够大,牵引力就不可能发挥作用,车轮只能空转打滑,所以需要保证一定的摩阻力。为了使汽车正常行驶,公路纵坡应满足以下条件:

① 纵坡力求平缓;
② 陡坡宜短,对长坡道的纵坡坡度应加以严格限制;
③ 纵坡坡度的变化不宜太多,尤其应避免急剧起伏变化,力求纵坡均匀。

3.2.2　纵坡和坡长限制

道路中线上两点的高差与水平距离的比值(%)称为纵坡或坡度,如图 3-2 所示,坡度 $i=H/L$。从路线起点至终点的方向看,路线升高为上坡,降低为下坡。规定:上坡为"+",下坡为"-",如 $i=+5\%$ 表示上坡、$i=-5\%$ 表

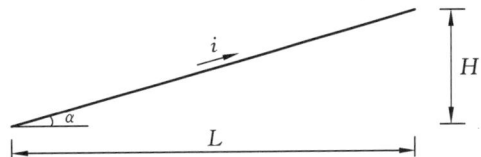

图 3-2　纵坡示意图

示下坡。

坡段起止点间的水平距离为坡长,图 3-2 中的 L 即坡长。

1. 最大纵坡

根据汽车行驶理论,考虑自然条件,在保证安全的前提下充分发挥汽车的机械效率对坡度有一个最大值限制。最大纵坡是公路纵坡设计的极限值,是纵断面线形设计的一项重要指标。

1) 最大纵坡由设计速度决定

《标准》对最大纵坡进行了限制,如表 3-1 所示。

表 3-1　《标准》对最大纵坡的限制

设计速度/(km/h)	120	100	80	60	40	30	20
最大纵坡/(%)	3	4	5	6	7	8	9

2) 其他情况

最大纵坡除了与设计速度有关外,还应符合下列规定:

① 设计速度为 120 km/h、100 km/h、80 km/h 的高速公路受地形条件或其他特殊情况限制时,经技术经济论证,最大纵坡可增加 1%;

② 公路改扩建中,设计速度为 40 km/h、30 km/h、20 km/h 的利用原有公路的路段,经技术经济论证,最大纵坡可增加 1%;

③ 高速公路、一级公路应论证采用合理的平均纵坡,存在连续长、陡纵坡的路段应进行安全性评价;

④ 桥上纵坡不宜大于 4%,桥头引道纵坡不宜大于 5%,位于城镇混合交通繁忙处的桥梁、桥上纵坡和桥头引道纵坡均不得大于 3%;

⑤ 直线码头的引道纵坡宜采用 9%~10%,锯齿式码头纵坡宜采用 4%~6%;

⑥ 隧道内纵坡应小于 3%、大于 0.3%,但短于 100 m 的隧道可不受此限,高速公路、一级公路的中短隧道在条件受限制时的最大纵坡可适当加大,但不宜大于 4%。

2. 最小纵坡

在长路堑、低填方以及其他横向排水不畅通的地段,为了防止积水渗入路基影响路基稳定,均应采用不小于 0.3% 的纵坡。

3. 坡长限制

1) 最大坡长的限制

最大坡长的限制是根据汽车动力性能来决定的。连续上坡时,发动机过热影响机械效率,使行驶条件恶化;连续下坡时,汽车制动频繁,危及行车安全。各级公路不同纵坡的最大坡长的限制如表 3-2 所示。

表 3-2　各级公路不同纵坡的最大坡长的限制　　　　　　单位:m

设计速度/(km/h)		120	100	80	60	40	30	20
纵坡坡度/(%)	3	900	1000	1100	1200			

续表

设计速度/(km/h)		120	100	80	60	40	30	20
纵坡坡度/(%)	4	700	800	900	1000	1100	1100	1200
	5		600	700	800	900	900	1000
	6			500	600	700	700	800
	7					500	500	600
	8					300	300	400
	9						200	300
	10							200

2）组合坡长

当陡坡由几个不同坡度值的坡段组合而成时,相邻坡段长度应按限制的规定进行坡长折算。例如,某山岭区的三级公路,第一坡段纵坡坡度为7%,长度为200 m,即占坡长限制的2/5;第一坡段设计完后还剩1－2/5＝3/5,若第三坡段采用4%的坡度,第三段坡长最长为(3/5)×1100 m＝660 m,这时就把100%的坡长值全用完了。一般情况下,应留有一定的余地。

3）最小坡长的限制

最小坡长的限制主要是从汽车行驶平顺性的要求考虑。如果坡长过短,使变坡点增多,汽车频繁颠簸,坡差较大时易造成视线中断,不易设置竖曲线,所以应对纵坡的最小长度做出限制。最小坡长通常以汽车以设计速度行驶9～15 s的行程作为规定值。《标准》规定了公路的最小坡长,如表3-3所示。

表3-3 公路的最小坡长

设计速度/(km/h)	120	100	80	60	40	30	20
最小坡长/m	300	250	200	150	120	100	60

3.2.3 平均纵坡

平均纵坡是指一定长度的路段的高差与该路段长度的比。平均纵坡是衡量线形设计质量的重要指标之一。

平均纵坡不仅与坡道长度有关,还与相对高差有关。《标准》规定,二、三、四级公路越岭路线连续上坡(或下坡)路段,相对高差为200～500 m时,平均纵坡不应大于5.5%;相对高差大于500 m时,平均纵坡不应大于5%,并注意任意连续3 km路段的平均纵坡不应大于5%。

3.2.4　合成坡度

公路在平曲线地段,若纵向有纵坡、横向有超高时,最大坡度既不在纵坡上,也不在横向超高上,而是在纵坡和超高的合成方向上,这个最大的坡度称为合成坡度,又称为流水线坡度,如图 3-3 所示。

合成坡度可按矢量关系或勾股定理关系导出,即

$$i_0 = \sqrt{i^2 + i_b^2}$$

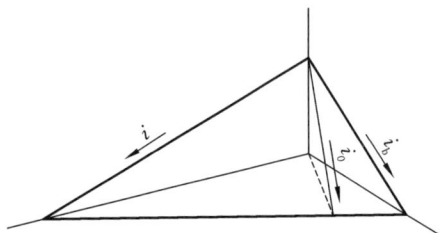

图 3-3　合成坡度示意图

式中:i_0——合成坡度,%;

　　　i——公路平曲线处的纵坡,%;

　　　i_b——公路平曲线处的超高横坡坡度,%。

汽车在有合成坡度的地段行驶时,若合成坡度过大,当车速过慢或汽车停在弯道上时,汽车可能沿合成坡度的方向产生侧滑;若遇急弯陡坡,汽车可能沿合成坡度方向冲出弯道而造成事故;合成坡度较大还会造成汽车倾斜、货物偏重,致使汽车倾倒。因此,我国《标准》规定了各级公路的最大容许合成坡度,如表 3-4 所示。

表 3-4　各级公路的最大容许合成坡度

公路等级	高速公路			一级公路			二级公路		三级公路		四级公路
设计速度/(km/h)	120	100	80	100	80	60	80	60	40	30	20
合成坡度/(%)	10.0	10.0	10.5	10.0	10.5	10.5	9.0	10.0	9.5	10.0	10.0

3.2.5　纵坡设计应符合的条件

纵坡设计应符合以下条件:

① 纵坡设计必须符合以上参数限制的规定;

② 纵坡力求均衡,不应该采用极限值;

③ 应与地形相适应,重视与平面线形的组合;

④ 结合自然条件综合考虑,有利于路面和边沟排水,避免洪水危害,减小低温冰滑安全隐患;

⑤ 减少高填深挖,争取填挖平衡;

⑥ 考虑农田水利要求;

⑦ 考虑非机动车的爬坡能力。

3.3 竖曲线

3.3.1 竖曲线要素计算

当纵断面上两条坡度不同的相邻纵坡线相交时,就出现了变坡点。汽车在变坡点上行驶不顺适,故在变坡点处必须用曲线将前后两条相邻纵坡线圆滑地连接起来,这条曲线称为竖曲线,如图 3-4 所示。因为在设计和计算上,抛物线比圆曲线更方便,所以竖曲线一般用二次抛物线。

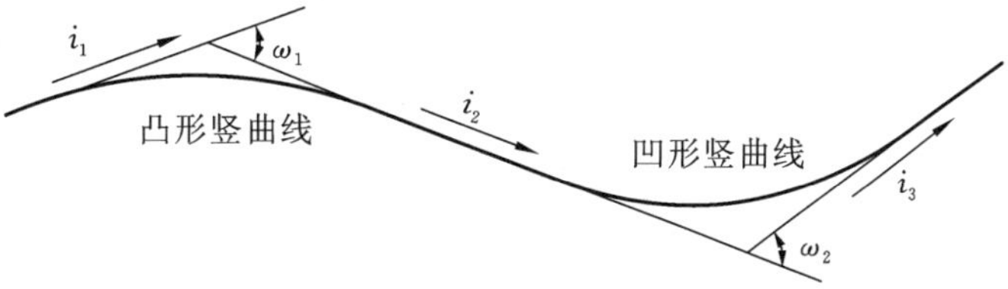

图 3-4　竖曲线示意图

竖曲线分为凸形竖曲线和凹形竖曲线两种形式。竖曲线与直线构成了纵断面线形的基本要素。

如图 3-5 所示,O' 为变坡点,前坡段纵坡坡度为 i_1,后坡段纵坡坡度为 i_2,则相邻两坡度的差为 $\omega = i_1 - i_2$(上坡时取正值下坡时取负值)。当 $i_1 - i_2$ 为正值时,竖曲线为凸形竖曲线;为负值时,竖曲线为凹形竖曲线。

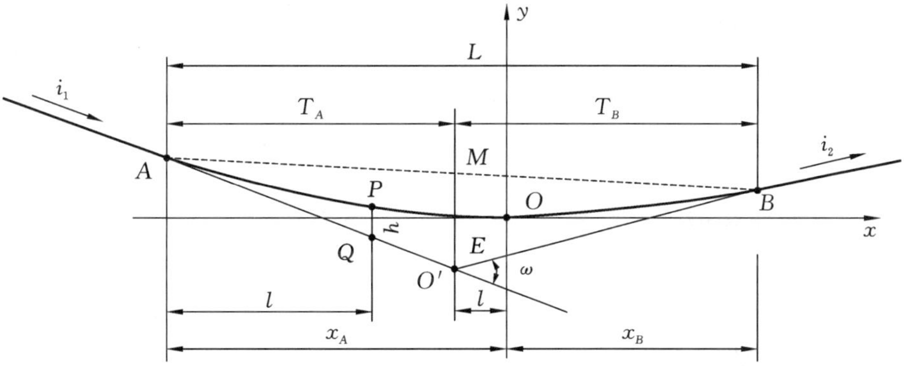

图 3-5　竖曲线计算图示

我国采用二次抛物线作为竖曲线,设抛物线顶点半径为 R。

竖曲线长的计算公式为

$$L = R\omega$$

竖曲线切线长的计算公式为

$$T = T_A = T_B \approx \frac{L}{2} = \frac{R\omega}{2}$$

竖曲线的外距的计算公式为

$$E = \frac{T^2}{2R}$$

竖曲线上任意点的竖距的计算公式为

$$h = \frac{l^2}{2R}$$

式中：l——竖曲线任意点至竖曲线起点（终点）的距离，m；

R——竖曲线的半径，m。

3.3.2　竖曲线的最小半径和最小长度

汽车在竖曲线上行驶时会受到离心力的作用。同时，驾驶员的视线也会受到限制。竖曲线极限最小半径是缓和行车冲击和保证行车视距所需的竖曲线半径的最小值，该值只有在地形受限制时采用。通常为了使行车有较好的舒适条件，设计人员在设计时多采用大于极限最小半径 1.5～2.0 倍的值，该值为竖曲线半径的一般最小值。

竖曲线过短易产生急促变坡的感觉，而且会对行车造成冲击，所以规范对竖曲线的最小长度做了限制。我国按照汽车在竖曲线上以设计速度行驶 3 s 时间所经行长度控制竖曲线的最小长度。公路的竖曲线的最小半径和最小长度，如表 3-5 所示。在进行竖曲线设计时，设计人员不但要满足竖曲线的半径要求，还要满足竖曲线的最小长度的规定。

表 3-5　公路的竖曲线的最小半径和最小长度

设计速度/(km/h)	120	100	80	60	40	30	20
凸形竖曲线的最小半径/m	11 000	6500	3000	1400	450	250	100
凹形竖曲线的最小半径/m	4000	3000	2000	1000	450	250	100
竖曲线的最小长度/m	100	85	70	50	35	25	20

3.3.3　竖曲线的设计和计算

1. 竖曲线设计的一般要求

竖曲线设计应满足以下要求。

① 宜选用较大半径。为获得更好的视觉效果，有条件时采用的半径应大于或等于视觉所需的竖曲线的最小半径，如表 3-6 所示。

表 3-6　视觉所需的竖曲线的最小半径

设计速度/(km/h)	竖曲线的最小半径/m	
	凸形竖曲线	凹形竖曲线
120	20 000	12 000

设计速度/(km/h)	竖曲线的最小半径/m	
	凸形竖曲线	凹形竖曲线
100	16 000	10 000
80	12 000	8000
60	9000	6000

② 需满足排水要求。

③ 相邻竖曲线不得重叠。

④ 同向竖曲线连接时,特别是同向凹形竖曲线连接时,如果直坡段接近或达到最小坡长,宜合并设置为单曲线或复曲线。

⑤ 反向竖曲线连接时应设置一段直线坡段,直线坡段的长度一般不小于汽车以设计速度行驶 3 s 的行程,使汽车从失重(或超重)过渡到超重(失重)有一个缓和段。

2. 曲线计算

1) 计算竖曲线的基本要素

计算竖曲线的基本要素如下:

① 坡度差 ω;

② 竖曲线长 L;

③ 竖曲线切线长 T;

④ 外距 E。

2) 计算竖曲线的起、终点桩号

竖曲线的起点桩号＝变坡点的桩号－T。

竖曲线的终点桩号＝变坡点的桩号＋T。

3) 计算竖曲线上任意点的切线高程及改正值

切线高程＝变坡点的高程±$(T-L) \cdot i$。

改正值的计算公式为

$$h = \frac{L^2}{2R}$$

4) 计算竖曲线上任意点的设计高程

某桩号在凸形竖曲线上的设计高程＝该桩号在切线上的设计高程－h。

某桩号在凹形竖曲线上的设计高程＝该桩号在切线上的设计高程＋h。

【例 3-1】 某山岭区的二级公路的变坡点的桩号为 K3＋030.00,高程为 427.68 m,$i_1 =$ ＋6％,$i_2 = -3％$,竖曲线半径 $R = 2000$ m,如图 3-6 所示。试计算竖曲线的基本要素以及桩号为 K3＋000.00 和 K3＋100.00 处的设计高程。

(1) 计算竖曲线的基本要素。

坡度差 $\omega = i_1 - i_2 = 6％ - (-3％) = 9％$,所以该竖曲线为凸形竖曲线。

竖曲线长 $L = R\omega = 2000$ m × 9％ ＝ 180 m。

竖曲线切线长 $T = \dfrac{L}{2} = \dfrac{180}{2}$ m ＝ 90 m。

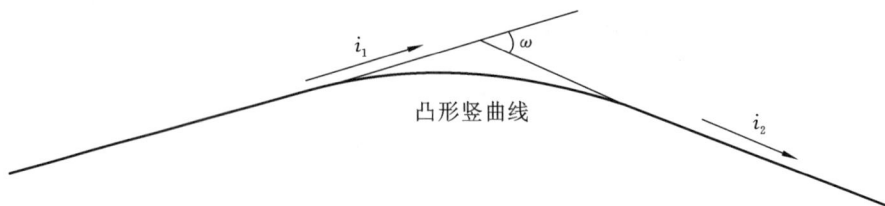

图 3-6   竖曲线计算示意图

外距 $E=\dfrac{T^2}{2R}=\dfrac{90^2}{2\times 2000}$ m$=2.03$ m。

（2）计算竖曲线的起、终点桩号。

竖曲线的起点桩号$=(K3+030.00)-90=K2+940.00$。

竖曲线的终点桩号$=(K3+030.00)+90=K3+120.00$。

（3）计算 K3+000.00、K3+100.00 的切线高程和改正值。

K3+000.00 的切线高程$=[427.68-(K3+030.00-K3+000.00)\times 6\%]$ m$=425.88$ m。

K3+000.00 的改正值$=\left[\dfrac{(K3+000.00-K2+940.00)^2}{2\times 2000}\right]$ m$=0.90$ m。

K3+100.00 的切线高程$=[427.68-(K3+100.00-K3+030.00)\times 3\%]$ m$=425.58$ m。

K3+100.00 的改正值$=\left[\dfrac{(K3+120.00-K3+100.00)^2}{2\times 2000}\right]$ m$=0.10$ m。

（4）计算 K3+000.00 和 K3+100.00 的设计高程。

K3+000.00 的设计高程$=(425.88-0.9)$ m$=424.98$ m。

K3+100.00 的设计高程$=(425.58-0.1)$ m$=425.48$ m。

3.4　公路平、纵组合设计

3.4.1   视觉分析

从视觉心理出发，对道路的空间线形、周围自然景观和沿线建筑的协调等进行研究分析，以保持视觉的连续性，使行车具有足够的舒适感和安全感的综合设计称为视觉分析。

1. 视觉分析的意义

公路是一种空间带状结构物。公路设计图最终以平、纵组合的立体线形展现出来。驾驶员在行驶过程中选择的实际行车速度是根据自己对立体线形的判断做出的，因此，设计人员不仅要考虑公路相关参数的取值是否符合规范要求，还要对驾驶员视觉进行分析。

2. 视觉与车速的动态规律

驾驶员的注意力集中和心理紧张程度随着车速的增加而增加，驾驶员的注意力集中点随着车速增加而向远方移动：当车速增加至 97 km/h，驾驶员的注意力集中点在前方 600 m 以外的某一点；当车速超过 97 km/h 时，驾驶员对前景细节的视觉开始模糊。驾驶员的周界感随车速的增加而减少：当车速达到 72 km/h 时，驾驶员可以看到公路两侧视角 30°～40°的范围；车速增加到 97 km/h 时，视角减少至 20°以下；车速再增加时，驾驶员的注意力随之引向景象中心而无瑕注意两侧景象。

3. 视觉评价方法

视觉评价可利用视觉印象随时间变化的道路透视图进行。道路透视图是按照汽车在道路上的行驶位置，根据线形的几何状况确定的视轴方向以及由车速确定的视轴长度，利用坐标透视的原理绘制的。通过透视图，设计人员可直观地看出立体线形是否顺畅，是否有易产生判断错误的地方，路旁障碍是否有妨碍视线的地方等问题。若存在以上问题，设计人员必须在设计阶段进行修改，直到满意。

3.4.2　公路平、纵组合设计

公路平、纵组合设计是指在满足汽车运动学的前提下，研究设计如何能满足驾驶员各方面的舒适感、路线如何与周围环境更好地协调以及提供良好的排水条件等。

1. 适用条件

① 当设计速度大于等于 60 km/h 时，设计人员必须注重平、纵线形的合理组合。

② 当设计速度小于等于 40 km/h 时，在条件允许的情况下，设计人员力求做到各要素的合理组合，尽量避免和减轻不利组合。

2. 组合原则

① 在视觉上能自然地诱导驾驶员的视线，并保持视觉的连续性。

② 平面与纵断面线形的技术指标应均衡，不要悬殊太大，使线形在视觉上和心理上保持协调。

③ 选择组合得当的合成坡度，以利于路面排水和安全行车。

④ 应注意线形与自然环境和景观的配合与协调。

3. 组合方式

1）平曲线和竖曲线组合

如图 3-7 所示，平曲线和竖曲线在一般情况下应相互重合，竖曲线的起、终点宜在平

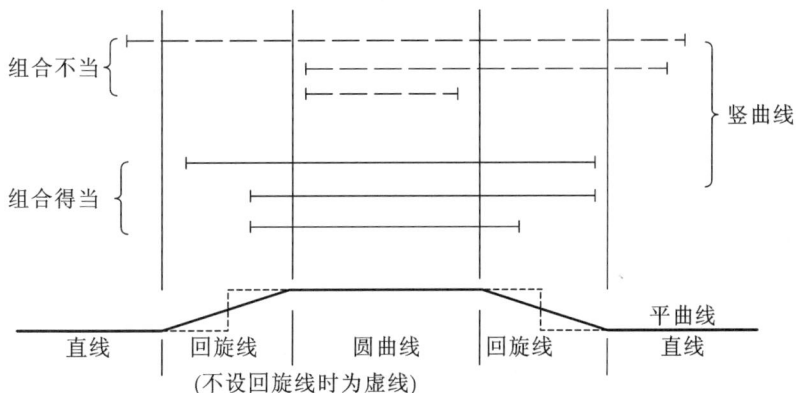

图 3-7　平曲线与竖曲线组合

曲线的缓和段内。这种立体线形不仅能起到诱导视线的作用,而且可取得平顺和流畅的效果。

平曲线和竖曲线的几何要素要平衡、匀称、协调,不要把过缓与过急、过长与过短的平曲线和竖曲线组合在一起。表 3-7 所示为平、纵曲线半径的均衡参考值。

表 3-7　平、纵曲线半径的均衡参考值

平曲线半径/m	竖曲线半径/m
500	10 000
700	12 000
800	16 000
900	20 000
1000	25 000
1100	30 000
1200	40 000
1500	60 000
2000	100 000

当平曲线半径和竖曲线半径都很小时,平曲线和竖曲线不宜重叠。

凸形竖曲线的顶部或凹形竖曲线的底部不得插入小半径的平曲线,也不得与反向平曲线拐点重合,以免误导驾驶员视线,使驾驶员操作失误,引起交通事故。

2) 平面直线与纵断面的组合

平面的长直线与纵断面直坡段配合能为双车道公路提供超车条件,在平坦地区易与地形相适应,行车单调,易使驾驶员疲劳。在美学的观点中,平面的直线与一个大半径的凸形竖曲线配合为好,与一个凹形竖曲线配合次之;在直线中较短距离内两次以上的变坡会形成反复凹凸的"驼峰"和"凹陷",使线形视觉效果既不美观也不连续。

平面直线与纵断面组合时应避免以下情况:

① 平面长直线配纵面长坡;

② 平面直线上短距离内纵面多次变坡;

③ 在平面直线段内插入短的竖曲线;

④ 在平面长直线上设置陡坡及竖曲线长度短、半径小的凹形竖曲线;

⑤ 在平面直线上的纵断面线形出现"驼峰""凹陷""跳跃"等使驾驶员视觉中断的线形。

3.4.3　设计线形组合特征及注意问题

线形组合特征及注意问题如表 3-8 所示。

表 3-8　线形组合特征及注意问题

空间线形组合	特征	注意问题
平面长直线与纵断面长坡段组合	1.线形单调、枯燥,在行车过程中景观无变化,容易使驾驶员产生疲劳; 2.驾驶员易超速行驶,超车频繁; 3.在交通比较错综复杂的路段(如交叉口),采用这种线性要素是有利的	1.为调节单调的视觉,增设视线诱导设施; 2.设计导向车道线,设置标志; 3.注意改变景观,分段绿化,注意用与路旁建筑设施配合等方法来弥补
平面直线与凹形竖曲线组合	1.具有较好的视距条件; 2.线形不再生硬、呆板; 3.给予驾驶员以动的视觉印象,提高行车的舒适性	1.注意避免采用较短的凹形竖曲线,避免产生折点; 2.注意不要在两个凹形竖曲线间插入短直线
平面直线与凸形竖曲线组合	1.线形视距条件差; 2.线形单调,应尽量避免	注意采用较大的竖曲线半径来保证有较好的视距
平曲线与纵面直坡段组合	1.只要平曲线半径选择适当,平曲线与纵面直坡段组合的视觉效果良好; 2.若平面的直线与圆曲线组合不当(如断背曲线)或平曲线半径较小时与纵面直坡段组合将在视觉上产生折曲现象	1.注意平曲线半径与纵坡坡度协调; 2.注意合成坡度的要求; 3.避免急弯与陡坡组合
平曲线与竖曲线组合	1.平曲线与竖曲线组合的线形,如果平纵面几何要素的大小适当、均衡协调、位置适宜,可以获得视觉舒顺、诱导视线良好的空间线形; 2.平曲线与竖曲线较小会导致一些不良的组合效果	1.一般情况下,当平、纵曲线半径较大时,应使平、纵曲线对应重叠组合,并使平曲线长些,将竖曲线包起来; 2.注意平、纵曲线几何要素指标均衡、匀称、协调,不要把过缓与过急、过长与过短的平纵曲线组合在一起; 3.注意凸形竖曲线顶部与凹形竖曲线底部不得与反向平曲线的拐点重合; 4.避免在一个平曲线上连续出现多个凹、凸竖曲线; 5.应避免出现"暗凹""跳跃"等不良现象

3.5　纵断面设计要点及方法

3.5.1　纵断面设计点

纵断面设计的主要内容是根据公路等级、沿线自然条件和构造物控制高程等,确定路线合适的高程、各坡段的纵坡坡度和坡长,并设计竖曲线。

纵断面设计的基本要求是纵坡均匀平顺、起伏和缓,坡长和竖曲线长短适当,平面与纵断面组合设计协调及填挖经济、平衡。这些要求虽然在选线、定线阶段有所考虑,但要在纵断面设计中实现。

1. 设计标高的控制

① 在丘陵地区,设计标高主要保证填挖平衡、降低工程造价。在平原、微丘区,设计标高主要由保证路基稳定的最小填土高度控制。为了保证路基的稳定性,最小填土高度为 60～80 cm,高速公路、一级公路的最小填土高度为 80 cm。不管是填方段还是挖方段,山岭区的设计标高主要由纵坡坡度和坡长控制。

② 沿河线的设计标高主要由洪水位控制,要高出设计洪水位 0.5 m。

③ 高速公路、一级公路、二级公路的最小净空高度为 5 m,三级公路、四级公路的最小净空高度为 4.5 m;考虑将来的可能变化,净空高度应预留 0.2 m。

2. 纵坡极限值的运用

虽然纵坡有极限值,但实际设计时不可轻易采用,应留有余地。在受限制较严重时,如越岭线,才可使用极限值。一般来讲,纵坡缓些为好,但为了路面和边沟排水,最小纵坡不应小于 0.3%。

3. 最小坡长

坡长不宜过短,以不小于汽车以设计速度行驶 9 s 的行程为宜;对连续起伏的路段,坡长应尽量小,一般可取竖曲线最小长度的 3～5 倍。

4. 竖曲线半径的选用

竖曲线应以选用较大半径为宜。在不过分增加工程数量的情况下,竖曲线半径应选用大于或等于一般最小半径的半径值,特殊困难地段方可用极限最小值。

5. 相邻竖曲线的连接

相邻两个同向凹形或凸形竖曲线,特别是同向凹形竖曲线,如果直坡段不长,应合并为单曲线或复曲线(曲率相同处连接),避免出现断背曲线,这个要求对行车是有利的。相邻两个反向竖曲线之间,最好插入一段直坡,特别是半径比较小时,更应这样处理,以便于超重与失重间缓和过渡,直坡段一般不应小于 3 s 的行程。当半径比较大时,相邻竖曲线可以直接连接。

3.5.2　纵坡设计方法、步骤及注意问题

1. 纵坡设计方法与步骤

1）准备工作

准备工作包括以下内容：

① 根据测量相关资料,取纵轴为高程、横轴为里程桩号,按一定比例绘坐标轴并点绘地面线；

② 查找平曲线图纸,绘出平曲线并标注平曲线参数和地基地质说明；

③ 将桥梁、地质、土质等与纵断面设计有关的资料在纵断面图纸上标明。

2）标注控制点

控制点是指影响纵坡设计高程的关键点,包括路线起、终点,大、中桥涵设计标高,平面交叉和立体交叉点,与铁路的交叉点,地质不良地段的最小填土高度及受其他因素限制路线必须通过的高程。

如果纵坡设计线刚好通过控制点,则在相应横断面上将形成使填挖面积大致相等的纵坡设计线,此时最为经济。根据路基填挖平衡关系控制路中心填挖值的标高点为经济点。经济点是一个高程控制点。

① 当地面横坡不大时,可在中桩地面标高上下找到填方和挖方基本平衡的标高点,纵坡设计应尽量通过该点,如图 3-8(a)所示。

② 当地面横坡较陡,填方往往不易填稳时,用多挖少填或全挖路基的方法比砌筑坡脚、修筑挡土墙经济,此时多挖少填或全挖路基的高程为经济点,如图 3-8(b)所示。

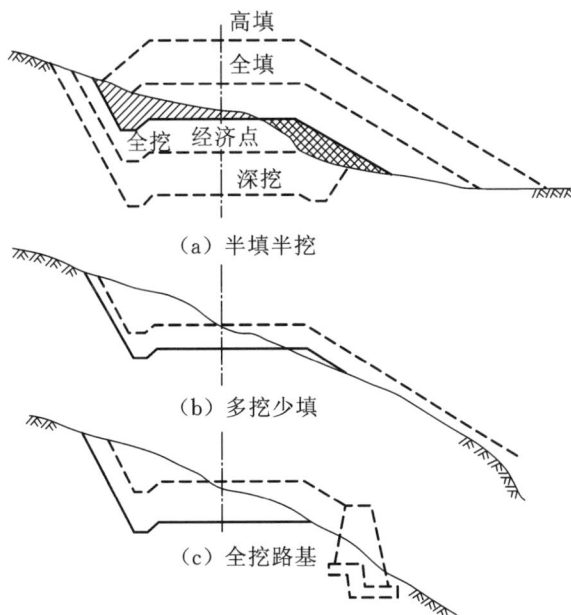

（a）半填半挖

（b）多挖少填

（c）全挖路基

图 3-8　纵断面上的经济点

③ 当地面横坡很陡,无法填方时,应砌筑挡土墙,此时采用全挖路基比填方修筑挡土墙经济,如图 3-8(c)所示。

经济点通常可用路基断面透明模板在绘有地面线的横断面图上确定。

3）试定纵坡

原则:以控制点为依据,照顾大多数经济点。

在已标出控制点、经济点的纵断面图上,根据技术指标、定线意图,通过穿插各点并拉直,试定出若干直坡段线。对各种可能坡度线方案进行反复比较,最后定出既符合技术标准,又满足控制点要求,且土石方最省的坡度线,将前后坡度线延长交会出变坡点的初定位置。

4）调整纵坡

对照技术标准,检查纵坡坡度、坡长、纵坡折减、合成坡度及平面与纵断面配合是否适宜,路线交叉、桥隧和接线等处的纵坡是否合理,不符合要求时应调整纵坡线。

5）核对

选择有控制意义的重点横断面,如高填深挖、地面横坡较陡峻地段路基、挡土墙、重要桥涵以及其他重要控制点等,根据纵断面图上对应桩号填挖的高度,在横断面图上"戴帽"检查是否有填挖过大、坡脚落空或过远、挡土墙过大等情况,若有问题应及时调整纵坡线。

6）定坡

纵坡线经调整核对后即可确定纵坡线。逐段将直坡线的坡度值、变坡点的桩号和高程确定下来。变坡点高程由纵坡坡度和坡长推算而得。现在内业设计都由公路设计软件完成,因此,纵坡坡度也可以由设计软件确定的变坡点高程进行反算。

公路的纵坡设计在全面掌握设计资料的基础上经过多次方案比较,通过精心设计才能完成。

7）设置竖曲线

拉坡时已考虑了平、纵组合问题,设计人员应根据技术标准、平纵组合均衡等要求确定竖曲线半径,计算竖曲线要素。

8）计算各桩号的设计高程

根据已定的纵坡和变坡点的设计高程及竖曲线半径可计算出各桩号的设计高程。中桩设计高程与对应原地面高程之差为路基施工高度,两者之差为"＋"时是填方、为"－"时是挖方。

2. 纵坡设计应注意的问题

① 与平面线形合理组合,得到较佳的空间组合线形。

② 设置回头曲线地段,拉坡时应按回头曲线技术标准先定出该地段的纵坡,然后从两端接坡,应注意在回头曲线地段不宜设竖曲线。

③ 在大、中桥上宜设置竖曲线,桥头两端竖曲线的起、终点应设在桥头 10 m 以外,如图 3-9(a)所示。

④ 小桥涵允许设在斜坡地段或竖曲线上,为保证行车平顺,应尽量避免在小桥涵处出现"驼峰式"纵坡,如图 3-9(b)所示。

⑤ 注意交叉口,城镇,大、中桥,隧道等地段路线纵坡的特殊要求。道路与道路交叉时,交叉段一般宜设在水平坡段,其长度应不小于最短坡长。两端接线纵坡应不大于 3%,在山

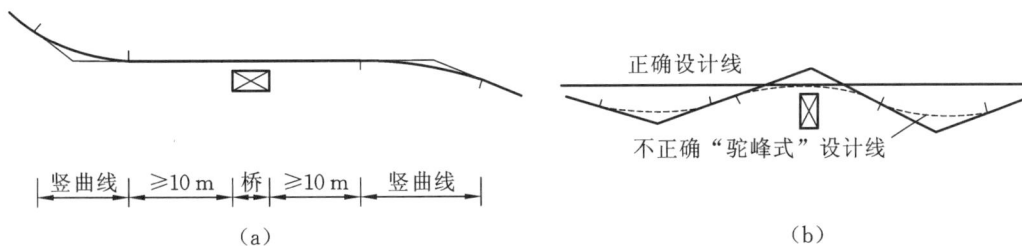

图 3-9　桥涵纵坡处理

区工程艰巨地段不大于 5%。

⑥ 拉坡时如受控制点或经济点制约,导致纵坡起伏过大,或土石方工程量太大,经调整仍难以解决时,可用纸上移线的方法修改原定纵坡线。具体方法是按理想要求定出新的纵坡设计线,然后找出对应新设计线的填挖高度,用模板在横断面上以新填挖高度左右移动,定出适宜的中线位置。该点距原路中线的横距就是按新纵坡设计要求希望平面线形调整移动的距离,据此可画出纸上平面移线,若为实地定线时还应到现场改线。这种移线修正纵面线形的方法,在山岭区和丘陵区道路的纵坡设计中是经常用到的。

⑦ 对于连接段纵坡,如大、中桥引道及隧道两端接线等,纵坡应平缓,避免产生突变。

3.6　纵断面设计成果

3.6.1　纵断面图

纵断面图是公路设计的重要文件之一,反映路线地面线与设计线的关系。把纵断面线形与平面线形组合起来,就能反映出公路线形在空间的位置。

纵断面图采用直角坐标系,横坐标表示里程桩号,纵坐标表示高程。为了明显地表明地形起伏状态,通常横坐标的比例采用 1:2 000、纵坐标采用 1:200。

1. 纵断面图的内容

纵断面图由两部分内容组成。图的上半部主要用来绘制地面线和纵坡设计线,同时根据需要标注竖曲线位置及其要素,沿线桥涵及人工构造物的位置、结构类型、孔径与孔数,与公路铁路交叉的桩号及路名,沿线跨越河流名称、桩号,现有水位及最高洪水位,水准点位置、编号和高程,断链桩位置、桩号及长短链关系等。图的下半部主要用来填写有关计算数据,自下而上分别填写直线与平曲线、里程桩号、地面标高、设计标高、填挖高度、土壤地质说明等。

2. 绘制纵断面图的步骤

① 按一定的比例,在透明毫米方格计算纸上标出与本图适应的横向和纵向坐标,横向坐标标出百米桩号,纵向坐标标出整 10 m 高程。

② 在坐标系中按水准测量提供的各桩号地面高程与相应的桩号配合点绘各桩号地面

点,并将各地面高程点用直线依次连接,就成为纵断面图的地面线。

③ 在坐标图上绘出各水准点的位置、编号,并注明高程。

④ 将桥涵位置绘制在坐标图上,并注明孔数、孔径、结构类型、桩号等。

⑤ 在纵断面图下部表内分别注明土壤地质资料,绘出平面直线和平曲线的位置、转向(平曲线以开口梯形表示,开口向上为向左转,开口向下为向右转),并注明平曲线有关资料(一般只需注明交点编号、圆曲线半径、缓和曲线长度、转角值等)。

⑥ 纵坡和竖曲线确定后,将设计线(包括直坡线和竖曲线)绘出,并注明纵坡坡度、坡长,以分式表示,分子为纵坡坡度,分母为坡长,在各竖曲线范围内分别注明各竖曲线的基本要素(包括变坡点桩号、竖曲线半径、切线长、外距)。

⑦ 填注其他各有关资料或特定需要的资料。

⑧ 描图或在透明毫米方格计算纸上直接上墨,待墨汁干后再将无用的铅笔字线擦净。

绘制的纵断面图(见图 3-10),应按规定采用标准纸和统一格式,以便装订成册。

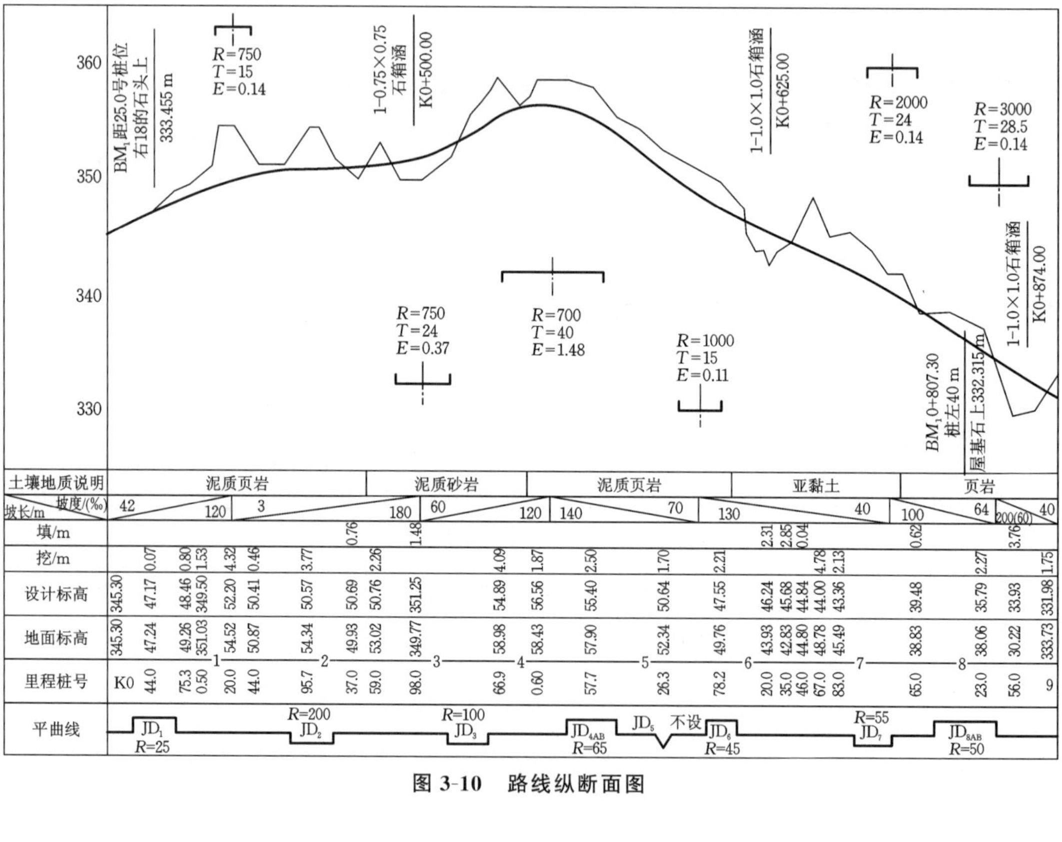

图 3-10　路线纵断面图

3.6.2　路基设计表

路基设计表是公路设计文件的组成内容之一,它是平、纵、横等主要测设资料的综合。表中所填的填挖高度、路基宽度(包括加宽、超高值等)有关资料为路基横断面设计的基本数据,也是施工的依据之一。

路基设计表如表 3-9 所示。该表的填算方法如下。

表 3-9　路基设计表

序号	桩号	平曲线	变坡点高程桩号及纵坡坡度、坡长	竖曲线	地面高程/m	设计高程/m	填挖高度/m 填	挖	路基宽度/m 左	右	以下各点高程/m 左	中	右	施工时中桩高度/m 填	挖	备注
	1	2	3	4	5	6	7	8	9	10	11	12	13	14	15	16
1	K0+000		$i=-3.29\%$ $L=375.44$		889.10	889.10		0.00	4.25	4.25	889.03	889.10	889.03	0.00		
2	K0+050				888.69	889.10	0.41		4.25	4.25	887.38	887.46	887.38		1.23	
3	ZY+70.741	JD$_1$ 右20°15′2″ $R=600$ $T_1=107.157$ $T_2=107.157$ $L=212.078$ $E=9.494$			888.57	887.46		1.11	4.25	4.25	886.7	886.77	886.70		1.80	
4	K0+100				886.69	886.77	0.08		4.25	4.25	885.74	886.81	885.74	0.12		
5	K0+150				889.74	885.81		3.93	4.25	4.25	884.1	884.17	884.10		5.57	
6	K0+200			K0+202.054	887.69	884.17		3.52	4.25	4.25	882.45	882.52	882.45		5.17	
7	K0+250			SZY	880.52	882.52	2.00		4.25	4.25	880.86	880.94	880.86	0.42		
8	YZ+282.819				877.67	880.94	3.27		4.25	4.25	879.89	879.96	879.89	2.29		
9	K0+300				876.72	879.96	3.24		4.25	4.25	879.4	879.47	879.4	2.75		
10	K0+350		876.75	凹 $R=15\ 000$	875.39	878.47	3.08		4.25	4.25	878.07	878.14	878.07	2.75		

桩号和地面高程都是从有关测量记录上抄录的。

"平曲线"列可只列转角号和半径,用来计算加宽、超高值。

坡度及竖曲线是从纵断面图上抄录的;变坡点要注明桩号和高程,竖曲线要注明起、终点桩号。

设计高程在直坡段为切线高程,在竖曲线段应考虑改正值,用公式 $h = \dfrac{l^2}{2R}$ 计算。l 为各桩距竖曲线起点或终点的距离,r 在"平曲线"列中查看或直接从纵断面图上抄录,凹形竖曲线的改正值为"+"号,凸形竖曲线的改正值为"—"号。设计高程在竖曲线内为该桩号的切线高程与改正值的代数和。

填挖高度是地面高程与设计高程之差,"+"号为挖,"—"号为填。

当圆曲线半径小于或等于 250 m 时,路基宽度应考虑平曲线内侧加宽。

巩固训练

基础练习

一、填空题

1. 纵断面图上一般有两条线:一条是地面线,另一条是_____。

2. 设计速度为 100 km/h 时,最大纵坡为_____。

3. 在长路堑、低填方以及其他横向排水不畅通的地段,为了防止积水渗入路基而影响其稳定,均应采用不小于_____的纵坡。

4. 竖曲线的要素有_____、_____、_____。

5. 竖曲线一般用_____线。

二、单项选择题

1. 最大坡长限制是根据( )来决定的。

A. 汽车动力性能　　　B. 汽车类型　　　C. 汽车发动机　　　D. 汽车制动能力

2. 设计速度为 100 km/h 时,凸形竖曲线视觉所需的竖曲线最小半径为( )m。

A. 10 000　　　　B. 16 000　　　　C. 11 000　　　　D. 12 000

3. 以下( )满足平、纵曲线半径的均衡参考表的要求。

A. 500,12 000　　B. 700,10 000　　C. 700,12 000　　D. 300,9000

4.《标准》规定凸形竖曲线的一般最小半径为极限最小半径的( )倍。

A. 1.5~1.0　　　　B. 1.5~2.0　　　　C. 1.5~3.0　　　　D. 1.2~2.0

5. 设计速度为 80 km/h 时,公路的最小坡长为( )m。

A. 230　　　　　B. 140　　　　　C. 200　　　　　D. 220

三、问答题

1. 道路最大纵坡是如何确定的?

2. 竖曲线的要素有哪些？竖曲线最小半径如何确定？

3. 某条道路的变坡点的桩号为 K25+460.00，高程为 780.72 m，$i_1=0.8\%$，$i_2=5\%$，竖曲线半径为 5000 m。

(1) 判断凸、凹性；

(2) 计算竖曲线要素；

(3) 计算竖曲线起点、K25+400.00、K25+460.00、K25+500.00、终点的设计标高。

4. 某平原、微丘区二级公路的设计速度为 80 km/h，有一处平曲线的半径为 250 m，该段纵坡初定为 5%，超高横坡为 8%。请检查合成坡度，若不满足要求时，确定该曲线的最大纵坡坡度。

技能实训

某二级公路的设计速度为 60 km/h，现有三个变坡点桩号：A，K1+240.00；B，K1+740.00；C，K2+340.00。设计高程为 734.67 m，且前后纵坡坡度分别为 $i_1=3.0\%$，$i_2=-2.5\%$，需在 B 变坡点处设计竖曲线（要求竖曲线半径大于 3500 m）。试计算此竖曲线的设计高程（采用桩距为 20 m 的整桩号并画出纵断面示意图）。

公路横断面设计

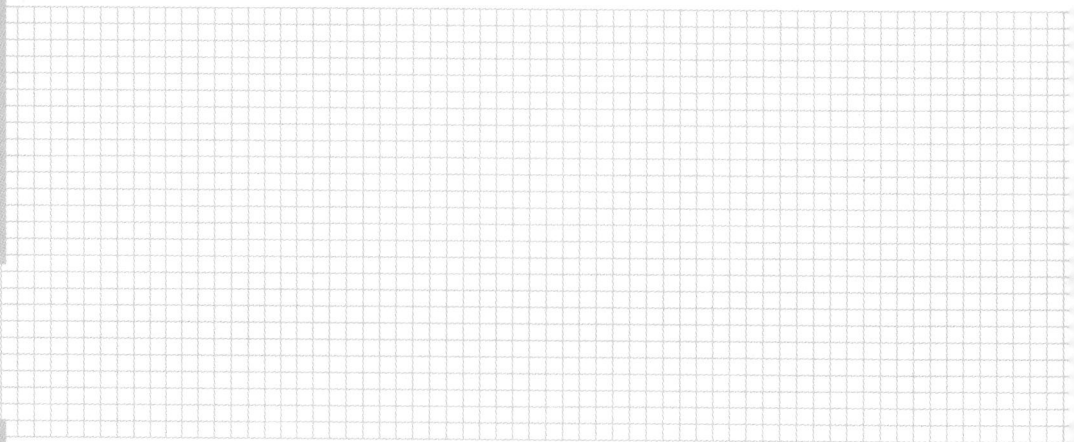

工作手册4

项目描述

　　沿着公路平面中心线的法线方向作一垂直剖面,此剖面即为公路横断面。横断面图是由横断面设计线与横断面地面线所围成的图形,反映了路基的组成和几何尺寸,以及路基形成前的原地面线。横断面设计应考虑公路等级、设计速度、地形地质及水文条件,以保证路基的强度和稳定性。

　　本项目主要介绍道路横断面组成及类型;行车道、路肩、人行道的宽度和横坡坡度;中间带、路侧带的设置;平曲线加宽、超高的原因和计算方法;横断面设计方法、土石方数量计算及调配等问题。

知识目标

1. 了解路基标准横断面和典型横断面的组成。
2. 了解路拱的形式及路拱坡度的确定方法。
3. 掌握加宽值的计算及加宽过渡方法。
4. 掌握超高值的过渡方式及超高值的计算方法。
5. 掌握公路横断面设计方法。

技能目标

1. 能够进行路基横断面图绘制、路基设计表的编制。
2. 能够进行路基土石方计算与调配。

4.1　公路建筑限界与公路用地

(一)公路建筑限界

　　公路建筑限界又称净空,是为保证车辆、行人的通行安全,在公路和桥面上以及隧道中规定的一定的高度和宽度范围内不允许有任何障碍物侵入的空间限界。它由净空和净宽两部分组成。建筑限界的上缘边界线为水平线(超高路段与超高横坡平行),两侧边界线与水平线垂直(超高路段与路面垂直)。在横断面设计时,设计人员应充分研究各路幅组成要素与公路公共设施之间的关系,在有限的空间内合理安排、正确设计。公路标志、标牌、护栏、照明灯柱、电杆、桥墩、桥台等设施的任何部件不能侵入建筑限界。

我国《标准》规定了各级公路的建筑限界,如图 4-1 所示。

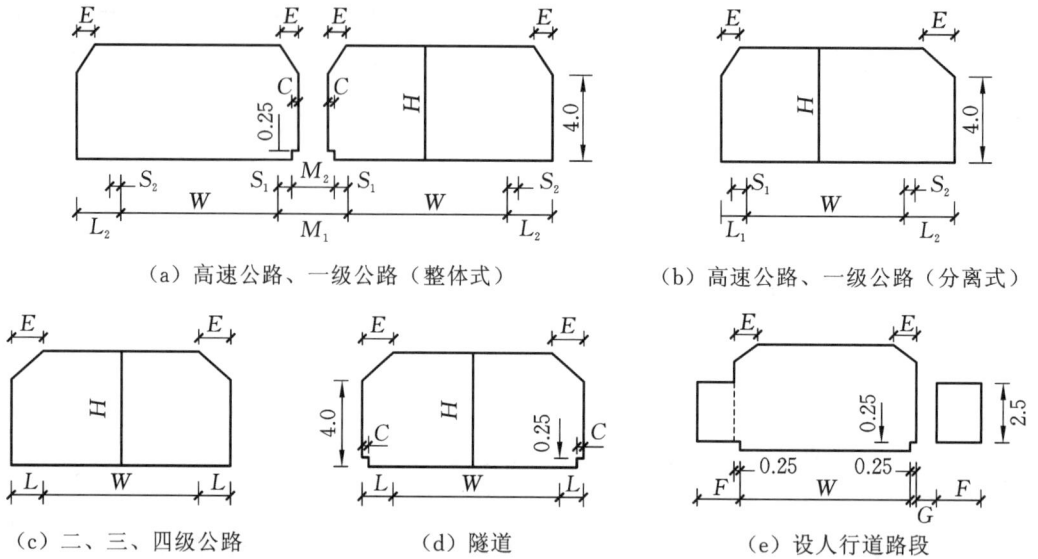

(a) 高速公路、一级公路（整体式）　　(b) 高速公路、一级公路（分离式）

(c) 二、三、四级公路　　(d) 隧道　　(e) 设人行道路段

图 4-1　各级公路的建筑限界（尺寸单位:m）

注:W—行车道宽度;C—当设计速度大于 100 km/h 时为 0.5 m,小于或等于 100 km/h 时为 0.25 m;L_1—左侧硬路肩宽度;L_2—右侧硬路肩宽度;S_1—左侧路缘带宽度;S_2—右侧路缘带宽度;M_1—中间带宽度;M_2—中央分隔带宽度;E—建筑限界顶角宽度,当 $L \leqslant 1$ m 时,$E=L$,当 $L>1$ m 时,$E=1$ m;H—净高,一条公路应采用一个净高,高速公路、一级公路、二级公路为 5.00 m,三级公路、四级公路为 4.50 m;L—侧向宽度,高速公路、一级公路的侧向宽度为硬路肩宽度(L_1 或 L_2),其他各级公路的侧向宽度为路肩宽度减去 0.25 m。

对图 4-1 另做说明如下:

① 当设有变速车道、紧急停车带、爬坡车道、慢车道、错车道时,建筑限界应包括相应部分的宽度。

② 八车道及八车道以上的高速公路(整体式),设置左侧硬路肩时,建筑限界应包括相应部分的宽度。

③ 桥梁、隧道设置检修道、人行道时,建筑限界应包括相应部分的宽度。

④ 检修道、人行道与行车道分开设置时,其净高一般为 2.5 m。

(二) 公路用地

公路用地是指为修建、养护公路及其沿线设施而依照国家规定征用的土地。

公路用地的征用,必须严格遵守国家有关的土地法规,依据公路横断面设计的要求,在保证其修建、养护所必须用地的前提下,尽量节省每一寸土地。

公路用地范围:填方地段为公路路堤两侧排水沟边缘(无排水沟时为路堤或护坡道坡脚)以外、挖方地段为路堑坡顶截水沟外边缘(无截水沟时为坡顶)以外,不小于 1 m 的土地范围;在有条件的地段,高速公路、一级公路不小于 3 m、二级公路不小于 2 m 的土地范围。桥梁、隧道、互通式立体交叉、分离式立体交叉、平面交叉、交通安全设施、管理设施、绿化以及料场、苗圃等应根据实际需要确定用地范围。

在风沙、雪害等特殊地质地带,设置防护设施时,应根据实际需要确定用地范围。

4.2　横断面组成

4.2.1　公路横断面组成

1. 一般组成

（1）行车道：公路上供各种车辆行驶部分的总称，包括快车行车道和慢车行车道。

（2）路肩：位于行车道外缘至路基边缘，具有一定宽度的带状构造物。

（3）中间带：高速公路及一级公路上用于分隔对向车辆的路幅组成部分，通常设于车道中间。

高速公路、一级公路横断面组成如图 4-2 所示。二、三、四级公路的横断面组成如图 4-3 所示。

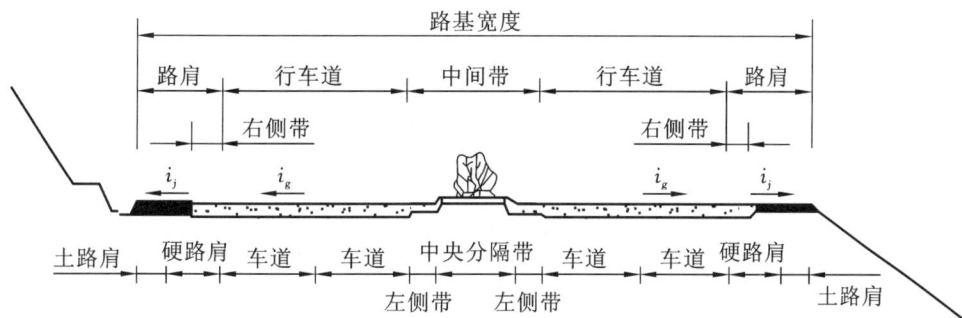

图 4-2　高速公路、一级公路横断面组成

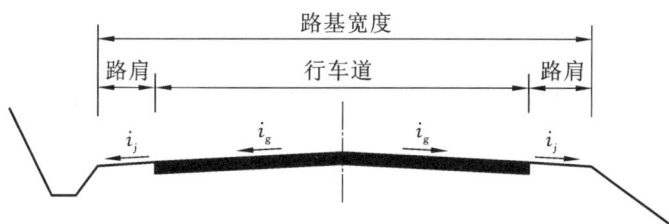

图 4-3　二、三、四级公路的横断面组成

（4）边坡：为保证路基稳定，在路基两侧具有一定坡度的坡面。

（5）边沟：为汇集和排除路面、路肩及边坡流水在挖方或低填方路基两侧设置的纵向排水沟。

2. 特殊组成

（1）爬坡车道：在高速公路和一、二级公路上，当纵坡较大时，设置的供慢速上坡车辆行驶的车道，其宽度一般为 3.5 m。

（2）变速车道：在高速公路互通式立体交叉、服务区等处设置的，供车辆驶入或驶离高速车流的加速或减速车道，其宽度一般为 3.5 m。

（3）错车道：当采用 4.5 m 的单车车道路基时，在适当的可通视的距离内设置的供车辆交错避让用的一段加宽车道。

（4）紧急停车带：在高速公路和一级公路上，供车辆临时发生故障或其他原因紧急停车使用的临时停车地带。

（5）避险车道：设置于连续长、陡下坡路段后侧弯道路避免车辆在行驶中速度失控而造成事故的路段，是在特殊路段设置的安全车道。

公路特殊组成仅在公路特殊路段设置。

3. 各级公路横断面组成

根据各级公路的性质和功能的不同，其横断面组成如下。

（1）高速公路、一级公路的横断面分为整体式和分离式两类。整体式断面包括行车道、中间带（中央分隔带及左侧带）、路肩（硬路肩及土路肩）以及紧急停车带、爬坡车道、变速车道等组成部分；分离式断面包括行车道、路肩（硬路肩及土路肩）以及紧急停车带、爬坡车道、变速车道等组成部分。分离式断面是一种将上、下车道放在不同平面上，中间带随地形变宽的断面形式。

（2）二级公路的横断面包括行车道、路肩、爬坡车道等组成部分。二级公路位于中、小城市城乡接合部，混合交通量大的连接路段，实行快、慢车道分开行驶时，可根据当地经验设置右侧硬路肩。

（3）三、四级公路的横断面包括行车道、路肩以及错车道等组成部分。

我国《公路路线设计规范》（JTG D20—2017）规定了路基宽度、行车道宽度，如表4-1和表4-2所示。

表 4-1　各级公路整体式路基宽度

公路等级		高速公路							
设计速度/(km/h)		120			100			80	
车道数		8	6	4	8	6	4	6	4
路基宽度/m	一般值	42.00	34.50	28.00	41.00	33.50	26.00	32.00	24.50
	最小值	40.00		25.00	38.50		23.50		21.50
公路等级		一级公路							
设计速度/(km/h)		100		80		60			
车道数		6	4	6	4	4			
路基宽度/m	一般值	33.50	26.00	32.00	24.50	23.00			
	最小值		23.50		21.50	20.00			
公路等级		二级公路		三级公路		四级公路			
设计速度/(km/h)		80	60	40	30	20			
车道数		2	2	2	2	2 或 1			
路基宽度/m	一般值	12.00	10.00	8.50	7.50	6.50（双车道）	4.50（单车道）		
	最小值	10.00	8.50						

注："一般值"为正常情况下的采用值；"最小值"为受限制时可采用的值。

表 4-2　高速公路、一级公路分离式路基宽度

公路等级		高速公路							
设计速度/(km/h)		120			100			80	
车道数		8	6	4	8	6	4	6	4
路基宽度/m	一般值	22.00	17.00	13.75	21.75	16.75	13.00	16.00	12.25
	最小值			13.25			12.50		11.25
公路等级		一级公路							
设计速度/(km/h)		100		80		60			
车道数		6	4	6	4	4			
路基宽度/m	一般值	16.75	13.00	16.00	12.25	11.25			
	最小值		12.50		11.25	10.25			

注：八车道的内侧车道宽度如采用 3.50 m,相应路基宽度可减少 0.25 m。

4.2.2　城市道路横断面组成

城市道路横断面由车行道、人行道、绿化带、分隔带及其他部分组成,如图 4-4 所示。

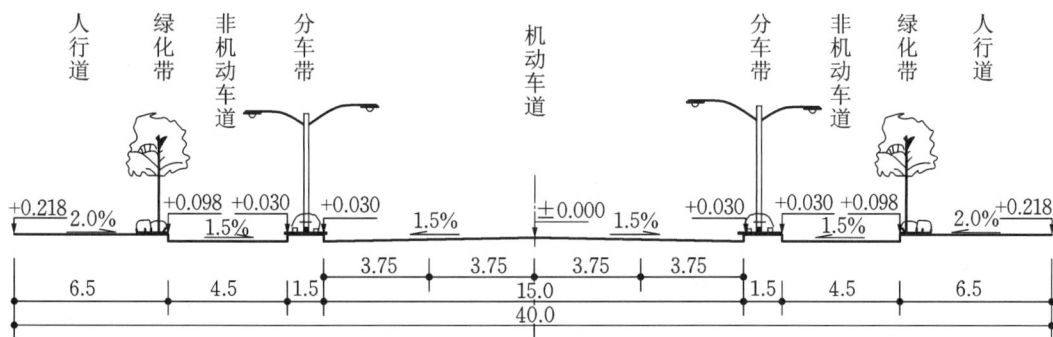

图 4-4　城市道路横断面组成

（1）车行道：在城市道路上供各种车辆行驶的路面部分,统称为车行道。供汽车、无轨电车、摩托车等机动车行驶的部分称为机动车道;供自行车、三轮车、板车等非机动车行驶的部分称为非机动车道。车道按在行车方向上的位置不同可分为内侧车道、中间车道和外侧车道。车道按不同性质可以分为变速车道、超车车道、爬坡车道、停车道、回车道、专用车道等。

（2）人行道：在城市道路上用路缘石、护栏或其他类似设施加以分隔的专门供人行走的部分。

（3）绿化带：在道路用地范围内供绿化的条形地带。

（4）分隔带（又称分车带）：沿道路纵向设置的分隔车行道用的带状设施。位于路中线位置的称为中央分隔带,位于路中线两侧的称为外侧分隔带。

（5）其他组成部分：路缘石、街沟、路拱、照明等。路缘石指设在路边的界石,简称缘石,包括平缘石和立缘石。街沟指设在路面边缘处,由立缘石与平缘石或铺装路面形成的侧沟。

路拱指路面横断面的两端与中间形成的一定坡度的拱起。

（一）城市道路横断面的形式

城市道路常见的几种断面形式如下，如图 4-5 所示。

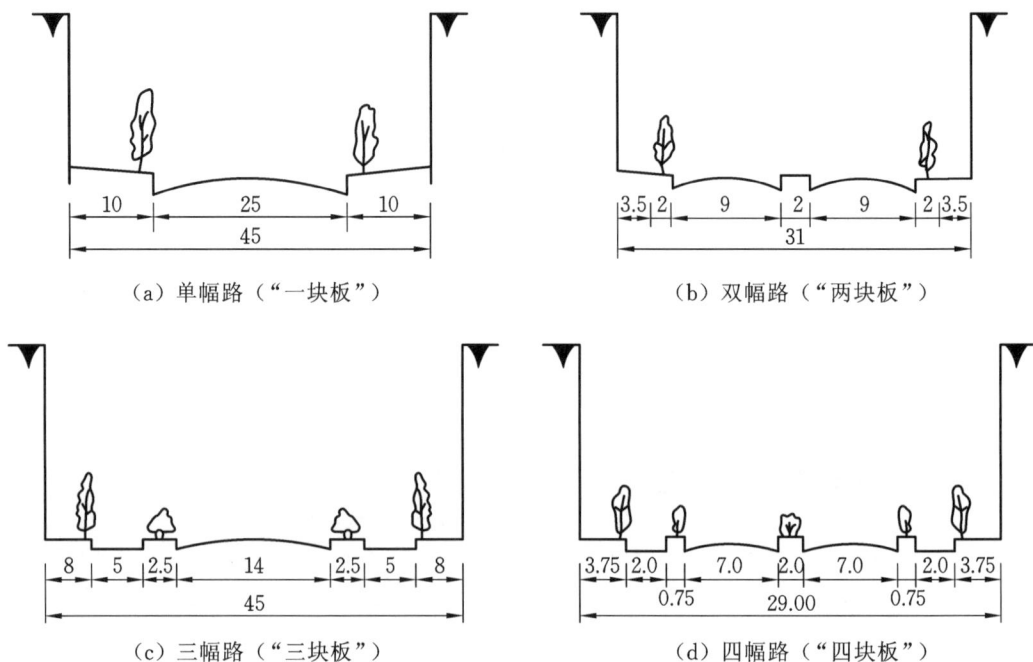

（a）单幅路（"一块板"） （b）双幅路（"两块板"）

（c）三幅路（"三块板"） （d）四幅路（"四块板"）

图 4-5 城市道路横断面的基本形式（单位：m）

1．单幅路

单幅路俗称"一块板"断面。各种车辆在行车道上混合行驶，在交通组织上可以有以下几种方式。

① 划出快、慢车行驶分车线，快车和机动车在中间行驶，慢车和非机动车靠两侧行驶。

② 不划分车线，可以在不影响安全的条件下调剂使用。一般情况下快车靠中线行驶，慢车靠外侧行驶。当外车道有临时停车或公交车进站时，慢车可临时占用靠中线车道，快车减速通过或临时占用对向车道。单幅路还可以调整交通组织，如只允许机动车辆沿同一方向行驶的单行道；限制载重汽车和非机动车行驶，只允许小客车和公共汽车通行的街道；限制各种机动车辆，只允许行人通行的步行道等。上述措施可以是相对不变的，也可以按规定周期变换。

2．双幅路

双幅路俗称"两块板"断面，在车道中心用分隔带或分隔墩将行车道分为两部分，上、下行车分向行驶，同向行车道根据需要决定是否划分快、慢车道。

3．三幅路

三幅路俗称"三块板"断面。中间为双向行驶的机动车道，两侧为靠右行驶的非机动车道。机动车和非机动车车道之间用分隔带或分隔墩分隔。

4．四幅路

四幅路俗称"四块板"断面，在三幅路的基础上，再用中间分车带将中间机动车道分隔为二,使车辆分向行驶。

(二)横断面形式的选用

单幅路占地少、投资省,但各种车辆混合行驶,对交通安全不利,仅适用于机动车交通量不大且非机动车较少的次干路、支路及用地不足和拆迁困难的旧城改建的城市道路。

双幅路将对向行驶的车辆分开,减少对向行驶干扰,提高车速,分隔带还可以用于绿化、布置照明和敷设管线,但各种车辆单向混合行驶干扰大,主要用于各向至少具有两条机动车道、非机动车较少的道路。有平行道路可供非机动车通行的快速路和郊区道路以及横向高差大或地形特殊的路段亦可采用。

三幅路将机动车和非机动车分开,对交通安全有利;在分隔带上可以布置绿带,有利于夏天遮阳防晒、布置照明和减少噪声等。机动车交通量大、非机动车多的城市道路宜优先考虑采用三幅路。但三幅路占地较多,只有当红线宽度等于或大于 40 m 时才能满足车道布置的要求。

四幅路不但将机动车和非机动车分开,还将对向行驶的机动车分开,于安全和车速方面较三幅路更为有利,但占地更多,造价更高。它适用于机动车车速较高、各向有两条机动车道以上、非机动车多的快速路与主干路。

一条路应采用相同形式的横断面。当道路横断面形式或横断面各组成部分的宽度变化时,应设过渡段。过渡段的起、止点宜选择在交叉口或结构物处。

4.3　横断面各组成部分设计

4.3.1　行车道宽度

(一)行车道宽度的设计原理

行车道宽度的计算公式为

$$B = n \times b$$

$$n = \frac{N_s}{N}$$

$$b = a + c$$

式中:B——行车道宽度,m;

　　　n——车道数;

　　　b——车道宽度,m;

　　　N_s——设计交通量,辆/h;

　　　N——一条车道的设计通行能力,与车速和车型有关,辆/h;

　　　a——车的几何宽度,一般取 $a = 2.5$ m;

　　　c——侧向余宽,m。

公路车道数的规定如下：

① 高速公路、一级公路各路段的车道数应根据预测交通量、服务水平等确定，其车道数应该为四车道，车道数为四车道以上时，应按双数增加。

② 二级公路、三级公路应为双车道。

③ 四级公路宜采用双车道，交通量小且工程量艰巨的路段可采用单车道。

（二）规定

公路车道宽度如表 4-3 所示。城市道路车道宽度如表 4-4 所示。

表 4-3   公路车道宽度

设计速度/(km/h)	120	100	80	60	40	30	20
车道宽度/m	3.75	3.75	3.75	3.50	3.50	3.25	3.00

表 4-4   城市道路车道宽度

车型	设计速度/(km/h)	车道宽度/m
大型汽车或大、小型汽车混行	≥40	3.75
	<40	3.50
小客车专用线		3.50
公共汽车停靠站		3.00

注：小型汽车包括 2 t 以下载货车、小型旅行车、吉普车、小货车及摩托车等；大型汽车包括普通汽车及铰接车。

4.3.2   路肩

（一）组成及作用

路肩通常由右侧路缘带（高速公路和一级公路才设置）、硬路肩和土路肩三部分组成，如图 4-6 所示。

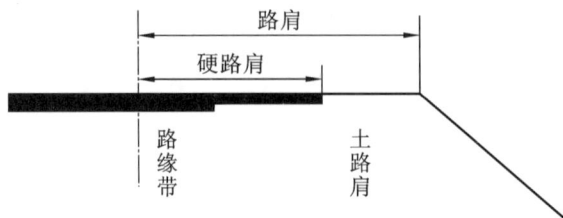

图 4-6   路肩示意图

路肩的作用如下：

① 路肩紧靠在路面的两侧设置，具有保护及支撑路面结构的作用；

② 供发生故障的车辆临时停放之用，有利于防止交通事故和避免交通紊乱；

③ 作为侧向余宽的一部分，能增加驾驶的安全和舒适感，这对保证设计车速是必要的，

尤其是在挖方路段,还可以增加弯道视距,减少行车事故;

④ 提供道路养护作业、埋设地下管线的场地,未设人行道的道路的路肩,可供行人及非机动车使用;

⑤ 精心养护的路肩,能增加公路的美观,并起引导视线的作用。

(二)路肩宽度

1. 路肩宽度的测定

由于我国土地利用比较紧张,路肩宽度应根据在满足路肩功能要求的条件下,尽量采用较窄宽度的原则确定。高速公路、一级公路的路肩宽度应考虑发生故障车辆随时都可在路肩上停留所需的宽度。《标准》规定了路肩宽度,如表 4-5 所示。

表 4-5　右侧路肩宽度

设计速度 /(km/h)		高速公路			一级公路			二级公路		三级公路		四级公路
		120	100	80	100	80	60	80	60	40	30	20
硬路肩 宽度/m	一般值	3.00、 3.50	3.00	2.50	3.00	2.50	2.50	1.50	0.75			
	最小值	3.00	2.50	1.50	2.50	1.50	1.50	0.75	0.25			
土路肩 宽度/m	一般值	0.75	0.75	0.75	0.75	0.75	0.50	0.75	0.75	0.75	0.50	0.25(双车道)、 0.50(单车道)
	最小值	0.75	0.75	0.75	0.75	0.75	0.50	0.50	0.50			

注:"一般值"为正常情况下的采用值;"最小值"为受限制时可采用的值。

2. 高速公路的路肩宽度

① 设计速度为 120 km/h 的四车道高速公路,右侧硬路肩宜采用 3.50 m;六车道、八车道高速公路,宜采用 3.00 m。

② 高速公路、一级公路应在右侧硬路肩宽度内设右侧路缘带,其宽度为 0.50 m。

③ 高速公路、一级公路的分离式路基,应设置左侧路肩,如表 4-6 所示。左侧硬路肩内含左侧路缘带,左侧路缘带宽度为 0.50 m。

表 4-6　高速公路、一级公路的分离式路基的左侧路肩宽度

设计速度/(km/h)	120	100	80	60
硬路肩宽度/m	1.25	1.00	0.75	0.75
土路肩宽度/m	0.75	0.75	0.75	0.50

3. 路缘带及硬路肩宽度

① 路缘带:路肩或中间带的组成部分,与行车道连接,用行车道外侧标线或不同的颜色来表示,其作用主要是诱导驾驶员的视线和分担侧向余宽,以利于行车安全。整体式路基路肩的路缘带在行车道的右侧,故称右侧路缘带,当采用分离式路基时,则有左侧路缘带和右侧路缘带之分,高速公路和一级公路在路肩内应设置右侧路缘带。右侧路缘带是路肩的一

部分,与行车道连接,其宽度一般为 0.5～0.7 m,其构造与路面完全相同。

② 硬路肩:硬路肩是在路肩中靠近行车道,用加固材料处理的,具有一定强度的结构部分,可承受偶然的车辆荷载。

硬路肩的作用主要是供车辆临时行驶、停放、慢交通使用,并作为底基层和面层的横向支撑,主要在高速公路,一级公路,二、三、四级公路在村镇附近及混合交通量大的路段使用。

4.3.3　人行道

人行道是城镇道路的基本组成部分。它的主要功能是满足步行交通的需要,满足绿化布置、地上杆柱、地下管线、交通标志、信号设施、护栏及邮筒、消防栓等公用附属设施安排的需要。

（一）人行道宽度

人行道的总宽度包括行人步行道宽度和种植绿化、布设地面杆柱、设置橱窗报栏宽度,还应考虑在人行道地下埋设地下管线所需的宽度。

1. 一条步行带宽度

一条步行带宽度及其步行能力和道路类别、沿街建筑性质、人流的组成、步行速度等要求有关。

一个步行的人所占用的宽度与人手中携带物品的大小和携带方式有关,为 0.60～0.90 m。在车站、码头、大型商场附近的道路及全市性的干道上,一条步行带宽度取 0.90 m,其余情况取 0.75 m。

2. 步行交通宽度确定

步行带的条数取决于一条步行带的通行能力和高峰小时的行人数。步行交通所需的宽度等于一条步行带宽度乘以步行带条数。步行带条数则取决于要求通过的高峰小时人流量（人/h）和一条步行带的通行能力（人/h）,即

行人步行道宽度（一侧）＝高峰小时人流量（单侧双向）/人行道设计通行能力

根据我国部分城市的调查资料:大城市现有单侧步行道宽度为 3～10 m,中等城市为 2.5～8 m,小城市为 2～6 m。表 4-7 所示为单侧步行道的最小宽度。

表 4-7　单侧步行道的最小宽度

项目	单侧步行道的最小宽度/m	
	大城市	中、小城市
各级道路	3	2
商业或文化中心,大型商店或大型公共文化机构集中路段	5	3
火车站、码头附近路段	5	4
长途汽车站	4	4

3. 地面设施宽度

地面设施宽度包括设置种植绿化、行人护栏、照明灯柱、标志牌、信号灯等的宽度。上述设施的宽度可参考表4-8选用。

表4-8　人行道最小宽度的计算参考数据

项目	占用宽度/m	项目	占用宽度/m
设置路灯、电力杆的地带	1.0~1.5	种植双排行道树的地带	2.5~5.0
种植单排行道树的地带	1.5	设置行人护栏的地带	0.25~0.5

(二)人行道的布置

人行道通常对称布置在道路两侧,受地形、地物限制时,可不等宽或不在一个平面上。

4.3.4　中间带

(一)中间带的作用

高速公路和一级公路整体式路基必须设置中间带,中间带由两条左侧路缘带和中央分隔带组成,如图4-7所示。中间带的作用如下:

① 分隔往返车流,既可防止快车驶入对向行车道造成车祸,又能减少公路中心线附近的交通阻力,从而提高通行能力;

② 设于分隔带两侧的路缘带,由于有一定宽度且颜色醒目,既能引导驾驶员视线,又能增加行车所必需的侧向余宽,从而提高行车的安全性和舒适性;

③ 中间带种植花草灌木或设置防眩网,可防止对向车辆灯光炫目,还可以起到美化路容和环境的作用;

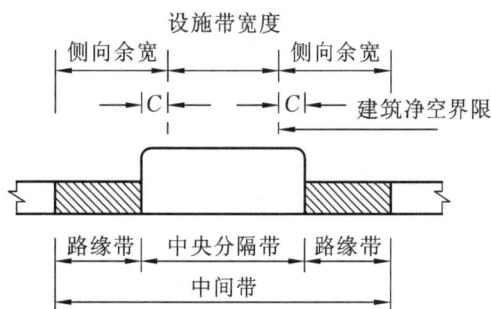

图4-7　中间带组成

④ 可作为设置公路标志牌及其他交通管理设施的场地,也可以作为行人的安全岛;

⑤ 为公路分期改建提供储备用地;

⑥ 避免车辆中途掉头,消灭紊乱车流,减少交通事故。

(二)中间带设计

1. 中间带的宽度

中间带的宽度是根据行程带以外的侧向余宽、护栏、种植、防眩网等所需的设置的宽度而定的,中间带的宽度有一般值和最小值,正常情况下采用一般值,当遇到特殊情况时采用最小值。中间带宽度由两条左侧路缘带宽度和中央分隔宽度组成。公路中间带宽度如表 4-9 所示；城市道路分车带最小宽度如表 4-10 所示。

表 4-9　公路中间带宽度

设计速度/(km/h)		120	100	80	60
中央分隔带宽度/m	一般值	3.00	2.00	2.00	2.00
	最小值	1.00	1.00	1.00	1.00
左侧路缘带宽度/m	一般值	0.75	0.75	0.50	0.50
	最小值	0.75	0.50	0.50	0.50
中间带宽度/m	一般值	4.50	3.50	3.00	3.00
	最小值	2.50	2.00	2.00	2.00

表 4-10　城市道路分车带最小宽度

分车带类别		中间带			两侧带		
设计速度/(km/h)		80	60 或 50	40	80	60 或 50	40
分隔带最小宽度/m		2.00	1.50	1.50	1.50	1.50	1.50
路缘带宽度/m	机动车道	0.50	0.50	0.25	0.50	0.50	0.25
	非机动车道				0.25	0.25	0.25
侧向宽度/m	机动车道	1.00	0.75	0.50	0.75	0.75	0.50
	非机动车道				0.50	0.50	0.50
安全带宽度/m	机动车道	0.50	0.25	0.25	0.25	0.25	0.25
	非机动车道				0.25	0.25	0.25
分车带最小宽度/m		3.00	2.50	2.00	2.25	0.25	2.00

一级公路作为集散公路且有地形条件及其他特殊情况限制时，中央分隔带可采用宽度不小于 0.6 m 的混凝土防撞护栏，并按规定设置左侧路缘带。

中间带的宽度一般情况下应保持等宽，若需要变宽时，在宽度变化的地点，应设置过渡段。过渡段以设在回旋线范围内为宜，其长度应与回旋线的长度相等。宽度＞4.5 m 的中间带过渡段以设在半径较大的平曲线路段为宜。

2. 中间带开口

互通式立体交叉、隧道、特大桥、服务区设施前后，以及整体式路基、分离式路基的分离（汇合）处，应设置中央分隔带开口。中央分隔带开口间距应视需要而定，最小间距应不小于 2 km。中央分隔带开口长度不宜大于 40 m；八车道高速公路开口长度可适当增加，但不应大于 50 m。中央分隔带开口处应设置活动护栏。

中央分隔带开口应设置在通视良好的路段，若开口设于弯曲路段，该圆曲线半径的超高值不应大于 3%。

中央分隔带开口端部的形状：中央分隔带宽度小于 3.0 m 时可采用半圆形；中央分隔带

宽度大于或等于 3.0 m 时宜采用弹头型,如图 4-8 所示。图中的 R、R_1、R_2 为控制设计半径。R 和 R_1 足够大才能保证汽车以容许的速度驶离主车道进行左转弯,一般采用 $R_1 = 25 \sim 120$ m。R 与开口中心线的值决定于开口的大小。为了避免过大的开口并方便行车,R 的最小值一般为 15 m。弹头尖端 R_2 可采用分隔带宽度的 1/5,这样从外观上看比较悦目。

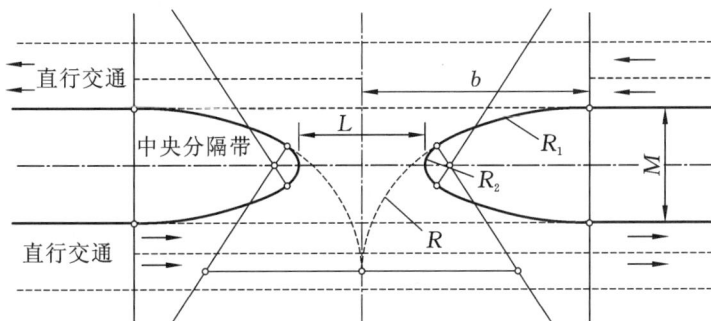

图 4-8 中间带开口

中央分隔带的表面形式有凹形和凸形两种,前者用于宽度 > 4.5 m 的中间带,后者用于宽度 ≤ 4.5 m 的中间带。宽度 > 4.5 m 的中间带一般植草皮、栽灌木,宽度 ≤ 4.5 m 的中间带可铺面封闭。

4.3.5 城市道路非机动车道

非机动车道是专供自行车、三轮车、平板车及兽力车等行驶的车道。在我国的城市道路上,有很多非机动车在行驶,其中以自行车的数量为最多。城市规划设计宜考虑设置专用的非机动车道路系统;交通组织和横断面布置应尽可能使机动车和非机动车分离行驶;非机动车道设计应"宁宽勿窄",要适当留有余地。

非机动车的单一车道宽度,是根据车身宽度和车身两侧所需的横向安全距离而定的。非机动车道宽度如表 4-11 所示。

非机动车车道主要供自行车行驶,应根据自行车设计的交通量与每条自行车道设计通行能力计算自行车车道条数。非机动车道宽度包括几条自行车车道宽度及两侧各 25 cm 的路缘带宽度。根据各城市对非机动车道宽度的设计和使用经验,其基本宽度推荐采用 5.0 m(或 4.5 m)、6.5 m(或 6.0 m)、8.0 m(或 7.5 m)。根据非机动车交通仍有继续增长的发展趋势,在规划、设计非机动车道宽度时,特别是与机动车分流的非机动车道,宜适当留有余地,一般不宜小于以上推荐的最小值。

表 4-11 非机动车道宽度

类别	每条非机动车车道宽度/m	类别	每条非机动车车道宽度/m
自行车	1.0	畜力车	2.5
三轮车	2.0	板车	1.5~2.0

注:主要供自行车行驶的非机动车车道宽度,应另计入两侧各 25 cm 的路缘带宽度。

4.3.6　路缘石

路缘石是设置在路面与其他构造物之间的标石。分隔带与路面之间、人行道与路面之间一般都需要设置路缘石。

路缘石的形状有立式、斜式和曲线式(见图4-9)。

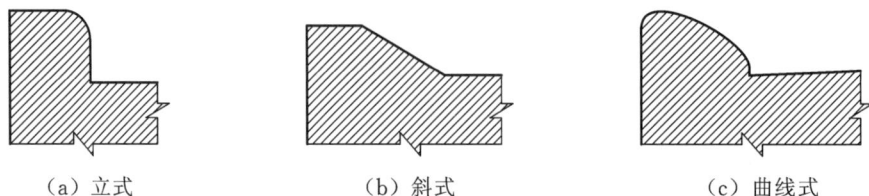

　　(a) 立式　　　　　　　　　(b) 斜式　　　　　　　　　(c) 曲线式

图 4-9　路缘石

高速公路和一级公路中央分隔带上的路缘石起导向、连接和便于排水的作用,高度不宜太高,因为高的路缘石(高度＞20 cm)会使高速行驶的汽车在驶入时产生飞跃甚至翻车的副作用。所以,高速公路的分隔带因排水必须设置路缘石时,应使用低矮光滑的斜式或曲线式路缘石,高度宜小于 12 cm。

城市道路的人行道及人行横道范围内的路缘石宜做成低矮的,而且坡面较为平缓的斜式,便于儿童车、轮椅及残疾人通行。在分隔带端头或交叉口的小半径处,路缘石宜做成曲线式。

路缘石宜高出路面 10～20 cm;在隧道内线形弯曲段或陡峻路段等处,路缘石可高出路面 25～40 cm,并应有足够埋置的深度,以保证稳定。路缘石宽度宜为 10～15 cm。

4.3.7　路拱

为了利于路面横向排水,将路面做成由中央向两侧倾斜的拱形,称为路拱。其倾斜的大小以百分率表示。

(一) 路拱形式

路拱有抛物线形、直线形、折线形和双曲线形四种形式。

1. 抛物线形路拱

抛物线形路拱比较圆顺,造型美观,没有路中尖峰,路面中间部分坡度较小,两旁坡度较大,有利于雨水的排出。但抛物线形路拱车行道中间部分横坡过于平缓,行车易集中,易使中央部分路面损坏,并且车行道的横坡坡度不同,施工较难。为改进这个缺点,抛物线形路拱可以设计成其他各种形式的抛物线形路拱。

2. 直线形路拱

这种形式的路拱的两旁是倾斜直线,在车行道的中心线附近加设竖曲线或缓和曲线,常用在高级路面宽度超过 20 m 的城市道路上。它的优点是汽车轮胎和路面接触较为平均,路面磨耗较小;缺点是排水效果不如抛物线形路拱。

3. 折线形路拱

折线形路拱适用于多种车道的城市道路。优点是用折线形的直线段比用屋顶形的直线段短,施工时容易摊压平顺,也可以在车行道最多的着力点处选择为转折点,如行车后路面少有沉陷,雨水也可排出,较符合设计、施工和养护的要求。缺点是在转折处有尖峰凸出,但可在施工时用压路机碾平压顺。折线形路拱一般适用于道路较宽的沥青路面。

4. 双曲线形路拱

双曲线形路拱常用于高速公路及高等级道路。

(二) 路拱坡度

路拱坡度的确定,应以有利于路面排水畅通和保证行车平稳为原则。公路及城市道路路拱坡度如表 4-12 和表 4-13 所示。

表 4-12　公路路拱坡度

路基类型	路拱坡度/(%)	路基类型	路拱坡度/(%)
沥青混凝土、水泥混凝土	1～2	碎、(砾)石等粒料路面	2.5～3.5
其他沥青路面	1.5～2.5	低级路面	3～4
半整齐石块	2～3		

表 4-13　城市道路路拱坡度

路面面层类型	路拱坡度/(%)
水泥混凝土、沥青混凝土、沥青碎石	1.0～2.0
沥青贯入式碎(砾)石表面处治	1.5～2.0
碎(砾)石等粒料路面	2.0～3.0

在具体选用时,应注意在干旱和有积雪、浮冰地区采用低值,在多雨地区采用高值。当道路纵坡较大、路面较宽、行车速度较高、交通量和车辆载重量较大、常有拖挂车行驶时,应采用低值,反之采用高值。

路肩的横向坡度一般应比路面横向坡度大 1%～2%。

《公路路线设计规范》(JTG D20—2017)对于路拱坡度的有关规定如下:

① 路拱一般应采用双向坡面,由路中央向两侧倾斜。当在六、八车道的超高过渡段中出现平而缓的路面时,可根据实际情况在短段内设置两个路拱。

② 二、三、四级公路的路拱坡度应根据路面类型和当地自然条件确定,最小宜采用 1.5%。

③ 高速公路、一级公路位于中等强度降雨地区时,路拱坡度宜采用 2%;位于严重强度降雨地区时,路拱坡度可适当增大。

④ 分离式路基,每一侧车道可设置双向路拱;也可采用单向横坡,并向路基外侧倾斜;在积雪冻融的地区,宜设置双向路拱。

4.4　超高

当圆曲线半径小于不设超高最小半径时,公路平曲线是由圆曲线与缓和曲线构成的,从直线到圆曲线上的全超高是在缓和曲线段上过渡变化完成的。

一、平曲线上设置超高的原因和条件

为了抵消车辆在曲线路段上行驶时所产生的离心力,在该路段横断面上设置的外侧高于内侧的单向横坡称为超高。当圆曲线半径小于不设超高最小半径时,半径越小,离心力越大,汽车行驶条件就越差,为改善汽车行驶条件,减小横向力,将此弯道横断面做成向内倾斜的单向横坡形式,利用重力向内侧的分力减小离心力,改善汽车的行驶条件。

二、圆曲线上全超高横坡坡度

(一)圆曲线上全超高横坡坡度的确定

圆曲线超高横坡坡度应按公路等级、设计速度、圆曲线半径、路面类型、自然条件和车辆组成等情况查规范确定。如果圆曲线段半径不变,超高横坡坡度从圆曲线起点至圆曲线终点是一个定值,称为全超高。

(二)圆曲线上全超高横坡坡度的最大值

为了保证慢车或者停在弯道上的车辆不产生向内侧滑移现象,特别是冬季路面有积雪、结冰的情况下,更有可能出现滑移危险,超高坡度不能太大。表 4-14 和表 4-15 所示为公路及城市道路最大超高坡度。

表 4-14　公路最大超高坡度

公路等级	高速公路	一级公路	二级公路	三级公路	四级公路
一般地区	10%		8%		
积雪、严寒地区	6%				

表 4-15　城市道路最大超高坡度

设计速度/(km/h)	80	60	50	40	30	20
最大超高值	6%	4%		2%		

二、三、四级公路混合交通量较大且接近城镇路段或在城镇作为街道使用的路段,当车速受到限制,按规定设置超高有困难时,可按表 4-16 设置超高。

表4-16　圆曲线半径与超高值

圆曲线半径/m

超高/(%)	设计速度/(km/h)												
	120 最大超高/(%)			100 最大超高/(%)			80 最大超高/(%)			60 最大超高/(%)			
	10	8	6	10	8	6	10	8	6	10	8	6	4
2	<5500(<7550)~2950	<5500(<7550)~2860	<5500(<7550)~2730	<4000(<5250)~2180	<4000(<5250)~2150	<4000(<5250)~2000	<2500(<3350)~1460	<2500(<3350)~1410	<2500(<3350)~1360	<1500(<1900)~900	<1500(<1900)~870	<1500(<1900)~800	<1500(<1900)~610
3	<2950~2080	<2860~1990	<2730~1840	<2180~1520	<2150~1480	<2000~1320	<1460~1020	<1410~960	<1360~890	<900~620	<870~590	<800~500	<610~270
4	<2080~1590	<1990~1500	<1840~1340	<1520~1160	<1480~1100	<1320~920	<1020~770	<960~710	<920~630	<620~470	<590~430	<500~320	<270~150
5	<1590~1280	<1500~1190	<1340~970	<1160~920	<1100~860	<920~630	<770~610	<710~550	<600~400	<470~360	<430~320	<320~200	
6	<1280~1070	<1190~980	<970~710	<920~760	<860~690	<630~440	<610~500	<550~420	<400~270	<360~290	<320~240	<200~135	
7	<1070~910	<980~790		<760~640	<690~530		<500~410	<420~320		<290~240	<240~170		
8	<910~790	<790~650		<640~540	<530~400		<410~340	<320~250		<240~190	<170~125		
9	<790~680			<540~450			<340~280			<190~150			
10	<680~570			<450~360			<280~220			<150~115			

续表

超高/(%)	设计速度/(km/h)											
	40				30				20			
	最大超高/(%)				最大超高/(%)				最大超高/(%)			
	8	6	4	2	8	6	4	2	8	6	4	2
2	<600(<800)~470	<600(<800)~410	<600(<800)~330	<600(<800)~75	<350(<450)~250	<350(<450)~230	<350(<450)~150	<350(<450)~40	<150(<200)~140	<150(<200)~110	<150(<200)~70	<150(<200)~20
3	<470~310	<410~250	<330~130		<250~170	<230~140	<150~60		<140~90	<110~70	<70~30	
4	<310~220	<250~150	<130~70		<170~120	<140~80	<60~35		<90~70	<70~40	<30~15	
5	<220~160	<150~90			<120~90	<80~50			<70~50	<40~30		
6	<160~120	<90~60			<90~60	<50~35			<50~40	<30~15		
7	<120~80				<60~40				<40~30			
8	<80~55				<40~30				<30~15			
9												
10												

注:括号为路拱大于2%时的不设超高最小半径。

（三）圆曲线上的超高横坡坡度的最小值

各级公路圆曲线部分的最小超高横坡坡度应是该级公路直线部分的路拱坡度。

三、超高缓和段

超高设于圆曲线的范围内，两端过渡段与直线相连。从直线的双向横坡渐变到圆曲线路段具有超高单向横坡的过渡段为超高缓和段。

（一）超高缓和段设置条件和原因

平面圆曲线部分的半径小于不设超高最小半径时必须设置超高。汽车从没有超高的双向横坡直线进入设有单向横坡全超高的圆曲线上是一个突变，不利顺利行车；从立面来看，这个突变也影响美观。所以在直线和圆曲线之间必须设置超高缓和段，完成从直线双向横坡逐渐过渡到圆曲线上的单向超高横坡，使汽车顺势地从直线驶入圆曲线，如图 4-10 所示。

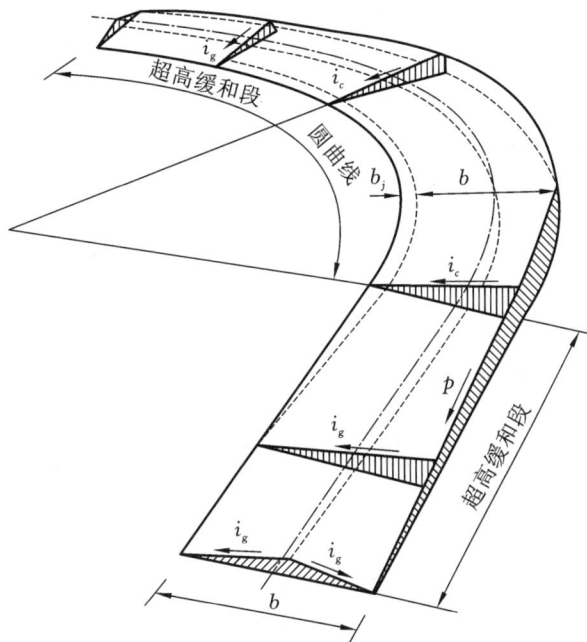

图 4-10　超高及超高缓和段

（二）超高缓和段形式

超高缓和段上的超高横坡从直线上的双向横坡过渡到圆曲线上的单向横坡，其间每一个微分横断面的公路横断面随前进方向逐渐旋转过渡，这时缓和段上的超高横坡坡度逐渐变化。

1. 无中央分隔带公路的超高过渡

（1）超高横坡坡度等于路拱坡度时，将外侧车道绕中线旋转，直至路拱坡度值。

（2）超高横坡坡度大于路拱坡度时，可分别采用以下三种方式。

　　① 绕内边缘线旋转。先将外侧车道绕路面未加宽时的中心线旋转,与内侧车道构成单向横坡后,将整个断面绕路面未加宽时的内侧边缘线旋转,直至全超高横坡坡度值,如图 4-11(a)所示。

　　② 绕中线旋转。先将外侧车道绕路面未加宽时的路中心线旋转,与内侧构成单向横坡后,将整个断面绕路面未加宽时的路中心线旋转,直至全超高横坡坡度值,如图 4-11(b)所示。

　　③ 绕外边缘线旋转。先将外侧车道绕路面外侧边缘旋转,与此同时,内侧车道随中线的降低而相应降低,此时内侧横坡不变,变为单向横坡后,将整个断面绕外侧车道边缘旋转,直至全超高横坡值,如图 4-11(c)所示。

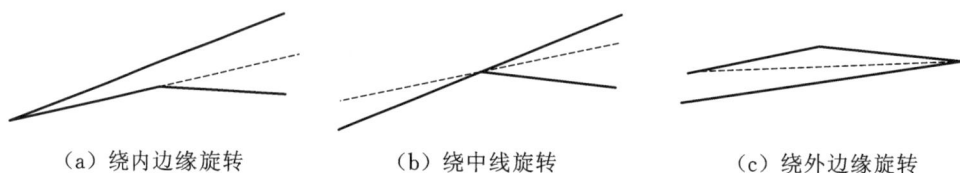

（a）绕内边缘旋转　　　　　（b）绕中线旋转　　　　　（c）绕外边缘旋转

图 4-11　无中央分隔带公路的超高过渡

　　绕内边缘线旋转时,行车道内侧不降低,有利于路基纵向排水,一般新建公路多用此种方式。绕中线旋转可保持中线高程不变,且在超高坡度一定的情况下,使外侧边缘的抬高值较小,多用于旧路改建工程。绕外边缘旋转是一种比较特殊的设计方式,仅用于某些为改善路容的地点。

　　2. 有中央分隔带公路的超高过渡

　　1）绕中央分隔带的中心线旋转

　　先将外侧行车道绕中央分隔带的中心线旋转,与内侧行车道构成单向横坡后,将整个断面绕中央分隔带的中心线旋转,直至全超高横坡坡度值,如图 4-12(a)所示。

　　2）绕中央分隔带两侧边缘线旋转

　　将两侧行车道分别绕中央分隔带两侧边缘线旋转,使之各自成为独立的单向超高断面,此时中央分隔带维持原水平状态,如图 4-12(b)所示。

　　3）绕各自的行车道中心线旋转

　　将两侧行车道分别绕各自的行车道中心线旋转,使之各自成为独立的单向超高断面,此时中央分隔带两边缘分别升高与降低为倾斜断面,如图 4-12(c)所示。

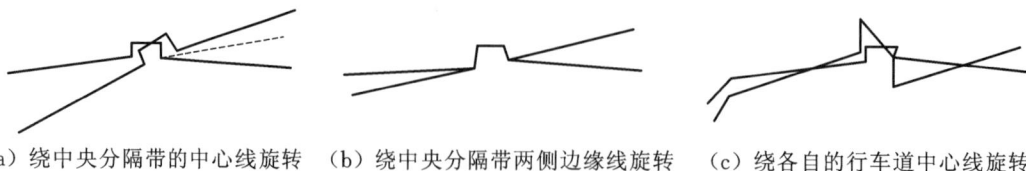

（a）绕中央分隔带的中心线旋转　　（b）绕中央分隔带两侧边缘线旋转　　（c）绕各自的行车道中心线旋转

图 4-12　有中央分隔带公路的超高过渡

　　三种超高过渡方式各有优缺点:中间带宽度较窄时可采用绕中央分隔带的中心线旋转;不考虑中间带宽度时可以采用绕中央分隔带两侧边缘线旋转;车道数大于 4 的公路可采用绕各自的行车道中心线旋转;对于分离式断面的公路,由于上、下行车道是各自独立的,其超高的设置及其过渡可按两条无分隔带的公路分别处理。

（三）超高缓和段长度

确定超高缓和段长度时，由于超高缓和段逐渐加高，行车道外侧边缘或内侧边缘的纵坡逐渐增大或减小，使边缘纵坡与原路线纵坡不一致。这个由逐渐超高导致的外侧边缘纵坡与路线原设计纵坡的差值称为超高渐变率。在考虑超高缓和段长度时，应将超高渐变率控制在一定的数值范围内。超高渐变率的取值要考虑两个方面的问题：

① 要控制路面外侧边缘的加高速度（或路面内侧边缘的降低速度）；

② 以路面前进方向为旋转轴的路面旋转角速度不超过一定的限度。

超高渐变率越大，即渐变速度越快，则所需的超高缓和段长度越短，但乘客越不舒适；反之，超高渐变率越小，即渐变速度越慢，则乘客越舒适，但超高缓和段长度越长，设计和施工越麻烦。公路超高渐变率如表4-17所示。城市道路超高渐变率如表4-18所示。

表 4-17　公路超高渐变率

设计速度 /(km/h)	超高旋转位置		设计速度 /(km/h)	超高旋转位置	
	绕中线旋转	绕边缘旋转		绕中线旋转	绕边缘旋转
120	1/250	1/200	40	1/150	1/100
100	1/225	1/175	30	1/125	1/75
80	1/200	1/150	20	1/100	1/50
60	1/175	1/125			

表 4-18　城市道路超高渐变率

设计速度/(km/h)	超高渐变率	设计速度/(km/h)	超高渐变率
80	1/150	40	1/100
60	1/125	30	1/75
50	1/115	20	1/50

双车道公路超高缓和段长度按下式计算：

$$L_C = \frac{B' \cdot \Delta i}{P}$$

式中：L_C——超高缓和段长度，m；

　　　B'——旋转轴至行车道（设路缘带时为路缘带）外侧边缘的宽度，m；

　　　Δi——超高坡度与路拱坡度的代数差；

　　　P——超高渐变率。

（四）横断面超高值计算

在明确超高缓和段的构成及超高缓和段长度计算的基础上，设计人员可以计算缓和段上任意桩位处横断面的超高值。在设计中考虑到施工方便，实际使用的不是超高横坡坡度，也不是路面内（外）侧的超高值，而是加宽后由超高横坡坡度推算出的路肩内（外）边缘和路中线与原设计高程（未加宽和超高时的路肩边缘设计高程）的抬高或降低值。

　　路基设计高程是指路基断面上某位置相对于水平面基准点的相对高度。高速公路、一级公路的设计高程一般指中央分隔带的外侧边缘高程,二、三、四级公路的设计高程一般指未超高、加宽之前的路肩边缘高程。

　　改建公路的设计高程,一般按新建公路的规定确定,也可按行车道中线高程或公路中线高程确定。

　　当圆曲线半径小于不设超高最小半径时,圆曲线段应按表 4-16 的要求设置全超高,在直线和圆曲线连接处应设置超高缓和段。

　　公路中线和路基内、外侧边缘高程与路基设计高程的差应计算并列于路基设计表中,便于施工。

　　对于新建的二、三、四级公路,圆曲线半径小于不设超高最小半径时,平曲线段超高值按绕内边缘旋转计算,如图 4-13 和表 4-19 所示。对于改建的二、三、四级公路,超高值按绕中心线旋转计算,如图 4-14 和表 4-20 所示。

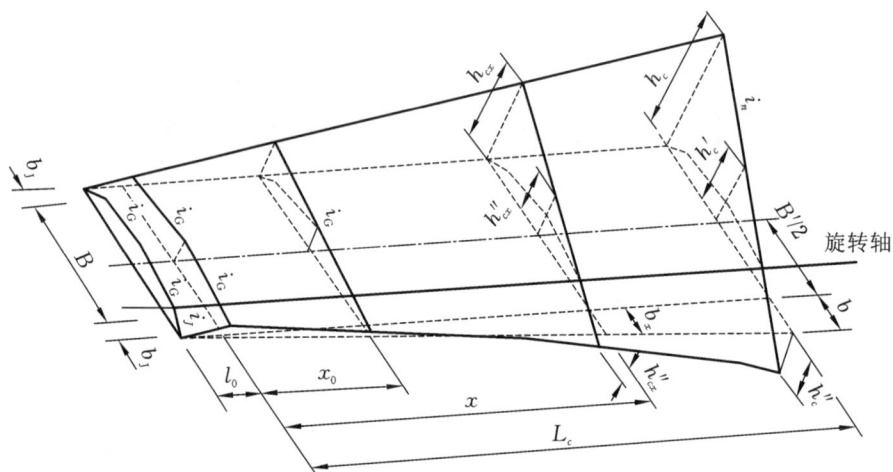

图 4-13　绕内边缘旋转超高缓和段

表 4-19　绕内边缘旋转超高值计算公式

超高位置		计算公式		备注
		$x \leqslant x_0$	$x > x_0$	
圆曲线	外缘	$b_J i_J + (b_J + B) i_n$		1. 计算结果均为与设计高程的高差
	中线	$b_J i_J + \dfrac{B}{2} i_n$		2. 临界断面距超高缓和段起点的距离 $x_0 = \dfrac{i_G}{i_n} L$
	内缘	$b_J i_J - (b_J + b) i_n$		
过渡段	外缘	$b_J(i_J - i_G) + [b_J i_G + (b_J + B) i_n] \dfrac{x}{L_c}$		3. 加宽值 b_x 按加宽计算公式计算
	中线	$b_J i_J + \dfrac{B}{2} i_G$	$b_J i_J + \dfrac{B}{2} \cdot \dfrac{x}{L_c} i_n$	
	内缘	$b_J i_J - (b_J + b_x) i_G$	$b_J i_J - (b_J + b_x) \dfrac{x}{L_c} i_n$	

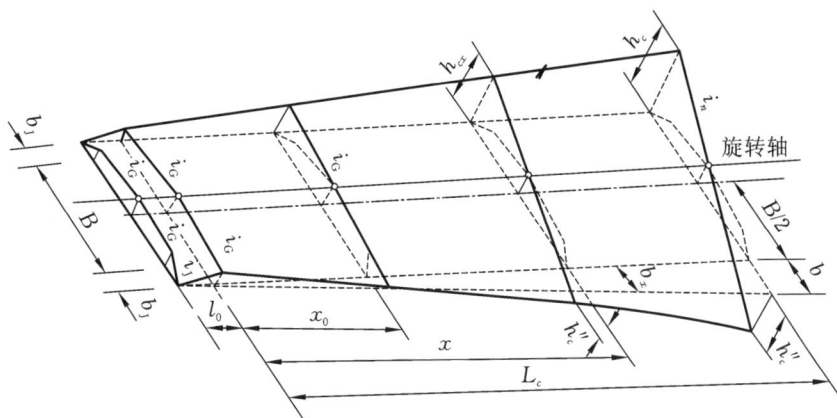

图 4-14　绕中心线旋转超高缓和段

表 4-20　绕中心线旋转超高值计算公式

超高位置		计算公式		备注
		$x \leqslant x_0$	$x > x_0$	
圆曲线	外缘	$b_J(i_J - i_G) + (b_J + B)(i_G + i_n)$		1. 计算结果均为与设计高程的高差
	中线	$b_J i_J + \dfrac{B}{2} i_G$		2. 临界断面距超高缓和段起点的距离 $x_0 = \dfrac{2i_G}{i_G + i_n} L$
	内缘	$b_J i_J + \dfrac{B}{2} i_G - \left(b_J + \dfrac{B}{2} + b\right) i_n$		
过渡段	外缘	$b_J(i_J - i_G) + \left(b_J + \dfrac{B}{2}\right)(i_G + i_n)\dfrac{x}{L_c}$		3. 加宽值 b_x 按加宽计算公式计算
	中线	$b_J i_J + \dfrac{B}{2} i_G$		
	内缘	$b_J i_J - (b_J + b_x) i_G$	$b_J i_J + \dfrac{B}{2} i_G - \left(b_J + \dfrac{B}{2} + b_x\right)\dfrac{x}{L_c} i_n$	

表 4-19 和表 4-20 中的公式中：

B——行车道宽度，m；

b_J——路肩宽度，m；

b——圆曲线的加宽值，m；

b_x——x 距离处的路基加宽值，m；

i_n——超高横坡坡度；

i_G——路拱横坡坡度；

i_J——路肩横坡坡度；

x_0——与路拱同坡度的单向超高点至超高缓和段起点的距离，m；

x——超高缓和段中任意点至超高缓和段起点的距离，m；

h_c——路肩外缘最大抬高值；

h'_c——路肩中线最大抬高值；

h''_c——路肩内缘最大降低值；

h_{cx}——x 距离处路基外缘抬高值；

h'_{cx}——x 距离处路中线抬高值；

h''_{cx}——x 距离处路基内缘降低值；

L——缓和段长度。

4.5　加宽

4.5.1　平曲线上设置加宽的原因和条件

（一）平曲线上设置加宽的原因

（1）汽车在平曲线上行驶时，各个车轮的轨迹半径是不相等的，后轴内侧车轮的行驶轨迹半径最小，前轴外侧车轮的行驶轨迹半径最大。因此在平曲线半径较小时，车道内侧需要更宽一些的路面以满足后轴外侧车轮的行驶轨迹要求，故当平曲线半径小时需要加宽平曲线上的行车宽度。

（2）汽车在平曲线上行驶时，驾驶员不可能将前轴中心的轨迹操纵得完全符合理论轨迹，而是有一定的摆幅（摆幅值与实际行车速度有关），汽车在平曲线上行驶的摆幅要比在直线上行驶大。所以，当平曲线半径小时，要加宽平曲线上的行车宽度，以利于安全。

（二）平曲线上设置加宽的条件

我国《标准》规定，当平曲线半径小于或等于 250 m 时，应在平曲线内侧设置加宽。

（三）全加宽值的确定

1. 加宽值计算

对于普通载货汽车，单车道加宽（见图 4-15）的加宽值为

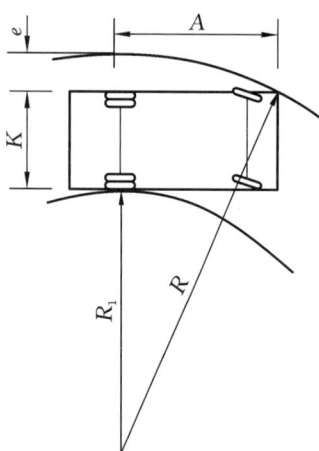

$$e = R - (R_1 + K)$$
$$R_1 + K = \sqrt{R^2 - A^2}$$

合并两式得

$$e = R - \sqrt{R^2 - A^2} = R - \left(R - \frac{A^2}{2R} - \frac{A^4}{8R^3} - \cdots \right)$$

$$= \frac{A^2}{2R} + \frac{A^4}{8R^3} + \cdots$$

上式第二项以后的数值极小，可忽略不计，因此单车道加宽的加宽值为

$$e = \frac{A^2}{2R}$$

图 4-15　单车道加宽　　式中：e——单车道加宽的加宽值，m；

R——曲线半径,m;

A——设计车长,m。

普通载重汽车的设计车长为后轴至前保险杠的距离。半挂车的设计车长为当量车长,即 $A=\sqrt{A_1^2+A_2^2}$,A_1 为牵引保险杠至第二轴的距离,A_2 为第二轴至拖车最后轴的距离。

2. 摆动加宽值

据检测,汽车转弯摆动加宽与车宽有关,单车道摆动加宽值的计算公式为

$$e=\frac{0.05V}{\sqrt{R}}$$

式中:V——汽车转弯时的半径。

3. 加宽的规定和要求

当平曲线半径小于或等于 250 m 时,双车道的加宽值如表 4-21 所示。平曲线上的路面加宽应设置在平曲线的内侧,四级公路和设计速度为 30 km/h 的三级公路采用第 1 类加宽值,但交通量很小的单车道公路,受条件限制时可不加宽;不经常通行集装箱运输半挂车的公路,宜采用第 2 类加宽值;经常有大型集装箱运输的半挂车行驶的公路,可采用第 3 类加宽值,港口、场站联络公路还应调查半挂车的类型,必要时应按大型超长车进行加宽验算。

加宽应设置在曲线内侧。双向行驶整体式断面加宽,应先于曲线内侧设置整幅加宽总值,之后调整中心标线或者分隔带位置,使双向双幅加宽均位于曲线内侧。

表 4-21　双车道的加宽值

加宽类别	汽车轴距加前悬/m	平曲线半径/m								
		250~200	<200~150	<150~100	<100~70	<70~50	<50~30	<30~25	<25~20	<20~15
		双车道的加宽值/m								
1	5	0.4	0.6	0.8	1.0	1.2	1.4	1.8	2.2	2.5
2	8	0.6	0.7	0.9	1.2	1.5	2.0			
3	5.2+8.8	0.8	1.0	1.5	2.0	2.5				

4.5.2　加宽缓和段

（一）加宽缓和段设置原因

当平曲线段设置全加宽而直线段不加宽时,为了使路面由直线段正常宽度断面过渡到平曲线段全加宽断面,需要在直线和平曲线之间设置加宽缓和段。在加宽缓和段上,路面宽度应逐渐变化。加宽缓和段设置应根据公路性质和等级采用不同方法,如图 4-16 和图 4-17 所示。

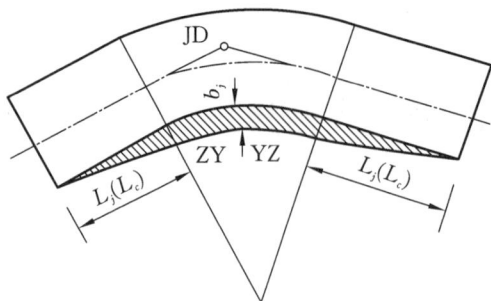

图 4-16   加宽缓和段（单圆曲线）   图 4-17   加宽缓和段（基本形）

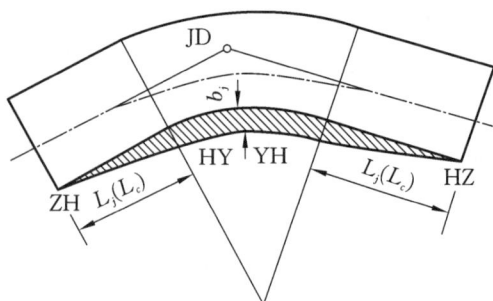

（二）加宽缓和段形式

1. 按比例直线变化

二、三、四级公路的加宽缓和段的设置,应采用在相应的缓和曲线或超高、加宽缓和段全长范围内按长度成比例增加的方法,如图 4-18 所示。

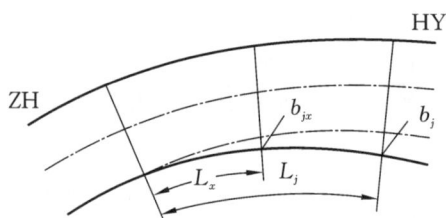

图 4-18   直线比例法

$$b_{jx} = \frac{L_x}{L_j} \cdot b_j$$

式中:b_{jx}——加宽缓和段上任意点的加宽值;

   L_x——任意点距加宽缓和段起点的距离;

   b_j——平曲线上的全加宽值;

   L_j——加宽缓和段全长,可取缓和曲线长。

2. 插入高次抛物线

高等级公路设置加宽缓和段时,应采用高次抛物线过渡形式。

$$b_{jx} = \left[4\left(\frac{L_x}{L_j}\right)^3 - 3\left(\frac{L_x}{L_j}\right)^4 \right] b_j$$

式中符号的物理意义同前。

3. 切线法

四级公路不设缓和曲线,加快过渡在直线上进行。在人工构造物处,因设置加宽缓和段而在平曲线起、终点内侧边缘产生明显转折时,可采用路面加宽边缘线与平曲线上路面加宽后的边缘线圆弧相切的方法消除,如图 4-19 所示。

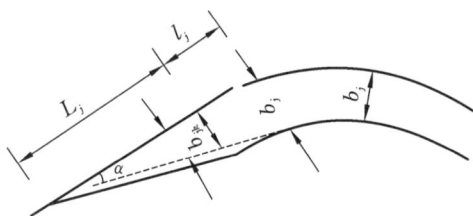

图 4-19   切线法

（三）加宽缓和段长度

（1）对于设置缓和曲线的平曲线,加宽缓和段长度与缓和曲线相同。

（2）对于不设置缓和曲线的平曲线,若设置超高缓和段,加宽缓和段长度与超高缓和段相同。

（3）对于既不设置缓和曲线,又不设置超高缓和段的平曲线,加宽缓和段长度应按渐变率为 1:15 且长度不小于 10 m 的要求设置。

4.6　横断面设计方法及设计成果

4.6.1　设计方法

横断面设计方法俗称"戴帽子"或"戴帽",即在横断面测量所得各桩号的横断面地面线上,按纵断面设计确定的填挖高度和平面设计确定的路基高度、超高值、加宽值,结合当地的地形、地质等自然条件,参考典型横断面图式,逐桩号绘出横断面图;对采用挡土墙、护坡等结构物的路段,所采用结构物应绘于相应的横断面图上,并注明其起讫号、圬工种类和断面的尺寸,结构物的尺寸要根据土压力的大小,经稳定性验算确定。

横断面上除了有与行车有关的路幅外,还有与路基工程、排水工程、环保工程有关的各种设施。这些设施的位置和尺寸均应在横断面设计中有所体现。路基横断面形式和尺寸是在平面设计中确定的,在纵断面设计中根据路线标准和地形条件确定路基的合理高度。横断面设计,必须结合地形、地质、水文等条件,本着节约用地的原则选用合理的断面形式,以满足行车顺适、工程经济、路基稳定且便于施工和养护的要求。

在设计每个横断面时,设计人员应参考路基典型横断面图示,断面中的边坡坡率、边沟尺寸、挡土墙断面必须按现行《公路路基设计规范》(JTG D30—2015)的规定设计。设计人员应对高填、深挖、特殊地质、浸水路基单独设计。

横断面设计步骤如下。

(1)按1:200的比例绘制横断面地面线;定测阶段,横断面地面线是现场测绘的,若纸上定线,可在大比例的地形图上内插获得横断面地面线。在计算机辅助设计中,设计人员可以通过数字化仪或键盘向计算机输入横断面各变化点相对中桩的坐标,由计算机自动绘制横断面地面线。

(2)从路基设计表中抄入路基中心填挖高度;对于有超高和加宽的曲线路段,还应抄入"左高""右高""左宽""右宽"等数据。

(3)根据现场调查得来的土壤、地质、水文资料,参照标准横断面图设计出各桩号横断面,确定路幅宽度,确定填或挖的边坡坡线,在需要各种支挡工程和防护工程的地方画出该工程结构的断面示意图。在计算机辅助设计中,计算机自动设计并利用人机对话调整特殊断面。

(4)根据综合排水设计,画出路基边沟、截水沟、排灌渠等的位置和断面形式,必要时需注明各部分尺寸(不必绘出路拱,但必须绘出超高、加宽)。此外,取土坑、弃土坑、绿化等也应尽可能画出。经检查无误后,修饰描绘。

(5)分别计算各桩号断面的填方面积(A_T)、挖方面积(A_W),标注于图上。一条道路的横断面图数量极大,为提高手工绘制的工作效率,可事先制作若干透明模板。但根本的解决办法是"路线CAD",它不但能准确绘制横断面图,而且能自动解算横断面面积。

4.6.2　设计成果

横断面设计的主要成果是"两图两表",即路基标准横断面图、路基横断面图,路基设计表与路基土石方数量表。

1）路基标准横断面图

路基标准横断面图是路基横断面设计图中出现的所有路基形式的汇总，如图 4-20 所示。它示出了所有设计线（包括边沟、边坡、挡墙、护肩等）的现状、比例及尺寸，用来指导施工。这样路基横断面设计图就不必对每个断面都进行详细的标注（其中很多断面的比例、尺寸都是相同的），避免了工作的重复与烦琐，也使横断面设计图比较简洁。

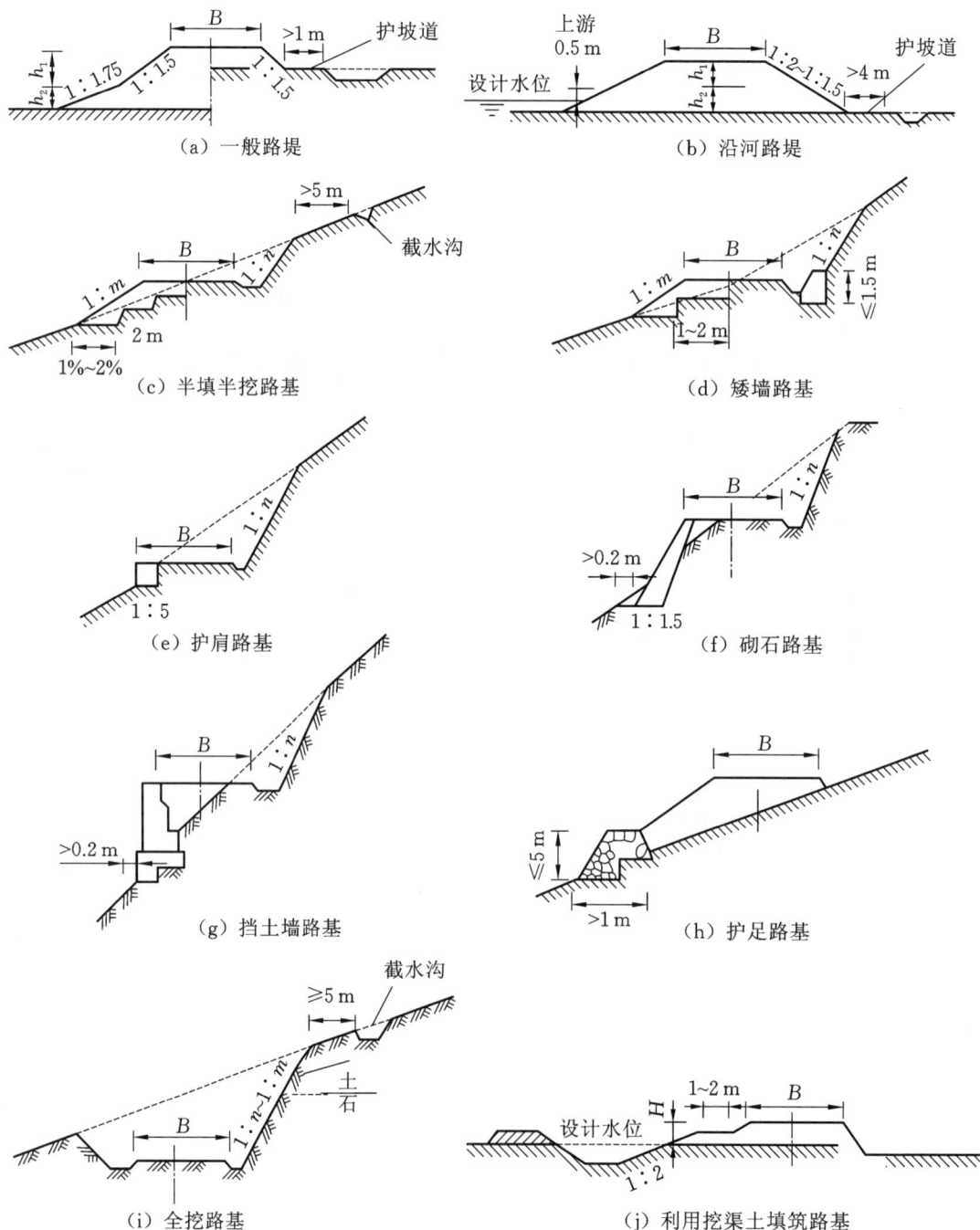

（a）一般路堤

（b）沿河路堤

（c）半填半挖路基

（d）矮墙路基

（e）护肩路基

（f）砌石路基

（g）挡土墙路基

（h）护足路基

（i）全挖路基

（j）利用挖渠土填筑路基

图 4-20　路基标准横断面图

2）路基横断面图

路基横断面图是路基每个中桩的法向坡面图，它反映每个桩位处横断面的尺寸及结构，是路基施工及横断面面积计算的依据，图中应给出地面线与设计线，并标注桩号、施工高度与断面面积，如图 4-21 所示。相同的边坡坡度可只在一个横断面上标注；挡土墙等圬工构造物可只绘出形状，不标注尺寸；边沟只需绘出形状。路基横断面图应按从下到上，从左到右进行布置，一般采用 1:200 的比例。

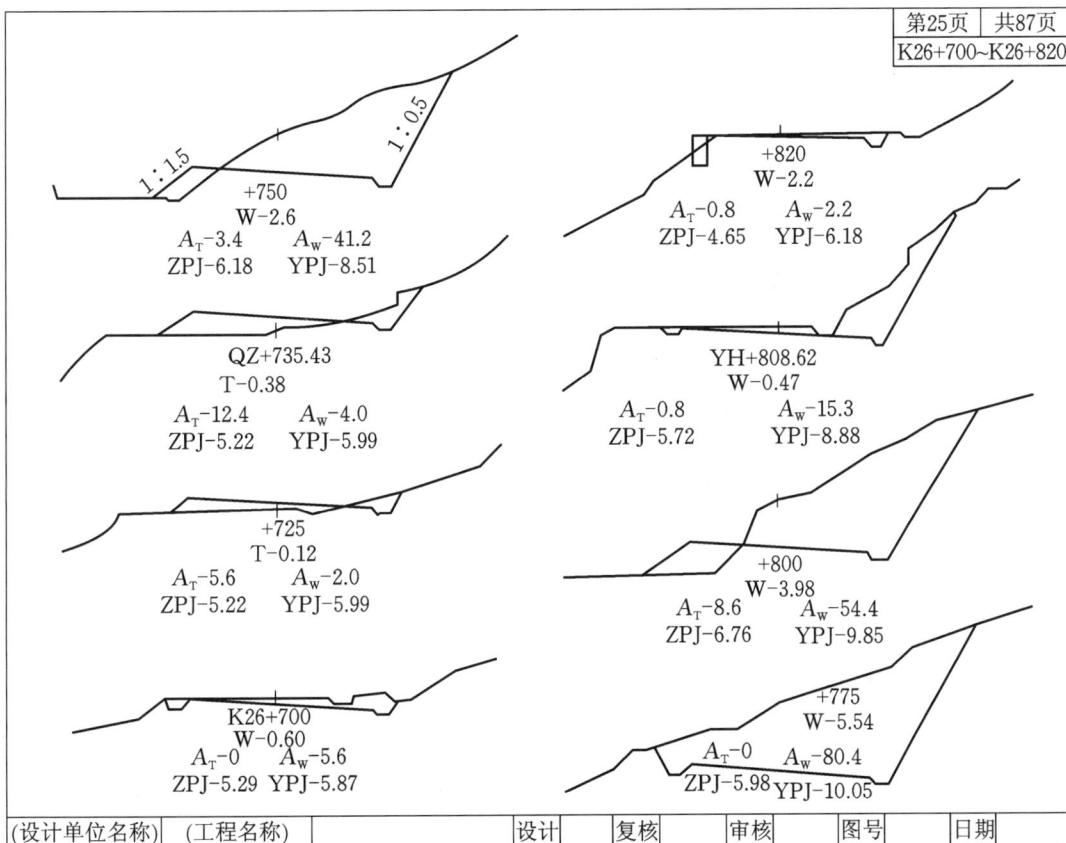

图 4-21　路基横断面图

3）路基设计表

路基设计表严格来说不能只作为横断面设计的成果，它是路线设计成果的一个汇总，其前半部分是平面与纵断面设计的成果。横断面设计完成后，将"边坡""边沟"等栏填上。其中"边沟"一栏的"坡度"如不填写，表示沟底纵坡与道路一致，如果不一致，则需另外填写。

4）路基土石方数量表

路基土石方是公路工程的一项主要工程量，所以在公路设计和路线方案比较中，路基土石方数量是评价公路测设质量的主要技术经济指标之一，也是编制公路施工组织计划和工程概预算的主要依据。

5）其他成果

对于特殊情况下的路基（如高填深挖路基、侵河路基、不良地质地段路基等），设计人员应单独设计并绘制特殊路基设计图，在图中示出缘石大样、中央分隔带开口设计图等。

4.7　路基土石方数量计算及调配

路基土石方是公路工程的主体工程之一,在公路工程量中占有很大比重。土石方工程数量是公路方案评价和比选的主要技术经济指标之一。

土石方数量计算与调配的主要任务是计算路基土石方工程数量、进行土石方调配、计算土石方的运量,为编制公路概(预)算、公路施工组织、施工计量支付提供依据。

4.7.1　路基土石方数量计算

路基土石方数量计算的工作量较大,加之路基填挖变化的不规则性,要精确计算土石方体积是十分困难的,在工程上通常采用近似计算。

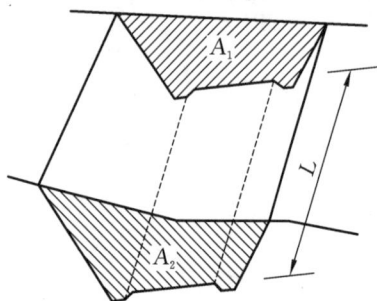

假定两相邻断面间为一个棱柱体,如图 4-22 所示,按平均断面法计算,其公式为

$$V = \frac{1}{2}(A_1 + A_2)L$$

式中:A_1、A_2——两相邻断面的断面面积,m³;

　　　L——两相邻断面的间距,即两相邻断面的桩号差,m。

平均断面法计算简便、实用,是目前常用的方法。但其精度较差,只有当两相邻断面面积 A_1、A_2 相差不大时才较准确。当 A_1、A_2 相差较大时,按棱台体公式法计算更精确,其公式为

图 4-22　平均断面法

$$V = \frac{1}{3}(A_1 + A_2)L\left(1 + \frac{\sqrt{m}}{1+m}\right)$$

式中:$m = A_{小}/A_{大}$($m \leqslant 1$)。

若 $A_1 = A_2$,$V = \frac{1}{2}(A_1 + A_2)L$。

若 $A_1 = 0$,$V = \frac{1}{3}A_2 L$。

由此可知:平均断面法的计算结果是偏大的;棱台体公式法精度较高,应尽量采用,特别适合计算机计算。

用上述方法计算的土石方体积包含路面体积。若所设计的纵断面有填有挖且基本平衡,则填方断面中多计算的路面面积与挖方断面中少计算的路面面积相互抵消,总体积与实施体积相差不大。但若路基以填方为主或挖方为主,则最好在计算断面面积时将路面部分计入,也就是填方要扣除、挖方要增加路面所占面积,路面厚度较大时更不能忽略。

路基土石方数量计算表如表 4-22 所示。

表 4-22　路基土石方数量计算表

桩号	横断面面积/m²		距离/m	挖方分类及数量/m²													填方数量/m³			利用方数量及调配/m²							借方数量及运距		废方数量及运距		备注
				总数量	土								石				总数量	土	石	本桩利用		填缺		挖余		远运利用及纵向调配示意	土	石	土	石	
	挖方	填方			I		II		III		IV		V		VI					土	石	土	石	土	石						
					%	数量	%	数量	%	数量	%	数量	%	数量	%	数量															
1	2	3	4	5	6	7	8	9	10	11	12	13	14	15	16	17	18	19	20	21	22	23	24	25	26	27	28	29	30	31	32
小计																															
累计																															

编制：　　　　　　　　　　复核：

计算路基土石方数量时,应扣除大、中桥及隧道所占路线长度的体积;桥头引道的土石方,可视需要全部或部分列入桥梁工程项目,但应注意不要遗漏或重复;小桥涵所占的体积一般可不扣除。

路基工程中的挖方按天然密实方体积计算,填方按压实后的体积计算。路基土石方与天然密实方的换算系数如表 4-23 所示。

表 4-23　路基土石方与天然密实方的换算系数

公路等级	土石类别			
	土方			石方
	松土	普通土	硬土	
二级及二级以上公路	1.23	1.16	1.09	0.92
三、四级公路	1.10	1.05	1.00	0.84

4.7.2　横断面面积计算

路基的填挖横断面面积,是指横断面图中原地面线与路基设计线所包围的面积,高于地面线为填,低于地面线为挖,两者分别计算。

路基横断面面积的计算方法有积距法、几何图形法、坐标法、方格法等多种方法,常用方法为积距法和坐标法。

(1)积距法:如图 4-23 所示,将断面按单位横宽划分为若干个梯形和三角形,每个小条块的面积近似按每个小条块中心高度与单位跨度的乘积计算,即 $A_i = bh_i$,则横断面面积为

$$A = A_1 + A_2 + \cdots + A_n = bh_1 + bh_2 + \cdots + bh_n = b \sum_{i=1}^{n} h_i$$

当 $b = 1$ m 时,则 A 在数值上就等于各小条块平均高度之和。

(2)坐标法:如图 4-24 所示,已知断面图上各转折点坐标 (x_i, y_i),则横断面面积为

$$A = \frac{1}{2} \sum_{i=1}^{n} (x_i y_{i+1} - x_{i+1} y_i)$$

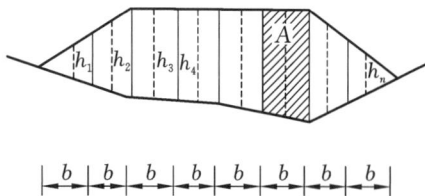

图 4-23　积距法计算面积　　　　图 4-24　坐标法计算面积

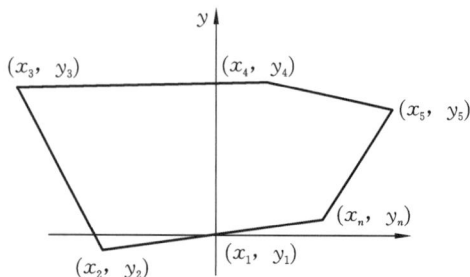

坐标法计算面积精度较高,但方法较烦琐,适用于计算机计算。路基土石方数量多采用表格计算。

4.7.3　路基土石方调配

路基土石方调配的目的是确定填方用土的来源、挖方土的去向,以及计价土石方的数量和运量等,通过调配合理地解决各路段土石方平衡与利用问题。从路堑挖出的土石方,在经济合理的调运条件下移挖作填,尽量减少路外借土和弃土,少占用耕地以求降低公路造价。

（一）土石方调配计算的几个概念

1. 平均运距

土方调配的运距,是从挖方体积的重心到填方体积的重心的距离。在路线工程中为简化计算,这个距离可简单地按挖方断面间距中心至填方断面间距中心的距离计算,称平均运距。

2. 免费运距

土石方作业包括挖、装、运、卸等工序,在某个特定距离内,只按土石方数量计价而不计运费,这个特定的距离为免费运距。施工方法不同,免费运距也不同,如人工运输的免费运距为 20 m,铲运机运输的免费运距为 100 m。

在纵向调配时,如果平均运距超过定额规定的免费运距,设计人员应按超运运距计算土石方运量。

3. 经济运距

填方用土来源:一是路上纵向调运,二是近路外借土。一般情况下,用路堑挖方调去填筑距离较近的路堤还是比较经济的。但如果调运的距离过长,以至运价超过了在填方附近借土所需的费用时,移挖作填就不如在路堤附近就地借土经济。因此,采用"借"还是"调",有个限度距离问题,这个限度距离即经济运距,其值按下式计算:

$$L_经 = B/T + L_免$$

式中:B——借土单价,元/m^3;

　　T——远运运费单价,元/m^3;

　　$L_免$——免费运距。

经济运距是确定借土或调运的界限:当调运距离小于经济运距时,采取纵向调运是经济的;反之,则可考虑就近借土。

4. 土石方运量

土石方运量为平均超运运距单位与土石方调配数量的乘积。

在生产中,工程定额将人工运输免费运距定为 20 m,平均每增运距 10 m 为一个运输单位,称之为"级",当实际的平均运距为 40 m 时,则超距离为 20 m,为两个运输单位,称为二级,在路基土石方数量计算表中记作②。

$$总运量 = 调配(土石方)数量 \times n$$

$$n = (L - L_免)/A$$

式中:n——平均超运运距单位(四舍五入取整数);

　　L——土石方调配平均运距,m;

　　$L_免$——免费运距,m;

A——超运运距单位(人工运输时,$A=10$ m;铲运机运输时,$A=50$ m)。

5.计价土石方数量

在土石方计算与调配中,所有挖方均应计价,但填方则应按土的来源决定是否计价,如是路外就近借土就应计价,如是移挖作填的纵向调配利用土方则不应再计价,否则形成双重计价。计价土石方数量为

$$V_{计} = V_{挖} + V_{借}$$

式中:$V_{计}$——计价土石方数量,m³;

$\quad\ V_{挖}$——挖方数量,m³;

$\quad\ V_{借}$——借方数量,m³。

（二）土石方调配原则

（1）在半填半挖的路段,应首先考虑在本路段内移挖作填进行横向平衡,多余的土石方再纵向调配,以减少总运量。

（2）土石方调配应考虑桥涵位置对施工运输的影响,一般大沟不做跨越运输,同时应注意施工的可能与方便,以减少总运量。

（3）为使调配合理,必须根据地形情况和施工条件,选用适当的运输方式,确定合理的经济运距,用来分析工程用土是调运还是外借。

（4）土石方调配移挖作填固然要考虑经济运距问题,但这不是唯一的指标,还要综合考虑废方和借方的占地、赔偿青苗损失及对农业生产的影响等。有时路堑的挖方纵调作为路堤的填方,虽然运距超出一些,运输费用可能高一些,但如能少占地、少影响农业生产,对整体来说未必是不经济的。

（5）不同的土方和石方应根据工程需要分别进行调配,以保证路基稳定和人工构筑物的材料供应。

（6）位于山坡上的回头曲线路段,要优先考虑上下线的土方竖向调运。

（7）土石方调配对于借土和弃土事先同地方商量,妥善处理。借土应结合地形、农田规划等选择借土地点,并综合考虑借土还田、整地造田等措施。弃土应少占或不占耕地,在可能条件下宜将弃土平整为可耕地,防止乱弃乱堆、堵塞河流、损害农田。

（三）土石方调配方法

目前生产上采用土石方计算表调配法,直接在土石方表上进行调配,其优点是方法简单、调配清晰、精度符合要求。该表也可由计算机自动完成。具体调配步骤如下。

（1）土石方调配是在土石方数量计算与复核完毕的基础上进行的,调配前应将可能影响运输调配的桥涵、陡坡大沟等注明在表旁,供调配时参考。

（2）计算并填写表中的"本桩利用""填缺""挖余"栏。当移石作填土时,石方数量应填入"本桩利用"的"土"一栏,并以符号区别,然后按填挖方分别进行闭合核算,核算公式为

$$填方 = 本桩利用 + 填缺$$
$$挖方 = 本桩利用 + 挖余$$

（3）在纵向调配前,根据"填缺""挖余"的分布情况,选择适当施工方法及可采用的运输方式定出合理的经济运距,供土方调配时参考。

（4）根据"填缺""挖余"的分布情况，结合路线纵坡和自然条件，本着技术经济、少占用农田的原则，具体拟定调配方案，将相邻路段的挖余就近纵向调配到填缺内加以利用，并把具体调运方向和数量用箭头表明在纵向调配栏中。

（5）经过纵向调配，如果仍有填缺或挖余，则应会同当地政府协商确定借土或弃土地点，然后将借土或弃土的数量和运距分别填注到"借方"或"废方"栏内。

（6）调配完成后，应分页进行闭合核算，核算公式为

$$填缺＝远运利用＋借方$$
$$挖余＝远运利用＋废方$$

（7）本公里调配完毕，应进行本公里合计。总闭合核算的公式为

$$跨公里调入方＋挖方＋借方＝跨公里调出方＋填方＋废方$$

（8）土石方调配一般在本公里内进行，必要时也可跨公里调配，但须将调配的方向及数量分别注明，以免混淆。

（9）每公里土石方数量计算与调配完成后，须汇总列入路基每公里土石方表，并进行全线总计与核算，完成全部土石方计算和调配任务。

巩固训练

基础练习

一、填空题

1. 无中间带公路的超高缓和段的过渡形式可采用三种方式，即 _____、_____、_____。

2. 平曲线上全加宽值的大小与 _____、_____ 等因素有关。

3. 当公路需要加宽时，四级公路和山岭、重丘区的三级公路采用第 _____ 类加宽值；其余各级公路采用第 _____ 类加宽值。不经常通行集装箱半挂车的公路，可采用第 _____ 类加宽值。

4. 《公路工程技术标准》规定，当平曲线半径小于或等于 _____ m 时，应在平曲线 _____ 设置加宽。

5. 高速公路和一级公路的路基横断面由 _____、_____、_____ 以及紧急停车带、爬坡车道、变速车道等组成。

6. 计价土石方数量 $V_{计}＝$ _____＋_____。

填方＝本桩利用＋_____；挖方＝本桩利用＋_____。

填缺＝远运利用＋_____；挖余＝远运利用＋_____。

7. 本公里土石方调配完毕，应进行公里合计，总闭合核算公式为 _____＋挖方＋_____＝_____＋_____＋废方。

8. 横断面设计成果主要是 _____ 和 _____。

二、单项选择题

1. 我国《标准》规定：四级公路采用（ ）加宽。

A. 1 类　　　　　　B. 2 类　　　　　　C. 3 类　　　　　　D. 4 类

2. 二级公路的加宽类别一般采用(　　)。

A. 1 类　　　　　　B. 2 类　　　　　　C. 3 类　　　　　　D. 4 类

3. 新建四级公路的超高旋转点是指(　　)。

A. 公路中线　　　　B. 未超高、加宽前的路基边缘

C. 分隔带边缘　　　D. 未超高、加宽前的路面边缘

4. 超高缓和段的横坡坡度由 2%(或 1.5%)过渡到 0 路段的超高渐变率不得小于(　　)。

A. 1/100　　　　　　B. 1/150　　　　　　C. 1/200　　　　　　D. 1/330

5. 各级公路超高横坡坡度的最小值为(　　)。

A. 1.5%　　　　　　B. 2%　　　　　　C. 3%　　　　　　D. 路拱横坡坡度

6. 超高附加纵坡坡度(超高渐变率),是指超高后的(　　)纵坡比原设计纵坡增加的坡度。

A. 外侧路肩边缘　　B. 外侧路面边缘　　C. 路面中心　　D. 以上均不正确

7. 二级以下公路路基设计标高一般是指(　　)。

A. 路基中线标高　　B. 路面边缘标高　　C. 路肩边缘标高　　D. 以上均不正确

8. 路基设计表汇集了路线(　　)的设计成果。

A. 平面　　　　　　B. 纵断面　　　　　　C. 横断面　　　　　　D. 平、纵、横断面

三、问答题

1. 公路设置加宽的作用是什么? 如何确定加宽值?

2. 公路超高的过渡方式有哪些?

3. 简述路基土石方调配的基本原则。

技能实训

某路段两两相邻桩号分别为 K1+250(1 点)、K1+276(2 点)和 K1+300(3 点),计算出横断面面积分别为 $A_{T1}=38.2$ m²、$A_{T2}=15.2$ m²、$A_{W2}=16.1$ m²、$A_{W3}=47.5$ m²。试计算 K1+250~K1+300 路段的土石方数量并填表 4-24。

表 4-24　土石方数量

桩号	挖方面积	填方面积	挖方平均面积	填方平均面积	距离	挖方体积	填方体积	本桩利用	填缺	挖余
+300	0	35.4								
+350	33.6	21.2								
+368.45	42.5	10.2								
+380	52.8	0								
合计										

选线　工作手册 5

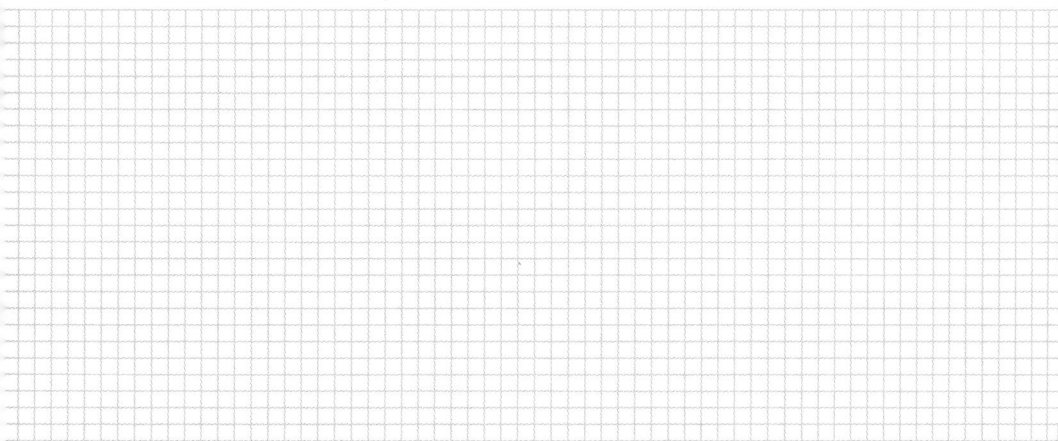

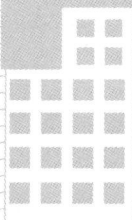

道路选线是在道路规划起点与终点之间,根据计划任务书所规定的使用任务和性质,结合当地自然条件,经过研究比较,选定一条技术上可行、经济上合理,又能满足使用要求的道路中心线,然后进行测量和设计。好的选线,既要保证行车舒适,又要符合经济性要求,还要满足一定的社会需求。

本项目主要介绍不同地形的选线要点、展线方式等。

1. 了解选线的要求和步骤。
2. 理解不同地形的选线要点。
3. 掌握越岭线的展线方法。

1. 能够分析各种地形下路线方案的优劣。
2. 能够在平原区、丘陵区、山岭区等地形下进行选线。

5.1 概述

公路选线就是根据路线的基本走向和技术标准的要求,结合当地的地形、地质、地物,以及其他沿线条件和施工条件等,选定一条技术上可行、经济上合理,又能符合使用要求的公路中心线的工作。选线,就是根据国家建设发展的需要,结合自然条件,选定合理的路线,使筑路费用与使用质量达到统一,达到行车迅速、安全、经济、舒适、构造物稳定耐久及易于养护的目的。

公路选线是整个公路勘测设计的关键,是公路线形设计的重要环节,对公路的使用质量和工程造价都有很大的影响。选线人员必须认真贯彻国家规定的方针政策,坚持群众路线,深入实际,调查研究,反复比较,正确解决技术指标与在自然条件下实地布线之间的矛盾,综合考虑路线、路基路面、桥涵、隧道交叉等,最后选定出合理的路线。

选线需要考虑自然环境条件、社会经济条件,以及线形技术指标等各方面的因素。因此,选线是一项涉及面广、影响因素多、政策性和技术性都很强的工作。

一、选线原则

路线是公路的骨架,它的优劣关系到公路本身功能的发挥和在路网中是否能起到应有的作用。如前所述,路线设计除受自然条件影响外,还受诸多社会因素的制约。选线要综合考虑各种因素,妥善处理好各方面的关系,基本原则如下。

（一）多方案选择

在公路设计的各个阶段,选线人员应运用各种先进手段对路线方案进行深入、细致的研究,在多方案论证、比选的基础上,选定最优路线方案。

（二）工程造价与运营、管理、养护费用综合考虑

路线设计应在保证行车安全、舒适、迅速的前提下,做到工程量小、造价低、运营费用省、效益好,并有利于施工和养护。在工程量增加不大的情况下,路线设计应尽量采用较高的技术指标,不要轻易采用极限指标,也不应不顾工程大小,片面追求高指标。

（三）处理好选线与农业的关系

选线应注意同农田基本建设配合,做到少占田地,并应尽量不占高产田、经济作物田或穿过经济林园（如橡胶林、茶林、果园）等。

（四）路线与周围环境、景观相协调

通过名胜、风景、古迹地区的道路,路线设计应注意保护原有的自然状态,注意人工构造物应与周围环境、景观相协调,处理好重要历史文物遗址。

（五）工程地质和水文地质的影响

选线时应对工程地质和水文地质进行深入勘测调查,弄清它们对公路工程的影响。对严重不良地质的路段,如滑坡、崩坍、泥石流、岩溶、泥沼等地段,沙漠、多年冻土等特殊地区,应慎重对待,一般情况下应设法绕避。当必须穿过时,应选择合适位置、缩小穿越范围,并采取必要的工程措施。

（六）选线应重视环境保护

选线应重视环境保护,注意由于公路修筑、汽车运营产生的影响和污染,包括以下内容:
① 路线可能对自然景观与资源产生的影响;
② 占地、拆迁房屋带来的影响;
③ 路线对城镇布局、行政区划、农业耕作区、水利排灌体系等现有设施造成分割产生的影响;
④ 噪声对居民的影响,汽车尾气对大气、水源、农田的污染及影响。

二、选线的步骤

选线是一项由大到小、由粗到细、由轮廓到具体,逐步深入的过程,按照测设程序分阶段、分步骤进行,在比较与分析后,选定最合理的路线。选线有以下 3 个步骤。

（一）全面布局

全面布局是解决路线基本走向的工作。这是在路线总方向（起、终点和中间必须经过城

镇或地点)确定后,从大面积着手,由面到带进行总体布置的过程。此项工作最好先在
1:50 000～1:10 000地形图上进行路线布局,选定可能的路线方案,然后进行踏勘与资料收
集,根据需要与可能,结合具体条件,通过比选落实必须通过的主要控制点,放弃那些应避让
的控制点,逐步缩小路线范围,定出大体的路线布局。公路的起、终点及必须通过的控制点可
能沿某条河、越某座岭,也可能沿几条河、越几座岭。全面布局为下一步定线工作奠定基础。

路线布局是关系到公路质量的根本性问题。如果总体布局不当,即使局部路线选得再
好、技术指标确定得再恰当,路线仍然是一条质量很差的路线。因此,选线应先着眼于总体
布局,解决好基本走向问题。全面布局是通过路线视察,经过方案比较来确定的。

(二)逐段安排

逐段安排是在总体路线方案既定的基础上,以相邻主要控制点划分段落,根据公路标
准,结合具体地形,通过试坡展线方法逐段加密细部控制点,进一步明确路线走法,即在大控
制点间,结合地形.地质、水文、气候等条件,逐段定出小控制点,构成路线的雏形。这一步工
作的关键在于探索与落实路线方案,为实现具体定线提供可能的途径。这一步工作如果做
得仔细、研究得周到,就可以减少以后不必要的改线与返工。逐段安排是通过踏勘测量或详
测前的路线察看来解决的。

(三)具体定线

有了上述路线轮廓即可进行具体定线。根据地形起伏与复杂程度的不同,具体定线可
分为现场直接插点定线或放坡定点的方法,即插补出一系列的控制点,通过这些点位确定通
过多数点(特别是那些控制较严的点)的直线,将相邻直线的交点作为路线的转角点,随后拟
定出曲线半径。至此,定线工作基本完成。做好上述工作的关键在于摸清地形情况,全面考
虑前后线形衔接与平、纵、横协调关系,恰当地选用合适的技术指标,使整个线形连贯、协调。
具体定线是更深入、更细致、更具体的工作。具体定线在详测时完成。

5.2　路线方案比较

方案比较是选线中确定路线总体布局的有效方法,即在可能布局的多种方案中,通过方
案比较和取舍,选择技术合理、费用经济、切实可行的最优方案。路线方案的取舍是路线设
计中的重要问题:方案是否合理,不仅关系到公路本身的工程投资和运输效率,更重要的是影
响路线在公路网中的作用,直接关系到是否满足国家政治、经济及国防的要求及长远利益。

根据方案比较深度的不同,路线方案比较可分为原则性方案比较和详细的方案比较两种。

一、原则性方案比较

从形式上看,方案比较可分为质的比较和量的比较。原则性方案比较主要是质的比较,

多采用综合评价的方法。这种方法不是通过详细计算经济和技术指标进行比较,而是综合各方面因素进行评比。主要综合的因素如下。

(1)路线在政治、经济、国防上的意义,国家或地方建设对路线使用任务、性质的要求,以及战备、支农、综合利用等重要方针的贯彻和体现程度。

(2)路线在铁路、公路、航道等网系中的作用,与沿线工矿、城镇等规划的关系,以及与沿线农田水利建设的配合及用地情况。

(3)沿线地形、地质、水文、气候等自然条件对公路的影响,要求的路线等级与实际可能达到的技术标准及其对路线的使用任务、性质的影响,路线的长度、筑路材料的来源、施工条件及工程量、三材(钢材、木材、水泥)用量、造价、工期、劳动力等情况及其对运营、施工、养护的影响,以及施工期限长短等。

(4)路线与沿线历史文物、革命遗迹、旅游风景区等的联系。

影响路线方案选择的因素是多方面的,各种因素又多是相互联系、相互影响的。选线人员在满足使用任务和性质要求的前提下,应综合考虑自然条件、技术标准和技术指标、工程投资施工期限和施工设备等因素,精心选择、反复比较,才能提出合理的推荐方案。

二、详细的方案比较

详细的方案比较是在原则性方案比较之后进行的量的比较,包括技术和经济指标的详细计算,一般多用于局部方案的分析比较。

评价路线方案的主要技术、经济指标如下:

① 路线长度;

② 线形标准、技术指标;

③ 占地面积;

④ 工程数量,如土石方、路面、桥涵、挡土墙、防护工程;

⑤ 材料用量,如钢材、水泥、木材;

⑥ 劳动力的数量,如来源;

⑦ 工程总造价。

三、方案比较的步骤和实例

(一) 方案比较的步骤

对于一条较长的路线,可行的方案有很多,选线人员很难对每一种方案都进行实地视察和比选,但可以事先尽可能收集已有资料,在室内进行筛选,然后对较好的且优劣难以辨别的有限个方案进行实地视察和比选。方案比较的步骤如下:

① 收集资料;

② 在小比例尺地形图上布局路线,初拟方案;

③ 室内初步比选,确定可比方案;

④ 实地视察、踏勘测量;

⑤ 进一步比选,确定推荐方案。

（二）方案比较的实例

如图 5-1 所示，某干线公路根据公路网规划要求按三级公路标准修建。选线人员在视察后拟订了 4 个方案进行比较，编制了各方案的技术经济指标汇总表，如表 5-1 所示。

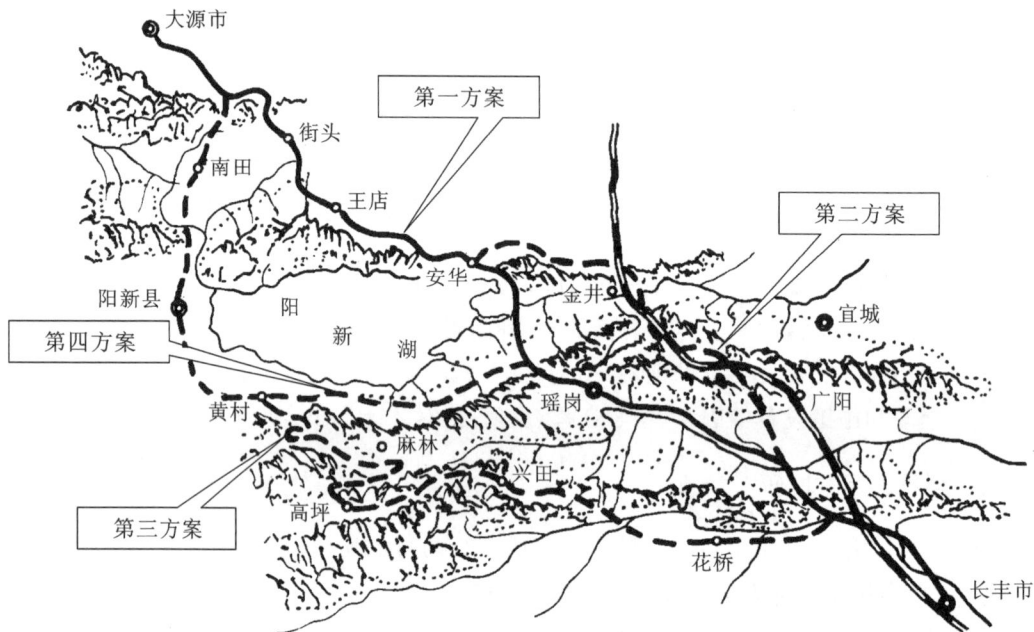

图 5-1　方案比较的案例的选线图

表 5-1　各方案的技术经济指标汇总表

<table>
<tr><th colspan="2">指标</th><th>第一方案</th><th>第二方案</th><th>第三方案</th><th>第四方案</th></tr>
<tr><td colspan="2">路线长度/km</td><td>1360</td><td>1347</td><td>1510</td><td>1476</td></tr>
<tr><td colspan="2">新建长度/km</td><td>133</td><td>200</td><td>187</td><td>193</td></tr>
<tr><td colspan="2">改建长度/km</td><td>1227</td><td>1147</td><td>1323</td><td>1283</td></tr>
<tr><td colspan="2">平原、微丘区长度/km</td><td>567</td><td>677</td><td>512</td><td>615</td></tr>
<tr><td colspan="2">山岭、重丘区长度/km</td><td>793</td><td>670</td><td>998</td><td>861</td></tr>
<tr><td colspan="2">占用水田/亩</td><td>2287</td><td>2869</td><td>3126</td><td>2890</td></tr>
<tr><td rowspan="9">工程数量</td><td>土方/万 m³</td><td>382</td><td>492</td><td>528</td><td>547</td></tr>
<tr><td>石方/万 m³</td><td>123</td><td>75</td><td>82</td><td>121</td></tr>
<tr><td>次高级路面/(×10³ m³)</td><td>5303</td><td>5582</td><td>5440</td><td>5645</td></tr>
<tr><td>大、中桥/(m/座)</td><td>1542/16</td><td>1802/20</td><td>1057/13</td><td>1207/15</td></tr>
<tr><td>小桥/(m/座)</td><td>1084/47</td><td>846/54</td><td>980/52</td><td>1566/82</td></tr>
<tr><td>涵洞/道</td><td>977</td><td>959</td><td>1091</td><td>1278</td></tr>
<tr><td>挡土墙/m³</td><td>73 530</td><td>53 330</td><td>99 570</td><td>111 960</td></tr>
<tr><td>隧道/(m/座)</td><td>300/1</td><td></td><td>290/1</td><td></td></tr>
</table>

续表

指标		第一方案	第二方案	第三方案	第四方案
材料	钢材/t	1539	1963	1341	1469
	木材/m³	18 237	19 052	18 226	19 710
	水泥/t	30 609	39 159	31 288	33 638
劳动力/万工日		1617	1773	1750	1920
总造价/万元		81 015	85 110	77 835	89 490
比较结果		推荐			

注:1 亩≈0.066 7 hm²。

比选结果:第三、四方案过于偏离总方向,比第一、二方案增加了 100~150 km,虽能多联系两三个县市,但对发展地区经济的作用不大,而且第三方案线形指标较低,将来改建难以利用原有路线,第四方案又与现有高压电缆线互相干扰,不易解决,因此,第三、四方案不宜采用;第二方案虽路线最短,但与铁路干扰严重,施工不方便,且占地较多,第一方案路线较短、线形标准较高、用地最省、造价也较低,为推荐方案。

5.3　平原区选线

一、自然特征

平原区主要是指一般平原、山间盆地、高原等地形平坦的地区。其地形特征是地面起伏不大,一般自然坡度在 3°以下;耕地较多,在农耕区农田、水系、沟渠纵横交错;居民点多,建筑设施多,交通网系较密;天然河网湖区密布湖泊、水塘和河汊等。

从地质和水文条件来看,平原区一般不良地质现象较少,但有时会遇到软土和沼泽地段。平原区地面平坦,排水困难,地面易积水,地下水位较高;平原区河流较宽阔,河道平缓,泥沙淤积,河床低浅,洪水泛滥时河面较宽。

二、路线特征

平原区地形对路线的约束限制不大,路线平、纵、横三方面的线形很容易达到较高的技术指标,路线布设时,主要考虑如何绕避地物障碍等。其路线特征是平面线形顺直,以直线为主体线形,弯道转角较小,平曲线半径较大;在纵断面上,坡度平缓,以矮路堤为主。

三、布设要点

布设要点:在路线的起、终点间,把经过的城镇、厂矿、农场及风景文物点作为大的控制点;在控制点间,通过实地视察,根据地形条件和水文条件进一步选择中间控制点,一般除较大的建筑群、水电设施、跨河桥位、洪水泛滥线及其必须绕越的障碍物外均可作为中间控制点；在中间控制点之间，如果没有充分的理由，一般不再设置转角点。

平原区路线布设示意图如图 5-2 所示。

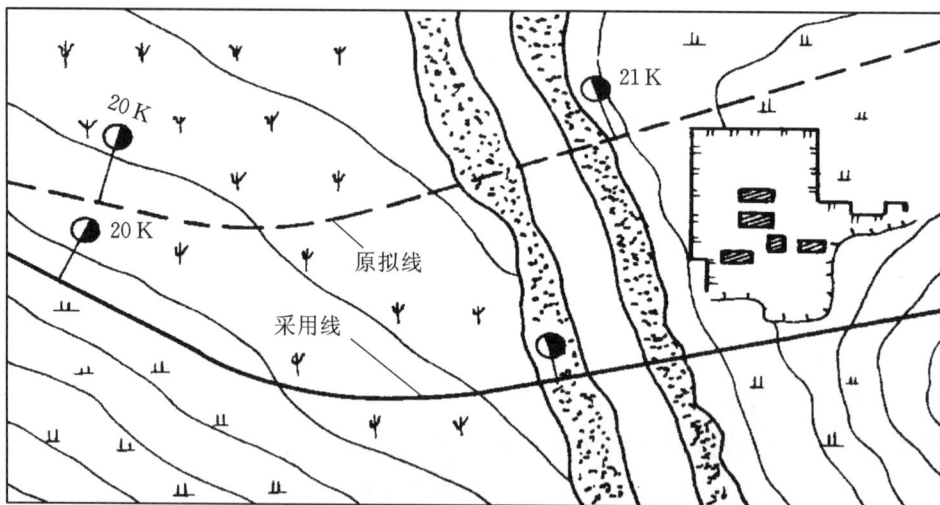

图 5-2   平原区路线布设示意图

在安排平面线形时，选线人员既要使路线短捷顺直，又要注意避免过长的直线，在可能条件下争取采用转角适当、半径较大的长缓的平曲线线形。

综合平原区自然和路线特征，布线时应着重考虑以下几点。

（一）正确处理好路线与农业的关系

修建公路时占地是难以避免的，解决好路线与农田规划、农业灌溉、水利设施的关系，是平原区选线时的关键问题。布设路线时，选线人员要注意既不片面要求路线顺直而占用大面积的良田，又不片面要求少占耕地而降低线形标准，甚至恶化行车条件。选线人员应解决好路线与农田水利设施的关系，使路线的布置尽可能与农业灌溉系统配合，少占良田，不占高产田。除较高等级的公路外，路线一般不要破坏灌溉系统。选线人员要注意尽量使路线与干渠平行，减少路线与渠道的相交次数，最好把路线布置在渠道的上方非灌溉区一侧或者渠道的尾部。如图 5-3 所示，甲线穿经稻田区，路线短、线形好，但占耕地多、建筑路堤取土

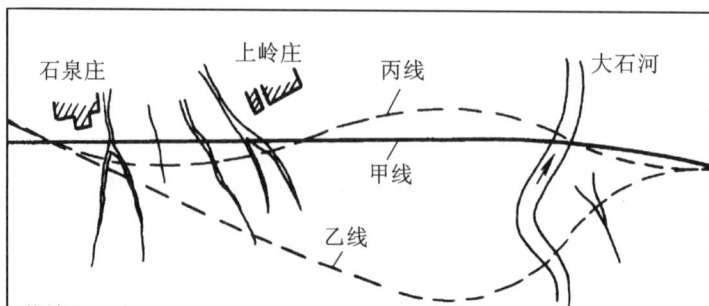

图 5-3   方案比较示意图

距离较远;乙线的长度略有增加,但避开了大片稻田区,沿山坡布线,路基稳定,又可以节约土方。当路线标准不是太高时,应采用乙线。

值得注意的是,筑路要与造田、护田结合。在可能条件下,布线要有利于造田、护田,以支援农业。路线通过河曲地带,当水文条件许可时,可考虑路线直穿、裁弯取直、改移河道(见图5-4)、缩短路线、改善线形。

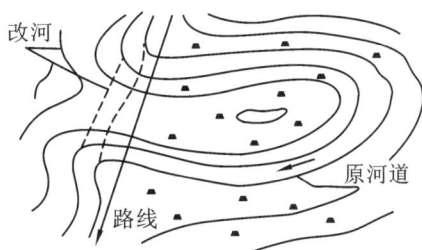

图 5-4 改移河道示意图

（二）处理好路线和桥位的关系

大、中桥桥位往往是路线的控制点。选线人员应在服从路线总方向的原则下,综合考虑路、桥,选择有利的桥位布设路线,既要防止因只考虑路线顺直、不顾桥位条件而增加桥跨的难度,又要防止片面强调桥位使路线绕线过长、标准过低。一般情况下,桥位中线应尽可能与洪水主流流向正交,桥梁和引道都应在直线上。桥位应选在水文地质、跨河条件较好的河段。

小桥涵位置原则上应服从路线走向,但在斜交过大(夹角小于45°)或河沟内过于弯曲时,可考虑采取改沟或改移路线的办法调整交角,布线时应比较确定。

（三）处理好路线与城镇居民点的关系

平原区有较多城镇、村庄、工业设施等,路线布设应正确处理好路线与它们的关系。
（1）国防公路与高等级的干道,应采取绕避的方式远离城镇,必要时还应考虑采用支线联系。
（2）较高等级的公路应尽量避免直穿城镇、工矿区和居民密集区,以减少相互干扰。但考虑到公路对这些地区的服务性能,路线又不宜相离太远,往往从城镇的边缘经过,做到近村而不进村、利民而不扰民,既方便运输,又保证交通安全。这种路线在布线时,要注意与城镇等的规划相结合。
（3）公路等级较低时,应考虑县、区、村的沟通,经地方同意,可穿越城镇,但要注意留足够的视距、必要的公路宽度,以及必要的交通设施,以保证行人和行车的安全。

（四）注意土壤、水文条件

平原区的水文条件较差,取土较为困难。为了保证路基的稳定性和节约用土,在低洼地区,应尽可能沿接近分水岭的地势较高处布线,以使路基具有较好的水文条件;在排水不良的地带布线时,要注意保证路基最小填土高度;路线要尽量避开较大的湖塘、水库、泥沼等,不得已时应选择最窄、最浅和基底坡面较平缓的地方并采取措施保证路基稳定。

（五）注意利用老路,正确处理新旧路的关系

在平原区布设路线时,若有老路与新布路线相距较近且走向一致,在条件许可时,应尽量将老路改造后加以利用,以减少耕地的占用和提高路基的稳定性。

（六）注意就地取材和利用工业废料

修建公路需要消耗大量筑路材料,为节省工程造价,应充分利用当地的材料,特别是地

方上的工业废料。

5.4　山岭区选线

按照公路行经地区的地貌和地形特征,山岭区路线可分为沿溪(河)线、山腰线、越岭线和山脊线四种。

山岭区公路应根据地形、地貌分段选用不同的路线形式,互相连接。所以,山岭区路线常由沿河线转到山腰线,再转到山脊线或越岭线。

5.4.1　自然特征

山岭区地形包括山岭、突起的山脊、凹陷的山谷、陡峻的山坡、悬崖、峭壁等,地形复杂多变,一般地面自然坡度在 20°以上。山岭区的主要特征如下。

（一）地形条件

山高谷深,地形复杂。山岭区高差大,有陡峻的山坡和曲折幽深的河谷,形成了错综复杂的地形,这就使公路路线的线形差,工程难度大。

（二）地质条件

岩石多、土层薄、地质复杂。由于山岭区的地质层理和地壳性质在短距离内变化很大,岩层的产状和地质构造复杂,不良地质现象(如岩堆、滑坡、崩塌、碎落泥石流等)较多。这些均直接影响着路线的位置和路基的稳定。选线时,选线人员应处理好路线与地质条件的关系并在选线设计中采取必要的防护措施确保路线的质量和路基的稳定。

（三）水文条件

山岭区河流曲折迂回,河岸陡峻,河底比降大;雨季暴雨集中、流速快、流量大,冲刷和破坏力很大。面对这样复杂的水文条件,选线人员在选线中要正确处理好路线和河流的关系。

（四）气候条件

山岭气候多变,气温一般较低,冬季多冰雪(海拔较高的山区),一年四季和昼夜温差很大,山高雾大,空气较稀薄,气压较低。这些气候条件对于汽车行驶的安全性有很大影响。

综上分析,山岭区自然条件极其复杂,给山岭区选线带来了很大的难度。但山岭区山脉、水系分明,给山岭区公路走向提供了依据,为选定路线的基本走向、确定大的控制点指明了方向。路线的走向只有两种:顺山沿水方向和横越山岭方向。顺山沿水的路线,按其线位的高低,从低到高又可分为沿溪(河)线、山腰线和山脊线。一条较长的山岭区公路往往是由走向和线位高低不同的几种路段交叉组合而成的。在路线布设时,选线人员一般多以纵面线形为主安排路线,其次才是横断面和平面。

5.4.2 沿溪(河)线

(一) 路线特点

沿溪(河)线是指沿河谷方向布设的路线,如图 5-5 所示。

沿溪(河)线的有利条件:路线走向明确,河床纵坡较小,平面受纵面线形的约束较小,容易争取较好的线形;沿溪(河)线傍山临河,砂石材料丰富,用水便利,为施工和养护提供了有利条件;山区的溪岸两侧多是居民密集的地方,沿溪(河)线能更好地为沿线居民点服务,充分发挥公路的作用。

沿溪(河)线的不利条件:路线离水较近,受洪水威胁较大;在峡谷河段,路线线位摆动的余地很小,难以避让不良地质地段;在路线通过陡岩河段时,工程艰巨、工程量集中、工作面狭窄,给公路测设和施工带来很大困难;沿溪(河)线线位低,往往要跨过较多支沟,桥涵及防护工程较多;河谷两岸台地往往是较好的耕作地,筑路占地与农田及其水利设施的矛盾较为突出;河谷工程地质情况复杂,河谷的两岸通常处于路基病害,如滑坡、岩堆、崩塌、泥石流的下部,路线通过时,容易破坏山体平衡,给公路的设计、施工、养护、运营带来困难。

图 5-5 沿溪(河)线

(二) 布线要点

布线的首要任务就是充分利用有利条件、避让不利条件。沿溪(河)线布线时,需要解决的主要问题如下:①河岸的选择;②线位高度的选择;③桥位的选择。这三个问题是既相互联系、又相互影响的,布线时应抓住主要矛盾,根据公路的性质和技术等级,因地制宜地解决问题。

1. 河岸的选择

沿溪(河)线两岸情况不尽相同,往往优、缺点并存,选择时应深入调查、全面权衡、综合比较确定,主要应考虑以下几方面因素。

1)地形、地质、水文条件

路线应优先选择台地较宽、支沟较少、水文地质条件较好的一岸。

2)气候条件

在积雪冰冻地区,阳坡和阴坡、迎风面和背风面的气候条件差异很大,在不影响路线总体布局的前提下,路线一般通过阳坡和迎风面比较有利,可以减少积雪和流冰对公路行车的影响。

3)城镇、工矿和居民点的分布

除高等级公路和国防公路以外,一般路线应选在工矿企业较集中、村镇较多、人口较为密集的一岸,以促进山区的经济发展和方便居民出行。

4)其他因素

路线应为革命史迹、历史文物、风景区等创造便利条件。

具备上述有利条件的一岸即为选线时应通过的河岸,但这些有利条件可能不在一岸,而是交替出现在两岸,此时就需要深入调查,进行技术论证和经济比较,最终确定一条合理的方案。如图5-6所示,某沿溪线刚开始在条件较好的左岸,但前方遇到两处陡崖。甲方案是对山崖地段进行处理,集中开挖一段石方后,仍坚持走左岸;乙方案是避让两处陡崖,选择了跨河走左岸,但是右岸前方不远处出现了更长、更陡的山崖,还需要重新回到右岸,在约 3 km 的路段内,为了跨河,需要修建两座中桥。对上述两个方案进行比较可知,甲方案在技术上可行,经济费用较低,可作为终选方案。

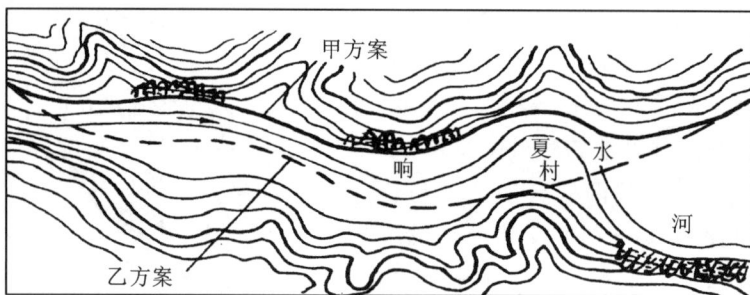

图 5-6　跨河换岸比较线

2.线位高度

线位高度是路线纵面线形布局的问题。线位高度首先要考虑洪水的威胁。不管是高线位还是低线位,均应在设计洪水位以上的一定安全高度。因此,选线人员在选线中应认真做好洪水位调查工作,确保路线必需的最低线位高度。

1)低线位

低线位是指高出设计洪水位不多,路基一侧离水很近的布线方案。

低线位的主要优点:一般情况下,有较宽的台地可以利用;地形较好,平面线形较顺适,纵面不需要较大的填挖,容易达到较高的指标;线位低,填方边坡低,边坡较稳定,路线活动的余地较大,跨河时利用有利条件和避让不利条件较容易;养护和施工用水、材料运输均较方便。

低线位的主要缺点:线位低,受洪水威胁大,防护工程较多;低线位多在沟口附近跨越支沟,桥涵较多;路线与农田矛盾较大,处理废方较为困难。

2) 高线位

高线位是指路线高出洪水位较多,完全不受洪水威胁的布线方案。

高线位的主要优点:不受洪水影响;废方易处理;当采用台口路基时,路基比较稳定。

高线位的主要缺点:路基挖方往往较大,废方多;由于线位高,路线势必随着山形走势绕行,平面线形指标低;跨河时线位高,构造物长、大,工程费用高;支挡、加固工程较多;施工、养护用料运输和取水较困难。

综上比较,高线位弊多而利少,在洪水位允许、无特殊困难时,一般以低线位为主;当有大段的较高阶地可供利用时,也可结合路线的具体条件,在局部路段采用高线位。沿溪(河)线布设时,很难在全线保持一种线位,为了利用有利地形、避让不利地形和地质条件,可能需要交替使用低线位与高线位,此时有适宜的升、降坡展线的地段即可。

3. 桥位的选择

沿溪(河)线跨越河流分为跨支流与跨主河两种情况:跨支流时的桥位选择一般属于局部方案问题;跨主河时的桥位选择多属于路线布局问题。

跨主河的桥位往往是确定路线走向的控制点,它与河岸的选择是相互依存的,除需要充分考虑河床的稳定、河面的宽度及水文地质条件外,还应注意桥位与路线配合,使河的两岸有良好的布线条件。

1) 利用河曲河段跨河

如图5-7所示,此时应注意防止河曲河段水流对桥台的冲刷,采取必要的防护措施。

2) 利用S形河段跨河

如图5-8所示,跨河位置应选在S形河段的腰部,使桥头线形显著改善。

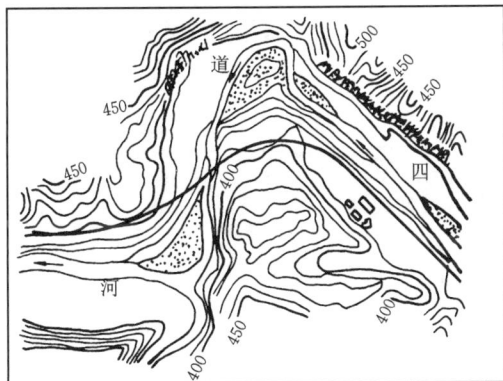

图5-7 利用河曲河段跨河

图5-8 利用S形河段跨河

3) 改善桥头线形

路线跨越河流时,若没有河曲或S形河段可利用,沿溪(河)线与河谷走向平行,在跨主河时往往形成之字形路线,桥头平曲线半径较小,线形差。中、小桥可用适当斜交的方法改善桥头线形,如图5-9(a)所示。

对于大桥,不宜斜交时,可对桥头路线适当处理,形成构形桥头线,改善桥头线形,争取较大半径，如图 5-9（b）所示。

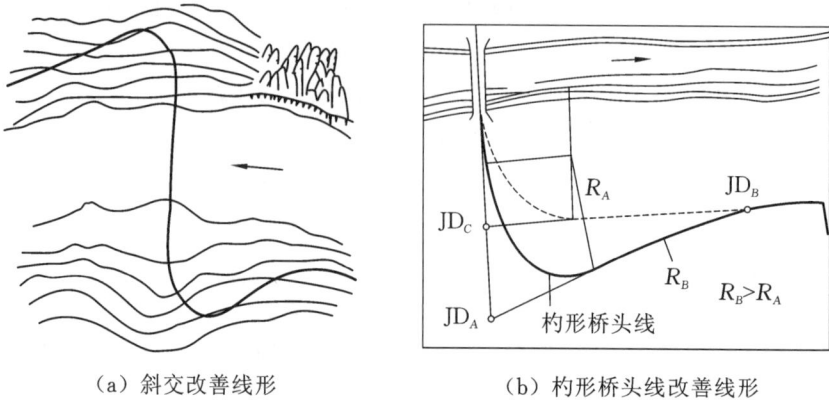

（a）斜交改善线形　　　　　　　（b）杓形桥头线改善线形

图 5-9　桥头线形改善

（三）河谷断面路线的布设

1. 开阔河谷

开阔河谷岸坡平缓，一般在坡、岸之间有较宽的台地且布有农田。路线可分为三种走法，如图 5-10 所示。

1）沿河线

沿河线路线坡度均匀平缓，对保村护田有利，但一般路线较长，路基受洪水威胁较大，防护工程大。

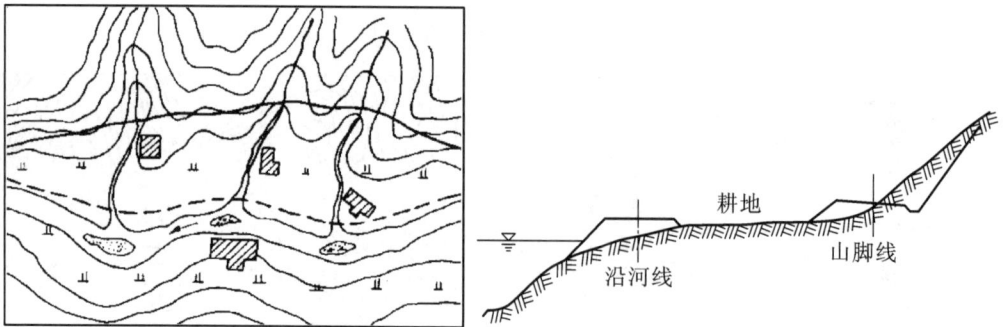

图 5-10　开阔河谷布线方案

2）傍山线

傍山线占田少，路基远离河岸，故较稳定且无防护工程，但纵面线形略有起伏，土石方工程稍大，是常采用的一种方案。

3）中穿线

中穿线线形好、路线短、标准较高，但占田较多，路基稳定性差，施工时需换土，一般不宜采用。

2. 狭窄河谷

这种河谷断面常称为 U 形河谷，河的两岸多不对称，凸岸陡，凹岸相对较缓，时而有突出的山嘴,间或出现迂回的深切河曲。其布线方式主要有以下两种。

（1）沿河岸自然地形,绕山嘴、沿河弯布线。

（2）按直线布线。为了满足布线的需要,有时可能需要填河弯,但此时应注意路基的防护与加固,同时不要过多堵塞河道而使水位抬高;有时需要挖山嘴,但要注意不要将大量废方置于河中,如图 5-11 所示。

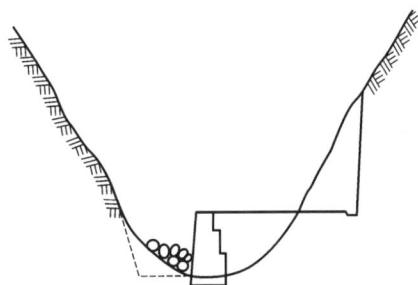

图 5-11 狭窄河谷布线方案

3.陡崖峭壁河谷

1）绕避

当岩壁陡峻又很长,路线无法直穿时,只能绕避。绕避方案有绕走对岸、绕走岩顶和另找越岭垭口三种方案,如图 5-12 所示。

方案Ⅱ需要有适当的展线地形,方案Ⅲ需要附近有适当的越岭垭口。这两种方案的特点是展线使路线增长,纵面线形上而复下,纵坡较大,过渡段的土石方工程也较大。方案Ⅰ避免了上述缺点,但增加了两座桥。

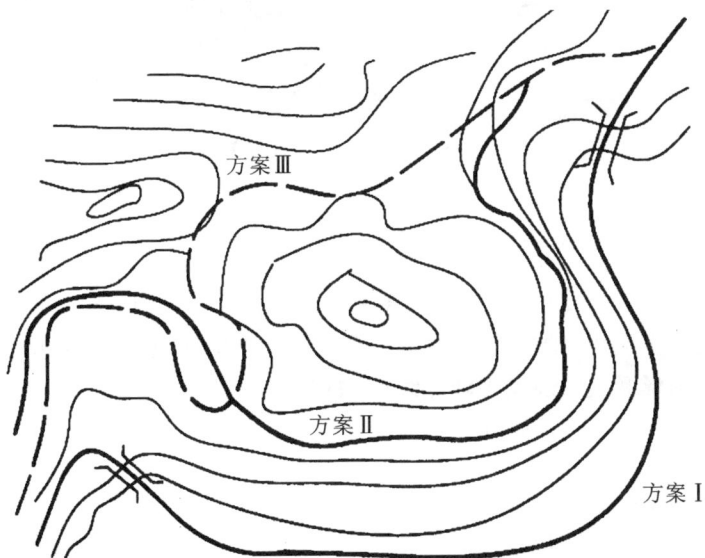

图 5-12 绕避陡崖峭壁的方案

2）直穿陡崖峭壁

路线的平、纵面均受到岸边山崖的形状和洪水水位的限制,活动余地不是很大,低线位布线时较多采用。根据河床宽度、水文条件、岩壁陡缓情况,直穿陡崖峭壁可有如下穿过方式。

（1）与水争路,侵河筑堤。当河床较窄、水流不深(一般岩前水深不超过 2 m)、水流不急、洪枯水位变化幅度不大、河床主流方向偏向对岸时,可考虑压低路线,侵河筑堤。当河床较窄不宜压缩时,路基填石防护占用的泄水面积应从对岸河槽开挖中补偿。

（2）硬开石壁等特殊措施。当岩陡壁高、河床较窄时,可根据地质条件、施工技术力量,通过技术经济比较后,在石壁上开挖出路基形成半山洞,或采用隧道、半山桥及悬出路台等措施通过,如图 5-13 和图 5-14 所示。

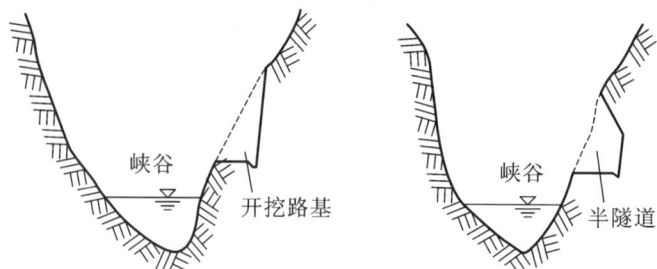

图 5-13　用特殊措施通过陡崖峭壁地段布局图

图 5-14　半山洞路线实例

（四）急流及跌水河段路线的布设

河床纵坡陡峻时，河床纵断面在短距离内突然下落几米至几十米，形成急流跌水，这时的河床纵坡远远陡于路线纵坡的允许值，为了尽快降低线位，避开陡峻的山腰线，布线时应利用平缓的山坡地形和支谷展线来降低线位，如图 5-15 所示。选线时，要注意放线，以纵坡为主安排路线。这类河段多出现在山区河流的上游，是沿溪（河）线和越岭线的过渡段。

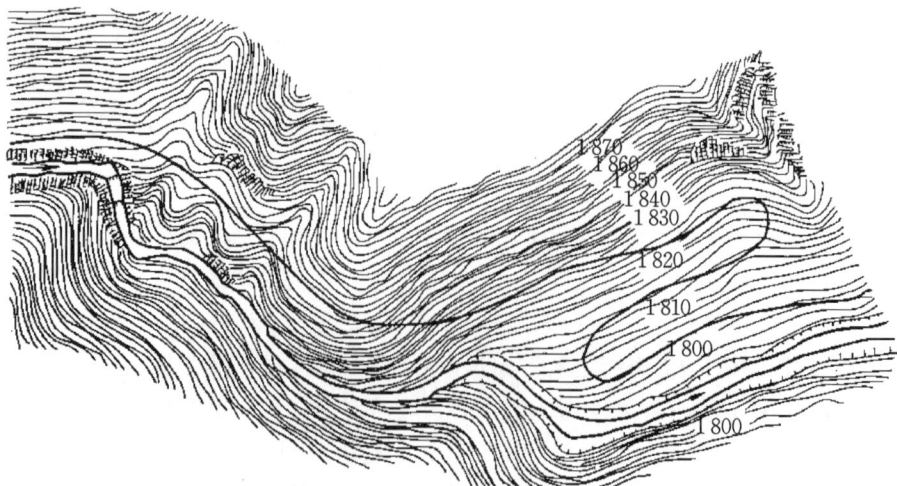

图 5-15　急流及跌水河段布线

（五）不良地质地段路线的布设

沿河两岸的滑坡、崩坍、岩堆、泥石流等是较为常见的地质灾害。路线通过这些地带时应遵循避强制弱、加强调查、综合防治的原则。

5.4.3　越岭线

越岭线是指公路走向与河谷及分水岭方向横交时布设的路线。两个控制点位于山岭的两侧，路线需要由一侧山麓升坡至山脊，在适当的地点穿过垭口，然后从山脊的另一侧降坡而下。

（一）路线特点

越岭线的路线特点是路线需要克服很大的高差，路线的长度和平面位置主要取决于路线的安排。因此，越岭线布线是以路线纵断面为主导的。

越岭线布线的有利条件：布线不受河谷限制，布线较为灵活；越岭线不受洪水威胁和影响，路基稳定，沿线的桥涵及防护工程较少。

越岭线布线的不利条件：里程较长、线形差、指标低；越岭线的线位高，远离河谷，施工和运营条件较差。

（二）布设要点

越岭线布设应解决的主要问题是垭口选择、过岭标高的确定和垭口两侧路线展线方案的拟定。这三者是相互联系、相互影响的，布设时应综合考虑。

1. 垭口选择

垭口是分水岭山脊上的凹形地带（又称作鞍部），标高低，常常是越岭线的重要控制点。

垭口选择应在符合路线总方向的前提下，综合各方面因素，根据垭口的位置、标高，以及垭口两侧的地形、地质等条件，反复比较。

1）垭口位置的选择

垭口位置的选择应在符合路线基本走向的前提下，与两侧路线展线方案一起考虑。首先，选择标高较低、展线后能很快与山下控制点直接相连的垭口；其次，考虑稍微偏离路线方向，但是接线较顺，增加路线里程不多的垭口。

如图 5-16 所示，A、B 控制点间有 C、D 两个垭口，从平面位置看，C 垭口在 AB 直线上，D 垭口稍微偏离 AB 直线方向，但从符合路线基本定向来看，穿 D 垭口时比穿 C 垭口时展线短些，而且平面线形较好。因此，D 垭口比 C 垭口更有优势。

2）垭口的高度

垭口与山下控制点的高差，直接影响路线展线长度、

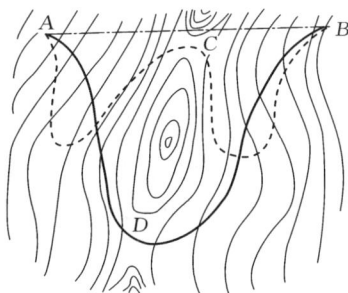

图 5-16　垭口位置的选择

工程量及运营条件。垭口越低,里程越短。在地形困难的山区,减小路线长度、节省工程造价和运营费都是很难的。

3)垭口的展线条件

山坡线是越岭线的重要组成部分。山坡坡面的曲折与陡缓、地质条件的好坏等情况直接关系到路线的标准和工程量的大小。因此,垭口选择要与侧坡展线条件结合起来考虑。选择时,如有地质稳定、地形平缓、有利于展线的侧坡,即使垭口位置略偏或垭口较高,也应比较,不要轻易放弃。

2.过岭标高的确定

过岭标高是越岭线布局的重要控制因素。控制标高不仅影响工程量、路线长短、线形标准,而且直接关系到垭口两端的展线布局。如图 5-17 所示,由于选用了不同的挖深,出现了3 个展线方案:甲方案浅挖 9 m,需设两个回头弯道;乙方案挖深 13 m,只需设一个回头弯道;丙方案挖深 20 m,不需要设回头弯道,顺山势展线即可。丙方案线形好,路线最短,有利于行车。

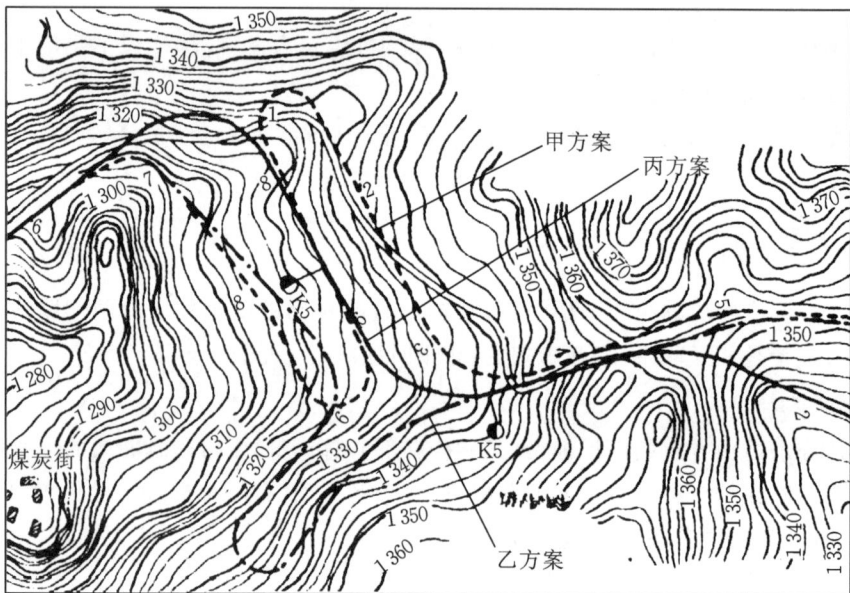

图 5-17　垭口不同挖深时的路线方案

1)决定过岭标高的因素

(1)垭口及两侧的地形。当过岭地段山坡平缓,垭口又宽、厚时,路线一般宜采用展线的方式翻越山岭。

(2)垭口的地质条件。垭口通常是地质构造薄弱、常有不良地质现象的山脊凹陷地带。地质条件较差的垭口有以下类型,如图 5-18 所示。

① 松软土侵蚀型垭口:坡积或沉积形成的土层经长期侵蚀而形成的山脊低凹地。当土质松软、地下水较丰富时,不宜深挖,并在可能条件下尽量绕避。

② 软弱岩层垭口:在单斜硬软岩交互层的地带,软弱岩层经雨水和风化作用长期侵蚀形成的垭口。从外形看,垭口一般不对称。岩层外倾侧的边坡渗水性强、稳定性差,常引起

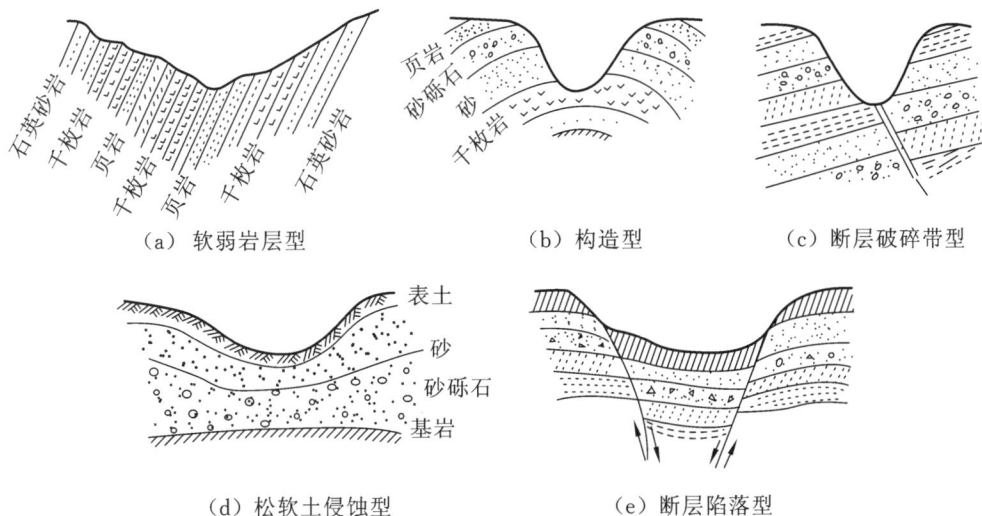

（a）软弱岩层型　　　（b）构造型　　　（c）断层破碎带型

（d）松软土侵蚀型　　　（e）断层陷落型

图 5-18　不同类型垭口

顺层滑坡,不宜深挖。

③ 构造破碎带垭口:地层褶曲部或断层带经侵蚀风化形成的垭口。这类垭口岩层破碎,地表水容易下渗,路基及边坡稳定性差,是地质条件最差的地带,特别是向斜侵蚀垭口、断层破碎带垭口最为不利。对于这类垭口路线一般应绕避,必须通过时,不能深挖,应结合岩层破碎程度、风化情况、断层及地下水状况慎重决定开挖深度并采取加固及排水措施。

2)过岭方式

过岭方式有以下三种。

(1)浅挖、低填垭口。当越岭地段的山坡平缓、容易展线、垭口地带的地形宽且厚时,路线宜采用浅挖或低填的形式通过,此时过岭标高与垭口标高基本一致。

(2)深挖垭口。当垭口比较狭窄时,路线常采用深挖的方式通过,虽然深挖处的土石方数量集中,但有效地降低了过岭标高,缩短了展线长度,改善了行车条件。深挖的程度应视地形、地质、气候等条件,以及展线对过岭标高的要求而定,一般不要超过 20 m。

(3)隧道穿越。当垭口的挖深较大时,路线可采用隧道过岭的方式。采用隧道穿越山岭具有路线短、线形好、有利于行车、战时隐蔽、受自然因素影响小、路基稳定等特点。特别是在高寒地区,隧道穿越海拔低,不受冰冻、积雪等的影响,大大改善了运营条件。隧道造价高、工期长、受地质条件影响较大,因此在采用隧道穿越方案时,应注意以下几点:①必须做好方案比较,有充分的理由方可采用,主要是修建隧道与缩短路线里程的比较、隧道投资与运营费的比较、明挖与隧道方案的比较、施工期限是否有限制;②注意地质问题,因为隧道是在岩土内的地下建筑物,周围岩体的稳定性直接影响隧道的设计、施工和使用;③隧道定位宜选在山脊薄、山坡陡、垭口窄的部位,以缩短隧道长度;④在不过分增加工程造价的情况下,尽可能将隧道标高定得低一些,以改善路线条件,发挥隧道优势。

3. 垭口两侧路线展线方案的拟定

1)越岭展线的形式

越岭展线就是采用延展路线长度的方法,逐渐升坡克服高差的布线方式。越岭展线的形式有三种,如图 5-19 所示。

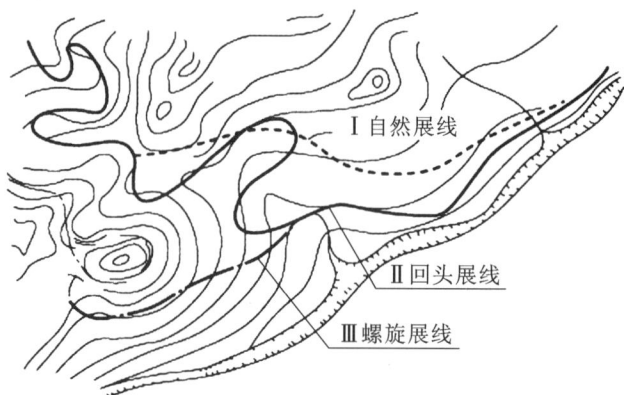

图 5-19　越岭展线的形式

(1) 自然展线是当山坡平缓、地质稳定时,以适当的纵坡,绕山嘴、沿侧沟来延展路线、克服高差的展线方式。其优点是符合路线的基本走向,纵坡均匀,路线短、线形好、技术指标较高;缺点是路线避让艰巨工程和不良地质的自由度不大。

(2) 回头展线是利用回头曲线延展路线、克服高差的布线方式。其优点是能在短距离内克服较大的高差、用回头曲线布线灵活、利用有利地形避让艰巨工程和地质不良地段的自由度较大;缺点是平曲线半径小,同一坡面上、下线重叠,对施工、行车和养护都不利。图 5-20 所示为利用有利地形回头展线的实例。

图 5-20　利用有利地形回头展线的实例

回头地点对于回头曲线的线形、工程量,以及展线布局有很大关系,选择时应多调查、多比较。回头地点在满足展线布局的前提下,宜选在地面横坡平缓,地形开阔,使上、下线路能布置的地点;相邻回头曲线间距应尽量拉长,以减少回头的次数;利用时要与纵坡安排相结合,既不能因回头位置过高利用不上,也不能使其位置过低,使纵坡损失过大而增长路线。

山包、山脊平台、缓坡、山沟、山坳等均是回头的有利地形,如图 5-21 所示。

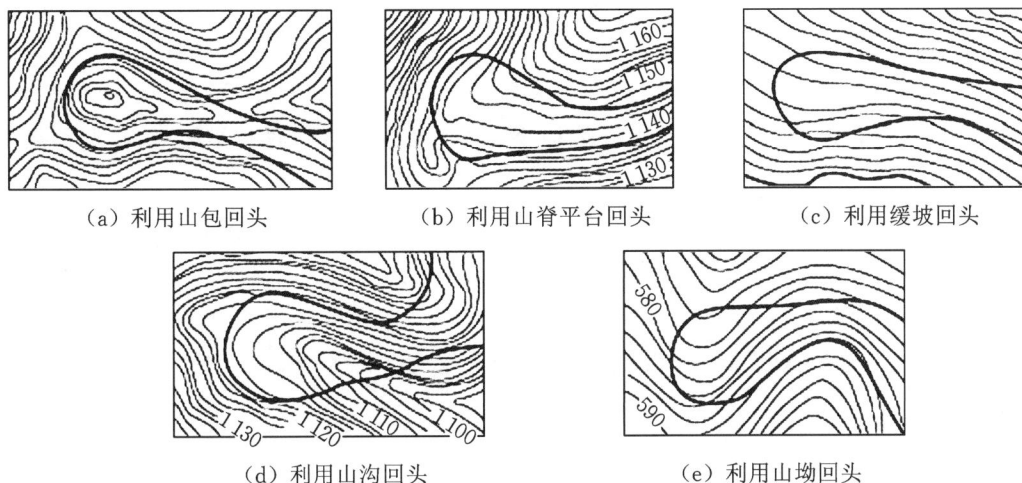

（a）利用山包回头　　　　（b）利用山脊平台回头　　　　（c）利用缓坡回头

（d）利用山沟回头　　　　　（e）利用山坳回头

图 5-21　适合布置回头曲线的地形

（3）螺旋展线。当路线受到地形、地质限制,需要在某一处集中提高或降低一定高度才能充分利用前后的有利地形时,可以采用螺旋展线的方式。这种展线方式的路线转角大于360°。其优点是路线利用有利的山包或瓶颈形山谷,在很短的平面距离内就能克服较大的高差,比回头曲线的线形好,避免了路线的重叠;缺点是需建桥或隧道,工程造价高。

螺旋展线有上线桥跨(见图 5-22)和下线隧道(见图 5-23)两种方式。

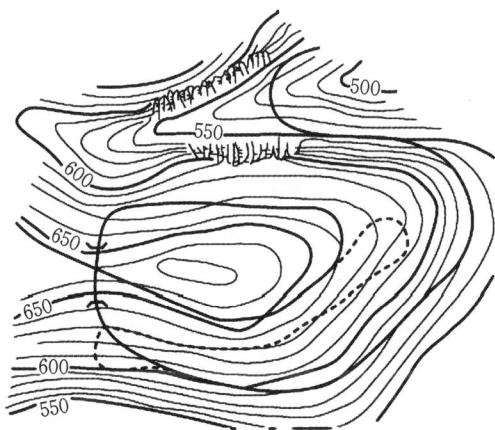

图 5-22　利用山包上线桥跨

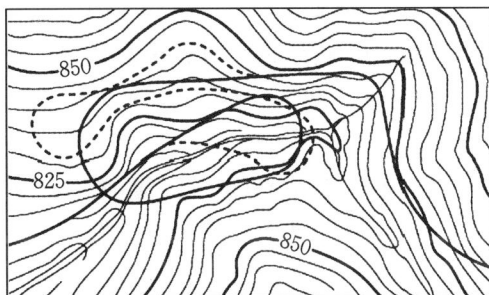

图 5-23　利用瓶颈形山谷下线隧道

在以上三种展线形式中,选线人员一般优先考虑采用自然展线;不得已时采用回头展线;当地形十分困难,又有适宜的山谷或山包等条件时,为在短距离内克服较大的高差,可以考虑使用螺旋展线,但需要进行方案比选。

2)展线布局的步骤

（1）拟订路线的大致走向。在视察或踏勘阶段确定的控制点间,根据地形和地质情况,以坡度为主导,拟订出路线可能的展线方案和大致走法。

（2）试坡布线。进一步落实初拟方案的可行性和加密控制点，拟订路线的局部方案。试坡通常利用手水准，自垭口开始，由上而下，按照符合现行《标准》要求的设计坡度进行放坡。试坡布线中，在必须避让的地物、不良地质地段拟设回头曲线处，选择合适的点位：若该点与前后控制点连线构成的纵坡与设计纵坡的坡度基本一致或略小，则选择的点位可以作为中间控制点；若该点与前后控制点连线构成的纵坡的坡度大于设计纵坡，则应调整点位，重新布线。

（3）分析落实控制点，决定路线布局。经试坡确定的控制点，有固定和活动之分：第一种是位置和高程都不能改变的（如工程特别艰巨的地点、某些受限制很严的回头地点、必须利用的桥梁、必须通过的街道等）；第二种是位置固定、高程可以活动的（如垭口、重要桥位等）；第三种是位置和高程都可以活动的（如侧沟跨越地点、宽阔平缓山坡的回头地点等）。

5.4.4　山脊线

（一）路线特点

山脊线是指大致沿分水岭布设的路线。山脊线的平面线形随分水岭的曲折而弯曲，纵面线形随控制垭口间的高差变化而起伏。山脊线一般不单独使用，多与山坡线结合，作为越岭线垭口两侧路线的过渡段。采用部分山脊线，还必须有适合的山脊。

一般服从路线走向，分水线平顺直缓，起伏不大，岭脊肥厚，垭口间山坡的地形地质情况较好的山脊是较好的布线条件。

山脊线的有利条件如下：

① 当山脊条件好时，山脊线一般里程短，土石方工程量小；

② 水文、地质条件好，路基病害少，稳定；

③ 地面排水条件好，桥涵等人工构造物少。

山脊线的不利条件如下：

① 线位高、远离居民点、服务性能差；

② 山势高、海拔高、空气稀薄，冬季云雾、积雪、结冰较多，对行车和养护都不利；

③ 远离河谷，砂石材料及施工用水运输不便。

（二）布设要点

由分水线引导，山脊线基本走向明确。布线主要解决以下 3 个问题：选择控制垭口、决定路线走分水岭的哪一侧、决定路线的具体布设（包括中间控制点）。

1. 选择控制垭口

在山脊上，连绵布置着很多垭口，每一组控制垭口代表一个方案。因此，选择控制垭口是山脊线布线的关键。当分水岭顺直、起伏不大时，几乎每个垭口均可暂作控制点。当地形复杂、山脊起伏较大且较频繁、各垭口高低悬殊时，低垭口即为路线控制点，突出的高垭口可以舍去。在有支脉的情况下，相距不远的并排垭口选择前后与路线联系较好、路线较短的垭口为控制点。选择控制垭口还应与两侧布线条件结合起来考虑。

2. 试坡布线

山脊线有时因两垭口控制点间的高差较大,需要展线;有时为避免路线过于迂回要采用起伏纵坡,以缩短路线里程。通常需要试坡布线,包括下面两种情况。

(1)垭口间平均纵坡不超过规定,若中间无太大的障碍,应以均匀坡度沿侧坡布线;若中间有障碍,可以加设中间控制点,调整坡度,向两端垭口按均匀坡度布线。

(2)当垭口间平均纵坡超过规定时,为利用山脊地形展线、选线,可根据地形、地质条件,采用填挖旱桥、隧道等工程措施来提高低垭口、降低高垭口,也可利用侧坡、山脊有利地形进行回头展线或螺旋展线。

5.5 丘陵区选线

一、丘陵区的自然特征

丘陵区是介于平原区和山岭区的地形,其地形特征是山丘连绵、冈坳交错、此起彼伏、山丘曲折迂回、岭低脊宽、山坡较缓、相对高差不大。丘陵区包括微丘和重丘两类地形。

微丘区起伏较小,地面自然放度在20°以下,山丘、河谷分布稀疏,坡形缓和,相对高差在100 m以内,而且有较宽的平地可以利用。

重丘区起伏频繁,相对高差较大,地面自然坡度在20°以上,山丘、河谷分布较密,而且具有较深的沟谷和较高的分水岭,路线平、纵面部分受地形限制。

随着丘陵区地形的起伏,地物的变化也较大。一般丘陵区农业都比较发达,土地种植面积广,种类繁多,低地为稻田,坡地多为旱地或经济林,小型水利设施也较多。居民点、建筑群、风景、文物点及其他设施在平坦地区时有出现。这些地点都是布线时应考虑的控制点。

二、路线特征

(一)丘陵区选线的特点

(1)局部方案多。由于丘陵区的山冈、谷地较多,路线走向的灵活性大,可行的布线方案一般比较多,一条路线的最终确定往往需要经过多方案的比较。

(2)需要路线平、纵、横三方面相互协调、密切配合。由于丘陵区地形的迂回曲折和频繁起伏,平、纵、横三方面相互之间的约束和影响较大,若三者组合合理,可以提高线形技术标准。

(3)路基形式以半填半挖为主。由于丘陵区的地形特点,路线所经地面常有一定的横坡,但是横坡一般并不太陡,路线与农林用地和水利设施的矛盾较大。为节约耕地,路基应采用半填半挖为主的路基形式。

丘陵区选线应结合地形合理选用技术指标,使平面适当曲折、纵断面略有起伏、横断面稳定经济、线形指标的变化幅度较大(既不像平原区般多用高限指标,也不像山岭区般多用接近低限指标)。

（二）丘陵区路线布设的方式

根据地形情况的不同,丘陵区路线一般按三类地带分段布线,其要点包括如下几个方面。

1. 平坦地带走直线

两控制点之间的地势平坦时,丘陵区路线一般按平原区以方向为主导的方式布线。如果没有地物、地质、风景、文物等障碍物,丘陵区路线一般应按直线布线。如果有障碍,丘陵区路线应加设中间控制点,设置转折小、半径较大的长缓曲线。

2. 斜坡地带走匀坡线

匀坡线是指在两点之间,沿自然地形以均匀坡度确定的地面点的连线,如图 5-24 所示。匀坡线通过多次试坡后才可得到。若两控制点之间无障碍,丘陵区路线可直接按匀坡线布设。若有障碍,丘陵区路线应在障碍处加设中间控制点,分段按匀坡线控制。

3. 起伏地带走中间

起伏地带地面横坡较缓,"走中间"就是在匀坡线和直线之间选择平面顺适、纵面均衡的合理路线。路线在两控制点间要通过起伏地带,意味着路线要穿过交替的丘梁坳谷,中间可能有一组或多组起伏地带。对于多组起伏,在中间梁顶(或谷底)加设中间控制点即可。因此,我们着重研究已知两控制点间有一组起伏地带的情况。

如图 5-25 所示,A、B 为两相邻梁顶,中间为坳谷,构成一组起伏地带。如果路线由 A 至 B 硬拉直线,路线虽然短,但纵坡起伏大,线形差,势必出现高填深挖的情况,增大工程量;如果沿匀坡线走,则纵坡平缓均匀,但路线会增长很多,平面线形又差,也不够理想。

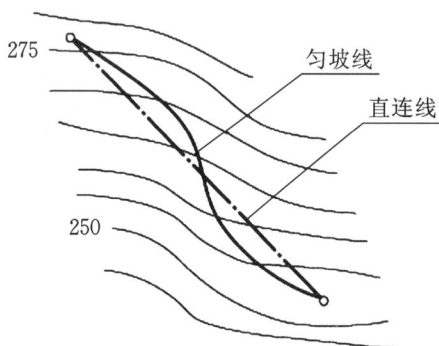

图 5-24 匀坡线

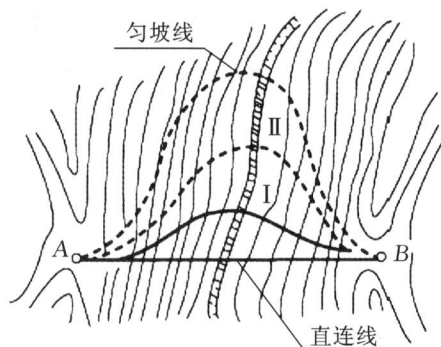

图 5-25 起伏地带路线方案

如果路线布设于匀坡线与直线之间,如图 5-25 中的方案 I 或方案 II,比直线的起伏小,比匀坡线的距离短,使用质量有所提高,工程造价有所降低,是较合理的布线方案。路线在直线及匀坡线之间的具体位置,要根据公路等级,结合地形具体分析,根据平、纵、横协调来确定。

起伏较小的地带,要在坡度缓和的前提下,考虑平面和横断面的关系。一般情况下,低等级公路为减少工程造价,在平面上可迂回一些,即离直线稍远一些;较高等级公路宁可多做些工程,尽可能缩短距离,使路线位置离直线近一些。

起伏较大的地带,高差大的一侧的坡度常常是布线时的决定因素。选线人员一般以高差大的一侧为主,结合梁顶的挖深或谷底的填高来确定路线的平面位置。

总之,丘陵地区选线时,可行方案较多,地面因素也较复杂,方案之间的差异有时不太明显,这就要求选线人员加强踏勘调查,用分段布线、渐近的方法,详细分析比较,最后选定一条合理的路线。

巩固训练

基础练习

一、填空题

1. 山岭区的布线方式有_____、_____、_____、_____。

2. 越岭线布线的要点有_____、_____、_____。

3. 山脊线布线的要点有_____、_____、_____。

二、单项选择题

1. 丘陵区公路选线,可以选择的路线线形为（　　）。

A. 平坦地带——走匀坡线 　　　　B. 斜坡地带——走直线

C. 起伏地带——走中间 　　　　　D. 以上都不对

2. 平原区公路选线的布线要点不包括（　　）。

A. 以纵断面为主安排路线 　　　　B. 正确处理路线与农业的关系

C. 处理好公路与城镇的关系 　　　D. 处理好路线和桥位的关系

3. 在公路选线中,以下(说)做法不正确的有（　　）。

A. 二、三、四级公路都应靠近城镇,以方便交通

B. 垭口、桥位是选线中应考虑的控制点

C. 在平原区选线,平坦地区可以无条件地使用长直线

D. 丘陵起伏地段,线路应走直线与匀坡线之间

4. 有关选线应注意的主要问题,以下说法正确的是（　　）。

A. 高等级公路应"近村不进村,利民不扰民"

B. 大、中桥桥位及走向应服从路线总体走向

C. 积雪、冰冻地区的沿河线必须选择在阳坡面

D. 悬崖、深谷地带的越岭线可采用自然展线方式

5. 沿溪线低线位的优点是（　　）。

A. 平纵面比较顺直平缓,路线线形可采用较高的技术标准

B. 路基防护工程少

C. 在狭窄河谷地段,路基废方处理容易

D. 不受水毁

三、问答题

1. 路线方案选择的一般步骤是什么？
2. 平原区的布线要点有哪些？
3. 山脊线方案比选应考虑哪些问题？

技能实训

图 5-26 所示为某山区地形图，请在 A、B 两点间初步拟定两种不同的路线方案。路线等级为三级，设计速度为 40 km/h。分别在每种方案中拟定适合的中间控制点，进行布线，并写出布线报告。

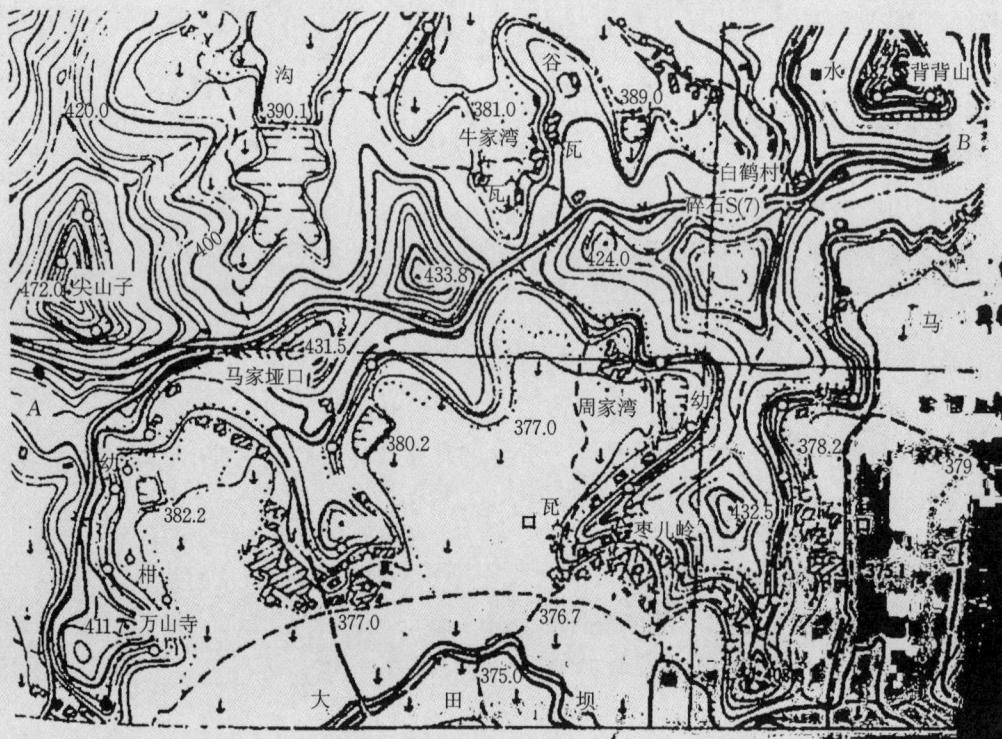

图 5-26　某山区地形图

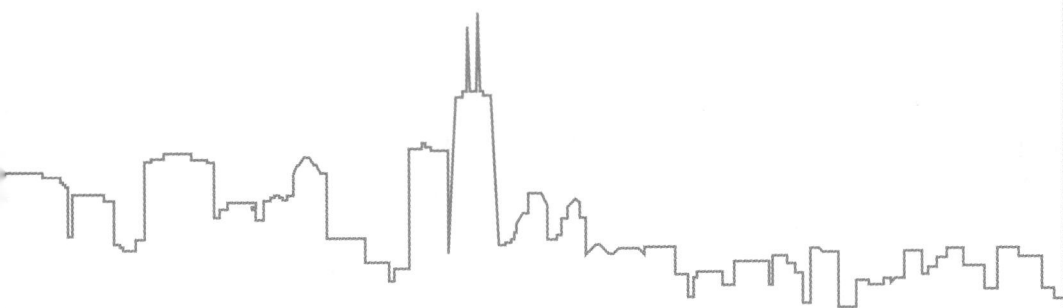
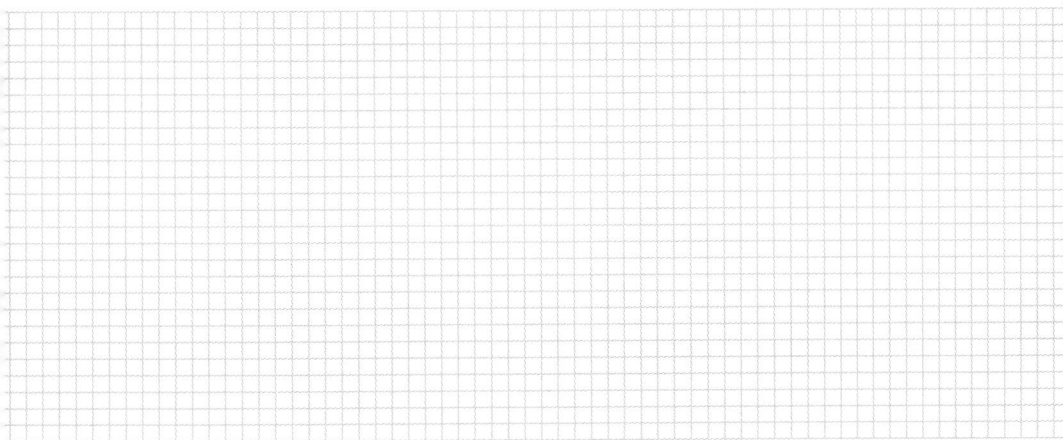
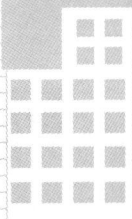

定线

工作手册6

不同地形条件下,定线需要解决的重点不同。平原、微丘区地形平缓,纵坡一般不受高程限制,定线重点在于绕避平面障碍;山岭、重丘区地形复杂、高差大,定线重点是如何利用有利地形,安排好纵坡,避免不良地质地段。

本项目主要介绍纸上定线与实地定线的方法与步骤、不同地形的定线要点等。

1. 了解公路定线的三种基本方法及适用条件。
2. 掌握纸上定线的操作步骤及操作方法。
3. 掌握实地定线的操作步骤及操作方法。

1. 能够运用地形图进行纸上定线,并将其进行实地放线。
2. 能够运用仪器在实地进行直接定线。

定线是按照已定的技术标准,在选线布局阶段选定的路线带范围内,结合细部地形、地质条件,综合考虑平、纵、横三方面的合理安排,确定出公路中线的确切位置。

定线是公路设计过程中关键的一步,不仅要解决工程、经济方面的问题,而且要考虑如何使公路与周围环境配合,以及公路本身线形的协调、美观等问题。因此,公路定线不是单纯套用标准的技术工作,而是结合技术、经济、政治、美学等多方面知识的综合性工作,这就需要设计人员具有广博的知识和熟练的定线技巧。一个好的路线方案要经过反复比选、反复试线,在众多相互制约的因素中定出来。

公路中线设计的最终成果是在实地地面上布置中线。勘测设计阶段,道路中线的定线设计一般有纸上定线、实地定线、航测选线三种方法,本项目重点介绍纸上定线和实地定线。

6.1 纸上定线

对于技术等级高,地形、地质、地物等条件复杂的路线,设计人员必须先进行纸上定线,然后把在纸上所定的路线敷设到实地。

6.1.1 在纸上确定路线

1. 定导向线

（1）在大比例尺地形图上研究路线布局，拟定路线可能方案，详细比较，选定适合的方案。

（2）根据等高线间距及选用的平均坡度，计算出等高线间距，使圆规的开度等于该间距，从某个固定点开始，沿各拟定走法在等高线上依次截取1、2、3等点，如果最后一点的位置和标高均接近另一个固定点，说明这个方案能够成立，否则修改走法或调整，重新试验直至方案成立，如图6-1所示。

（3）将坡度线根据地形情况移动线位，确定中间控制点，调整坡度重新放坡得到折线，该折线也称为"导向线"。

定导向线示意图如图6-2所示。

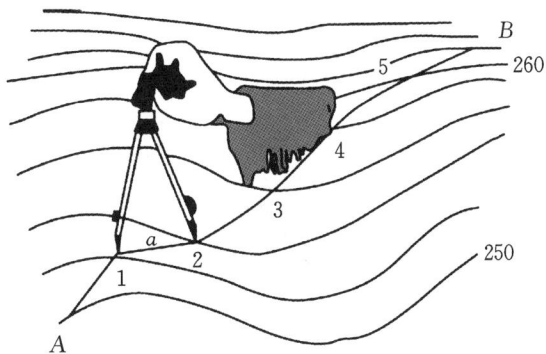

图 6-1 纸上放坡示意图

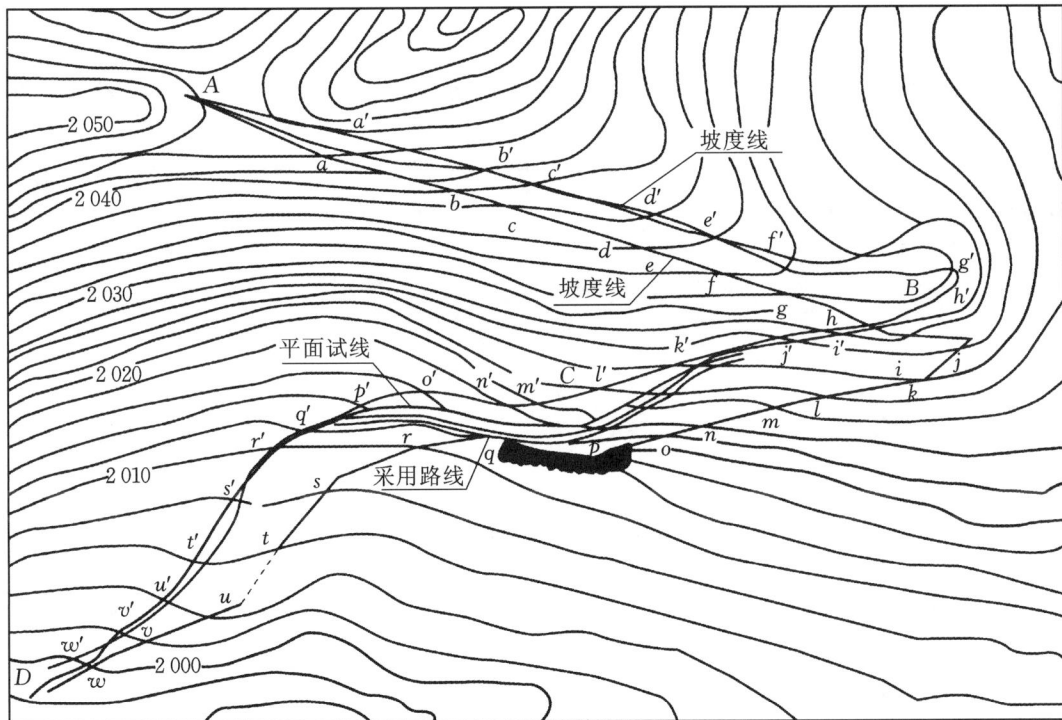

图 6-2 定导向线示意图

2. 修正导向线，绘制平面试线

导向线仍是条折线，设计人员还应根据技术标准要求，结合横坡变化情况，按照"照顾多数,保证重点"的原则,确定必须通过的点,绘制修正导向线,然后用"以点连线,以线交点"的办法定出平面试线,反复试线后确定出交点。如果地形变化不大,采用的地形图比例又较小,纸上定线即可结束。

为了使路线更经济合理,当地形较复杂,又有大比例尺地形图时,设计人员可在平面试线的基础上敷设曲线,确定中桩,绘出纵断面图、横断面图,然后在横断面上用透明模板确定路中线的最佳位置(经济点位置或控制点位置),分别按不同性质、不同符号绘于平面图上。这些点的连线是一条具有理想纵坡、横断面位置最佳的平面折线,称为二次导向线。设计人员应进一步根据第二次导向线对路线线位局部进行修改,最后定出线位。

纸上定线的过程是一个反复试线、比较,逐步完善的过程。定线时要在满足标准的前提下结合自然条件,平、纵、横综合考虑,反复进行,直到满足。

6.1.2 实地放线

实地放线是将纸上定好的路线敷设到地面的工作,根据纸上确定的路中线和导线(或地物特征点的关系),即可将路线敷设到实地。

根据测量控制点和纸上定线计算成果,设计人员可采用穿线交点法(含支距法和解析法两种)、拨角法、直接定交点法、坐标法放线。高速公路、一级公路应用坐标法放线;二、三、四级公路可采用拨角法、支距法或直接定交点法放线。

1. 穿线交点法

根据平面图上路线与导线的关系,将纸上路线的各条边独立敷设实地,延长直线即可在实地放出交点,具体做法又分为以下两种。

(1) 支距法:适用于地形不太复杂、地物障碍少、不需要用坐标控制、路线与导线相离不远的情况,如图 6-3 所示。

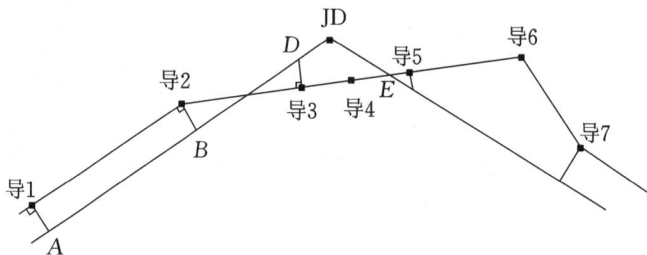

图 6-3 支距法放线示意图

① 在图上量取支距,如图中的导 1-A、导 2-B、导 3-D 等,量取时每条边至少应取三点,以便核对,并且尽可能使这些点在实地能相互通视。

② 在实地放支距。用皮尺、方向架或经纬仪按所量支距定出路线上各点,如图中的 A、B、D 等点,插上花杆。

③ 穿线交点。用花杆穿线的方法延长各直线即可交出点 JD,路线直线很长时,可用经纬仪延长交会;现场检查线位是否合适,再适当修改,确定路线位置。

支距法简便易行,较常用。

(2) 解析法:用经纬距计算图上路线与导线的关系,再按极坐标原理在实地放出各路线点的方法。此法适用于地形较复杂、直线较长、线位控制要求较高的情况,如图 6-4 和图 6-5 所示。

① 计算路线与导线的夹角。

如图 6-4 所示,欲定 JD_A—JD_B 的方向必须计算夹角 γ 和距离 l。从平面图上可量出交点 JD_A、JD_B 的经纬距 (Y_A,X_A)、(Y_B,X_B) 则 JD_A—JD_B 的象限角可按下式计算:

$$\tan\alpha = \frac{Y_B - Y_A}{X_B - X_A} = \frac{\Delta Y}{\Delta X}$$

导 1—导 2 的象限角 β 已知,则 JD_A—JD_B 与导 1—导 2 的夹角为

$$\gamma = \alpha - \beta$$

计算时要注意经纬距的正负号,即经距东正西负,纬距北正南负。

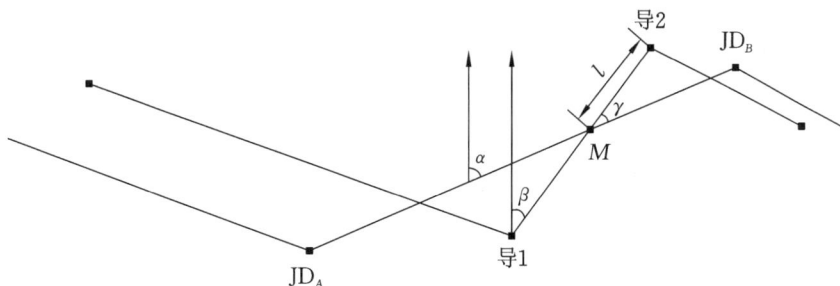

图 6-4 解析法放线示意图

② 计算距离 l。

导线与路线的交点 M 的位置可由 l 来确定,先计算 M 点的经纬距 (Y_M,X_M),解以下联立方程:

$$\frac{Y_B - Y_M}{X_B - X_M} = \frac{Y_M - Y_A}{X_M - X_A}$$

$$\frac{Y_2 - Y_M}{X_2 - X_M} = \frac{Y_M - Y_1}{X_M - X_1}$$

式中:(Y_1,X_1)、(Y_2,X_2)——导 1、导 2 的经纬距;

(Y_A,X_A)、(Y_B,X_B)——JD_A、JD_B 的经纬距(可从平面图上量得)。

计算导 2 至 M 点的距离,即

$$l = \frac{X_2 - X_M}{\cos\beta} = \frac{Y_2 - Y_M}{\sin\beta}$$

$$l = \sqrt{(X_2 - X_M)^2 + (Y_2 - Y_M)^2}$$

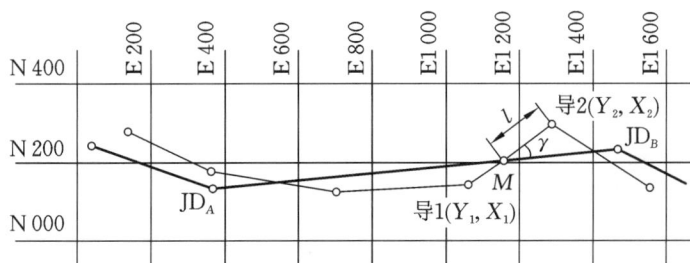

图 6-5 解析法放线实例

③ 放线。

置镜于导2,后视导1,量距 l 定出 M 点,移经纬仪于 M,后视导2,拨角 γ 定出 JD$_A$、JD$_B$ 的方向,即可交出 JD$_A$。当地形图比例较大时,设计人员亦可从图上直接按比例量取 l 长度。

解析法计算较准确、精度较高,但较繁杂,适用于地形较复杂、直线较长、线位控制要求较高的情况。

2. 拨角法

拨角法放线根据纸上路线在平面图上的位置与导线的关系,用坐标计算每条直线的距离、方向、转向角和各控制桩的里程,放线时按照这些资料直接拨角量距,不穿线交点,外业工作较为迅速,但此法所依据的资料必须准确可靠。

① 计算原理:如图 6-6 所示,当需要在现场放 A 点时,该点坐标可通过计算得到或从平面图上量得。在 A 点附近找到两个导线点(坐标已知),通过坐标解析法计算出 A 点到导1的距离,导1和导2连线、导1和 A 点连线的夹角,即可用拨角法放 A 点。

② 外业放线:根据内业计算得到的夹角和距离,先从导1放出路线起点 A 和第一边 AB,以后各边按转向角及距离直接定出。

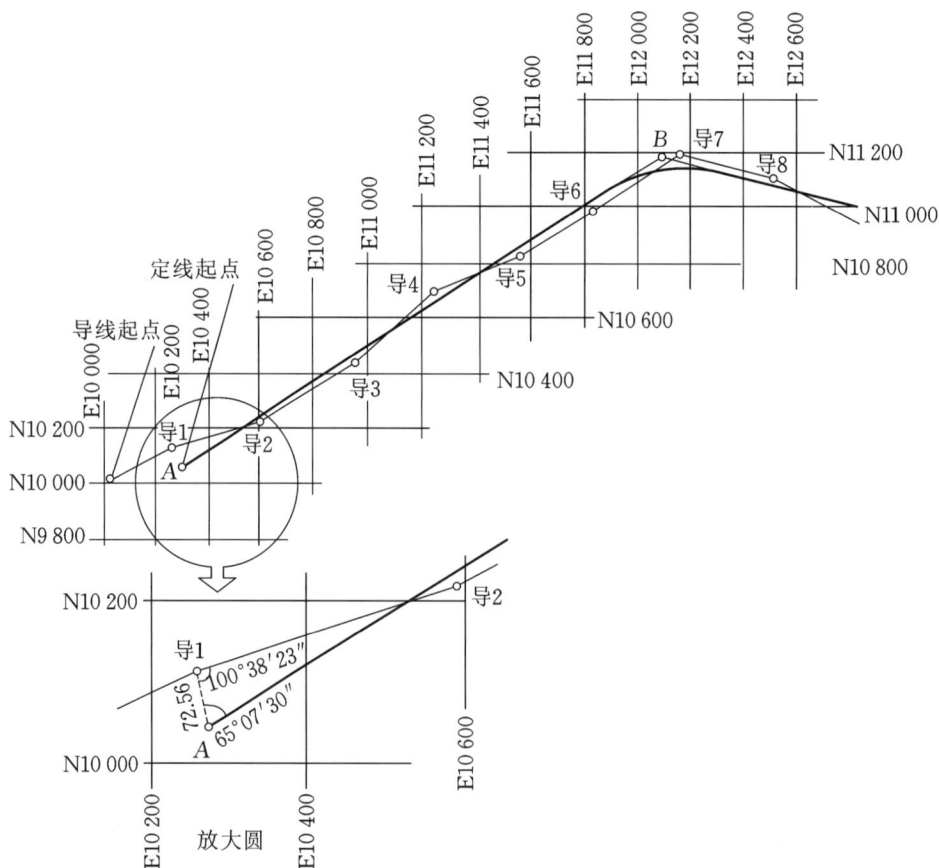

图 6-6 拨角法放线实例

3. 直接定交点法

直接定交点法是在地形平坦、视线开阔地段,路线通视性好、路线位置可根据地面明显目标决定的地区,依纸上路线和地貌地物的关系,现场直接将交点定出。如图 6-7 所示,从图上得知交点 JD 离河岸约 200 m,位于已有公路曲线内侧,一端切线距公路桥头 50 m,另一端切线距房屋 25 m,设计人员可根据这些关系,直接定出 JD。

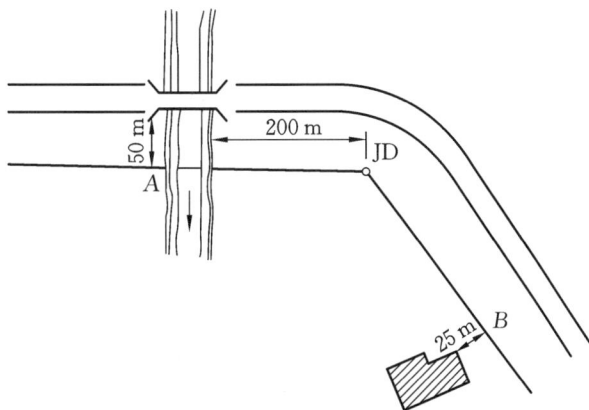

图 6-7　直接定交点法示意图

4. 坐标法

根据坐标的类型,坐标法又分为极坐标放线法和坐标放线法两种。坐标法采用常规测设仪器(普通经纬仪、钢卷尺等)十分困难,且效率低、质量差,难以达到精度要求,所以此法通常是以全站仪为测设手段来完成的。两种方法的步骤基本一致:

① 先建立一个贯穿全线、统一的坐标系,这个坐标系一般采用国家坐标系统;

② 根据路线地理位置和几何关系计算出道路中线上各桩点的统一坐标;

③ 编制逐桩坐标表;

④ 根据逐桩坐标实地放线。

不同之处在于,极坐标放线法要以控制导线为根据,利用全站仪定出角度和距离来定点;坐标法利用全站仪的坐标计算功能,输入有关点的坐标值,由仪器内电脑自动完成有关数据计算,在实地完成点的定向及定位工作。

极坐标放线法示意图如图 6-8 所示。

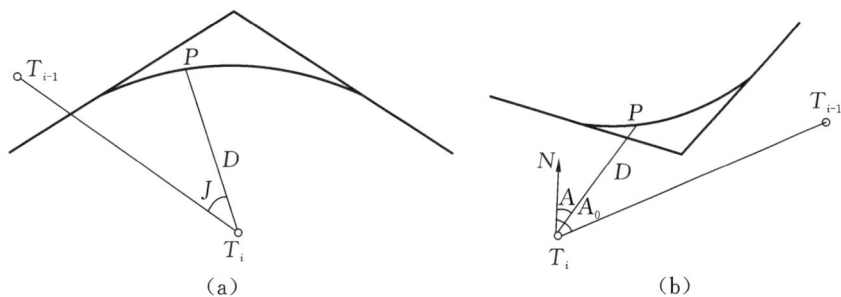

（a）　　　　　　　　　　　　　　（b）

图 6-8　极坐标放线法示意图

6.2　实地定线

6.2.1　实地定线概述

实地定线又称直接定线或现场定线,是指直接在实地钉桩确定路线线位的方法,此法省略了纸上定线这一步,一般只适用于路线等级低,路线短,地形、地物控制不严的道路。

随着测量技术的发展,实地定线的方法经历了三个阶段。

1. 传统测量仪器阶段

传统测量仪器实地定线根据一系列技术和经济上的要求,先由选线组(在纸上或实地)选定控制道路大致走向的交点和转点,再由测量组将这些交点和转点准确地标定后测定前后导线的夹角,随后由中线组经过计算后把道路中心线用木桩准确地标定到实地。这是一种至今还沿用的最基本的方法。所用仪器主要为经纬仪、水准仪、钢尺等简单仪器和工具。

2. 全站仪阶段

全站仪实地定线先沿道路布置两套导线,即与高级控制点连测的高级控制导线,再由此导线位置测定沿道路中线的导线,进而完成整个道路中线位置的确定。这种方法是随着全站仪的采用应运而生的,是现在常用的方法。布置导线、定中线等工作依靠的主要仪器就是全站仪。

3. GPS 阶段

GPS 实地定线利用 GPS 技术,将线控制改为网控制,按由大到小、逐级控制测量的步骤进行。具体做法是先在测区外围找一些高级 GPS 控制点,这些高级控制点类似我国在全国范围内布置的三角点,然后于道路附近布置"道路控制点"。

上述三种方法的共通之处在于都是在实地,先由测量控制点组成控制导线或控制网,由粗到细逐步放出路中线。道路定线质量很大程度上取决于采用的定线方法,也取决于定线采用的仪器。虽然同为适用于标准较低和较短路线定线的实地定线法,上述三种方法定线的质量和工作效率也是随着仪器的先进程度不断提高的。

按地形条件难易与复杂程度不同,路线大体可分为自由坡度地段和紧束坡度地段,对应的实地定线方法分别为以点定线和放坡定线两种。

6.2.2　以点定线

自由坡度地段即地形平坦、无集中高程障碍的平原、微丘区,地面最大的自然纵坡缓于最大设计纵坡的平缓地形。这类地形上的路线,不受纵坡限制,定线以平面和横断面为主要考虑因素。要点:以点定线,以线交点。以点定线,就是在全面布局和逐段安排确定的控制点间,结合各方面因素进一步确定影响公路中线位置的小控制点,然后按照这些小控制点,大致确定路线直线的方法。以线交点,就是在已定小控制点的基础上结合路线标准和前后路线条件,确定直线,并延长交出交点。

1. 控制点的加密

两控制点之间,一般不可能绘直线(特别是地形困难、等级较低的公路),常常需要设置交点,使路线转弯,从而避开障碍物,利用有利地形,以达到经济合理的目的。加密控制点,就是在实地寻找控制和影响公路中线位置的具体点位。一般小控制点有经济性控制点和控制性控制点两种。

1) 经济性控制点

经济性控制点主要是在路线穿过斜坡地带,考虑横向填挖平衡或横向施工经济(有挡土墙及其他加固边坡时)因素而确定的小控制点。如图 6-9 所示,Ⅱ-Ⅱ′中线位置,挖方面积和填方面积大致相等,这时的点位即经济控制点。这类点仅从横向施工经济出发控制线位,只能作为穿线定点的参考位置。

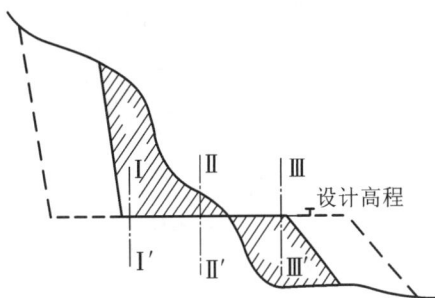

图 6-9　横断面经济位置

2) 控制性控制点

这类控制点,是受艰巨工程、不良地质、地物障碍、路基边坡稳定等因素限制确定的公路中线位置,如图 6-10 所示。从图中可以看出,控制点的位置还与路基的形状、尺寸、加固方式、通过不良地质地段的工程控制、地表形状、路基设计高程等因素有关,定线时应综合考虑这些因素,合理确定小控制点的位置。

2. 穿线定点

受各种因素限制的平面位置控制点比较多,而且这些点在平面上的分布又没有一定的规律;路线受技术标准和平面线形组合的限制,不可能照顾到每个控制点。穿线定点,就是根据技术标准和线形组合的要求,满足控制点和照顾多数经济点,前后考虑,用穿线的办法延长直线,交出转角点。

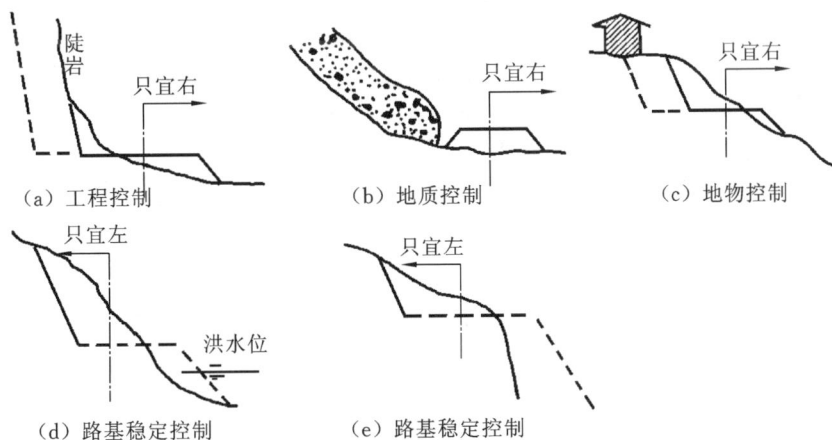

(a) 工程控制　　　　(b) 地质控制　　　　(c) 地物控制

(d) 路基稳定控制　　　　(e) 路基稳定控制

图 6-10　控制线位的主要因素

6.2.3 放坡定线

两控制点的高差往往较大,路线受纵坡限制,定线应以纵坡为主导,采用放坡定线。

1. 放坡

按照要求的设计纵坡(或平均坡度)在实地找出地面坡度线的工作叫放坡。

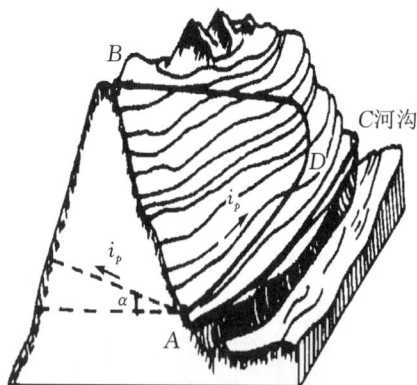

图 6-11 放坡原理示意图

在山岭、重丘区,天然地面坡度角均在 20°以上,设计纵坡(或平均纵坡)有一定要求。如图 6-11 所示,路线由 A 点到 B 点,沿最大地面自然坡度方向 AB 前进,显然不可能实施。如果路线沿着高线走(AC 方向),纵坡虽然平缓,但方向偏离,达不到上山目的。因此,设计人员需要在 AB 和 AC 方向间找到 AD 方向线,使地面坡度正好等于设计坡度(或平均纵坡),这样既使路线纵坡平缓,又使填挖数量最小。寻找这条地面坡度等于设计坡度的线的工作就是放坡的任务。

2. 放坡定线

1) 绘修正导向线

放坡后的坡度点就是概略的路基设计高程位置,这些坡度点的连线(坡度线)(见图 6-12)相当于纸上定线的匀坡线,也起指引路线方向的作用,称为导向线。实地路中线位置与坡度点的关系,对路基稳定和填挖工程量影响很大,如图 6-13 所示。所以,设计人员还应结合横坡考虑路基稳定和工程经济来确定合适的中线位置,插上花杆来表示,称为修正导向线。根据经验,地面横坡坡度在 1∶5 以下时,中线在坡度点上下方对路基稳定和工程经济影响不大;地面横坡坡度为 1∶5～1∶2 时,中线宜与坡度点重合;当地面横坡坡度大于 1∶2 时,中线宜在坡度点上方,形成全挖的台口式断面。

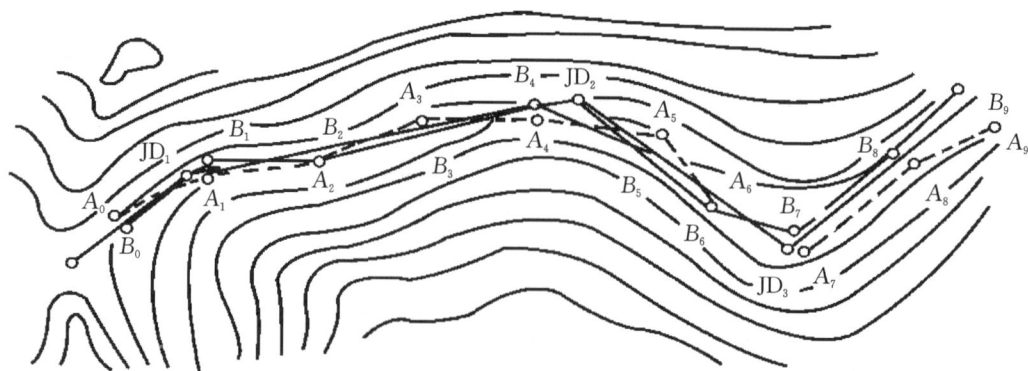

图 6-12 放坡定线示意图

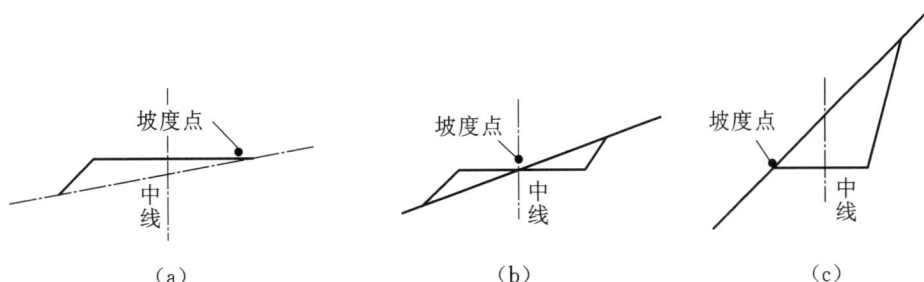

图 6-13 中线与坡度点在横断面上的关系

2）穿线交点

修正导向线是具有合理纵坡，在横断面上位置最佳的一条折线，但它不能满足平面线形标准的要求。设计人员要根据标准要求，使路线尽可能靠近或穿过导向线上的点，裁弯取直，使平、纵、横三方面恰当结合，确定与地形相适应并符合标准的若干直线，使各相邻直线相交即可确定交点 JD$_1$、JD$_2$、JD$_3$ 等。选线时要反复插试、逐步修改，才可能定出合理的线位。

6.2.4 定平曲线

穿线交点确定了路线的交点位置后，设计人员还要在交点处根据标准，结合地形、地物及其他因素选择适宜的平曲线半径，控制曲线线位。

1. 单交点法

单交点法是实地定线最常用的方法之一，是用一个交点来确定一段平曲线的插设曲线的方法，适用于转角不大、实地能直接钉设交点的路段。

半径直接影响曲线线位，如图 6-14 所示。当转角较大，不同半径可能使曲线线位相差几米，甚至几十米。线位的移动将直接影响线形、工程数量及路基稳定。半径一般结合地形和其他因素按以下控制条件来选择。

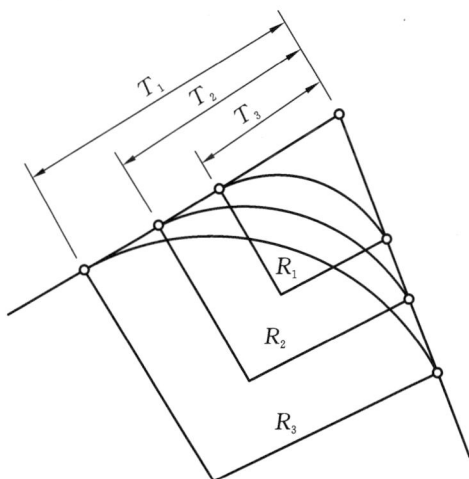

图 6-14 半径对曲线线位的影响

1）外距控制（曲线中点控制）

根据弯道内侧的固定建筑物确定 A 点是不与其发生干扰的控制点，用皮尺量出控制的外距值 E 并测出转角，即可确定半径，如图 6-15 所示。

2）切线控制（曲线起、终点控制）

有时路线为了控制曲线起、终点位置，要求曲线的切线长为一个定值，如要求相邻的反向曲线间的距离一定，或者要求桥头、隧道洞口在直线上等，这时曲线半径就由切线控制。

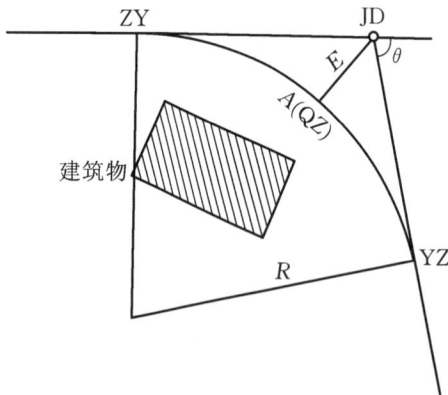

图 6-15　外距控制曲线半径

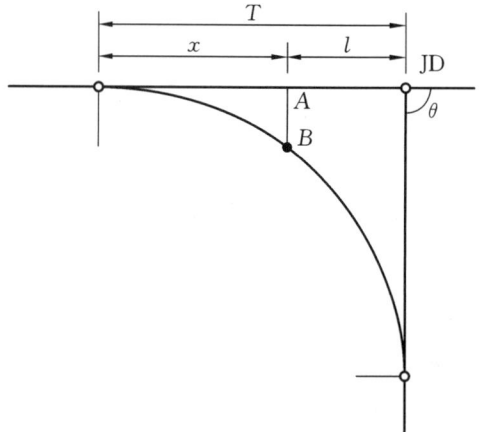

图 6-16　曲线上任意点控制

3）曲线长控制

当路线转角较小时，为使曲线长满足最短曲线长 L_{min} 的要求，曲线半径最小值根据曲线长确定。

4）曲线上任意点控制

如图 6-16 所示，有时由于桥涵等人工构造物位置或原路改建的要求，控制曲线必须从任意点 A 通过时，设计人员可用试算法选择半径。方法：实地量出 JD 至 B 点的距离和要求的支距，初选半径 R，用试算法确定。

5）按纵坡控制

当路线纵坡坡度大时，为使弯道上合成纵坡不因曲线半径太小而超过规定值，设计人员应根据已定的纵坡和合成纵坡标准值反算出超高横坡，再按控制的超高横坡求得最小控制半径。

2. 双交点法（虚交点法）

当路线偏角很大或交点受地形、地物障碍限制，无法钉设交点时，设计人员可在前后直线上选两个辅助交点 JD_A、JD_B 来代替交点 JD，敷设曲线，选择半径。JD_A 和 JD_B 的连线叫基线。双交点法的具体做法有两种。

（1）切基线法：基线可以控制曲线位置、能使所定曲线与基线相切的叫切基线法。如图 6-17 所示，GQ 为公切点，量出转角 θ_A、θ_B 和基线长度 AB 后可反算半径。

选择半径后，设计人员还要检查半径是否合乎标准的要求。切基线法方便简单，容易控制线位,计算容易,是生产中较常用的方法。

（2）不切基线法:当基线不能控制曲线线位或切基线法计算的半径不能满足标准要求时,所设曲线不与基线相切,设计人员只能按不切基线法来选择半径,如图 6-18 所示。方法:根据标准要求初选半径 R,测量 θ_A、θ_B,基线长 AB,计算出 T_A、T_B,根据 JD_A、JD_B 量距定出曲线起、终点 ZH、HZ,并用切线支距检查曲线上任意点的线位,如与实际情况相符,则所选半径合适,反之则应再调整、计算。

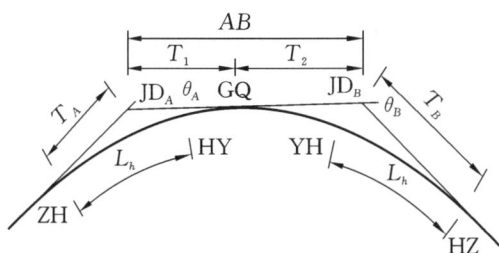

图 6-17 切基线的双交点法   图 6-18 不切基线的双交点法

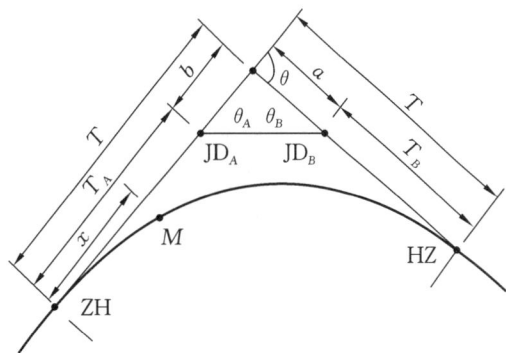

3. 回头曲线定线法

通常来说,有回头曲线的地方,路线受地形约束较大,主曲线和辅助曲线的平面、纵剖面控制较严,定线时稍有不慎会对线形和工程数量影响很大,插线时必须反复试线,才能得到满意的结果。回头曲线定线方法很多,通常采用切基线的双交点法。

按照放坡的导向线,先确定辅助曲线交点 JD_1、JD_2 和上下线位置,如图 6-19 所示,然后反复移动基线 JD_A—JD_B 控制确定主曲线,直到满意。具体方法同切基线的双交点法。

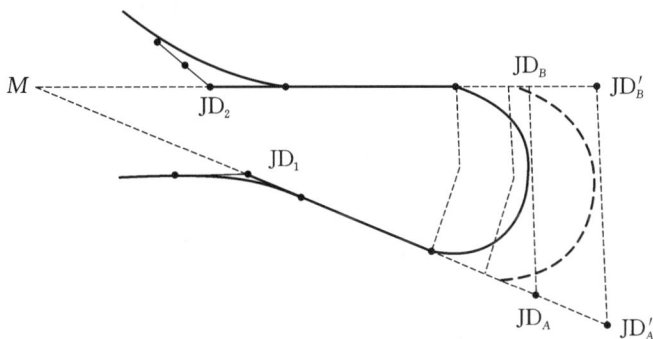

图 6-19 回头曲线定线（双交点法）

6.2.5 纸上移线

实地定线时,由于地形复杂,定线人员的视野受到限制,产生错觉,难免发生个别路段线位定得不当的情况,需要局部修正,此时,定线人员可直接在纸上修改,不必在实地修改,这种在纸上进行局部修改定线的工作叫纸上移线。

一、纸上移线的条件

（1）路线平面标准前后不协调，需要调整转角点位置、改变半径，或室内定坡后发现局部地段工程量过大时。

（2）路线位置过于靠山，挖方边坡太高，对稳定不利，或过于靠外，挡土墙较高，砌石工程太大，移改线位后能减少较大的工程量时。

（3）增加工程量不大，但能显著提高平、纵线形标准时。

二、纸上移线的步骤

（1）绘制移线地段的大比例尺（一般用 1∶200～1∶500）路线图，注出各桩位置。

（2）依据移线目的，在纵断面上试定合理坡度，读取各桩填挖值。

（3）根据填挖，用路基模板在横断面图上找出最经济或控制性的路基中心线位置，量偏离原中心线的距离，即移距，分别用不同符号点在路线平面图上，如图 6-20 所示。参照这些记号在保证重点照顾多数的原则下，经多次反复试定修改，直到定出满足移线要求、线形合理的移改导线。

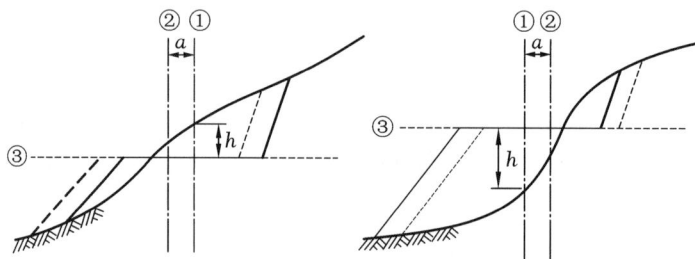

图 6-20　横断面移距的确定示意图

①—未移动前路基中心线；②—最佳路基中心线；③—对原桩填挖的水平线；h—填挖高度；
a—最佳中心位置偏离原中心线的距离

（4）用正切法算各交点转角。移线与原线的角度要闭合，否则需进行调整，先调整短边和角值小的转角。拟定半径、计算曲线要素并给出平曲线。量原线各相邻桩横断面方向线切割移线的实际长度（这些角度之和，在曲线段应等于曲线的计算长度，在直线段应等于曲线间的直线长），据此推算移线上的新桩号，量原线各桩移距，连同新老桩号一并记入移距表。算出断链长度，注于接线桩处。

（5）按移距，在横断面图上给出移线中心线位置，注上新桩号，读取新老桩比高。

（6）根据比高，用虚线在原纵断面图上点出移线的地面线和平曲线，重新设计纵坡和竖曲线。

（7）按移线的桩号、平曲线、坡度、竖曲线等资料编制路基设计表，表中的地面高程仍为原桩高程，将移线的平曲线起、终点桩号填在"备注"栏里。

（8）设计路基，计算土石方数量。

纸上移线示例如图 6-21 至图 6-23 所示。

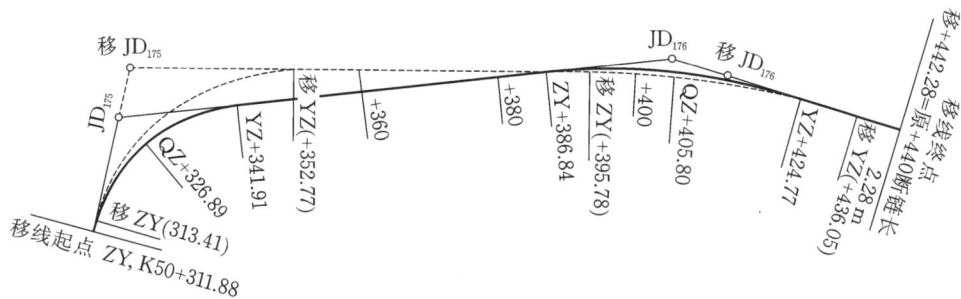

原曲线表

JD	α_Z	α_Y	R	T	L	E
175		68°49′	25	17.12	30.03	5.30
176		21°44′	100	19.20	37.93	1.83

移线曲线表

JD	α_Z	α_Y	R	T	L	E
175		75°10′	30	23.09	39.36	7.86
176		15°23′	150	20.26	40.27	1.36

移距表

原桩号	移线桩号	左	右
ZY, K50+311.88	K50+311.88	0	0
QZ　+326.89	+328.19	1.3	
YZ　+341.91	+343.97	4.0	
+360	+362.27	3.1	
+380	+382.27	0.8	
ZY　+386.84	+389.18	0	0
+400	+402.28		0.8
QZ　+405.80	+408.08		0.9
YZ　+424.77	+427.05		0.2
+440	+442.28	0	0

注：此段移线原因为土石方数量过大。将JD₁₇₅端外移，可避免出现深路堑，以减少土方工程。

图 6-21　纸上移线平面图

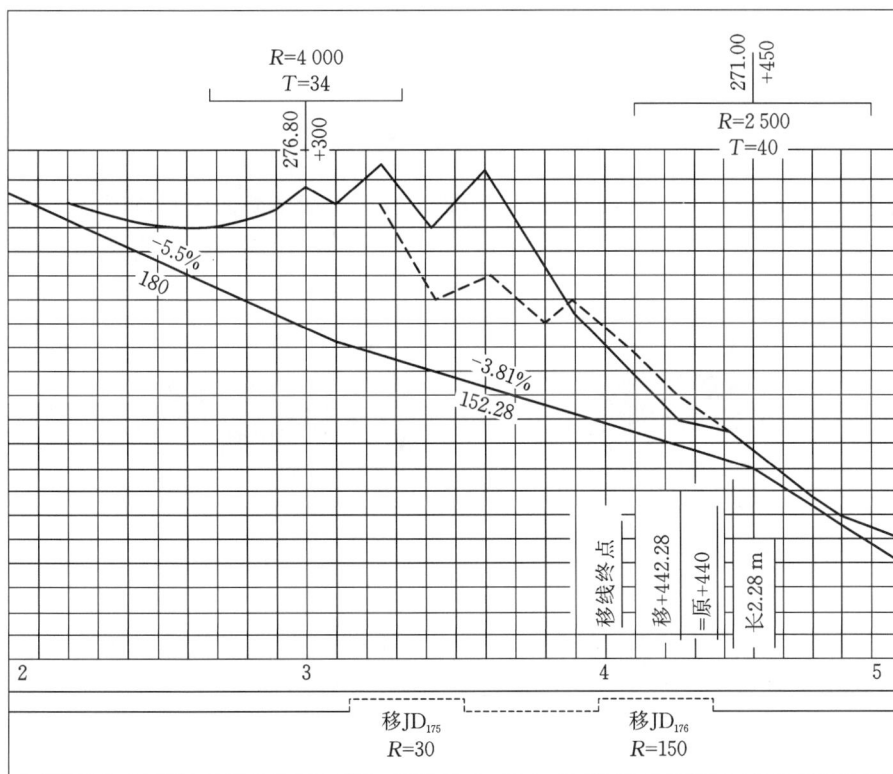

图 6-22　纸上移线纵断面图

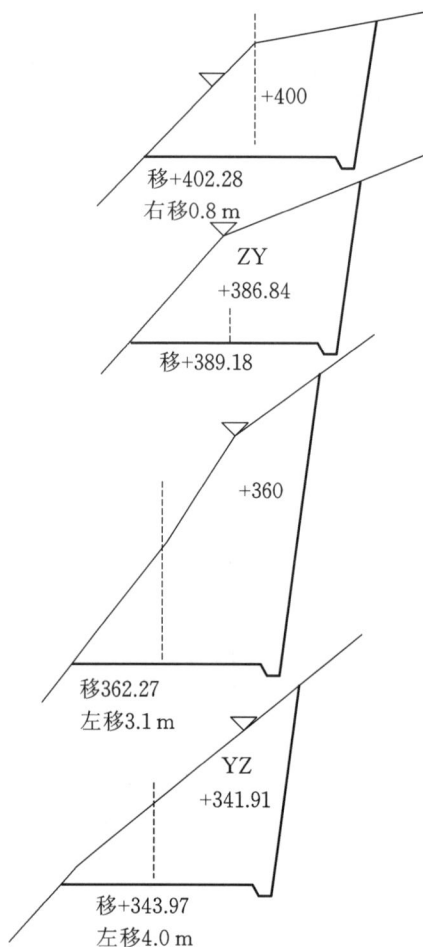

图 6-23 纸上移线横断面图

纸上移线的资料主要从原线的横断面上取得,由于一般横断面施测范围有限,且离中线越远误差越大,移距不能太大,一般小于 5 m。移距很大时,应在定出移改导线后,实地放线重测。

巩固训练

基础练习

一、填空题

1.公路定线的方法主要有_____、_____、_____三种方法。

2.实地放线基本方法有_____、_____、_____、_____等方法。

3.交点坐标采集通常有_____、_____两种办法。

4.实地放线常用_____、_____、_____、_____等方法。

5.纸上定线的具体操作方法有_____、_____两种办法。

二、单项选择题

1. 下列关于定线的说法中,不正确的有( )。

A. 定线就是在选线布局之后,具体标定出公路的中心线

B. 定线不可采用实地定线方法

C. 定线可采用图上定线方法

D. 定线除受地形、地质和地物等有形的制约外,还受技术标准、国家政策、社会影响、美学以及其他因素的制约

2. 下列关于定线的说法中,不正确的有( )。

A. 定线就是在选线布局之后,具体标定出公路的中心线

B. 定线只可采用实地定线方法

C. 定线可采用纸上定线方法

D. 定线可采用航测定线方法

3. 纸上定线一般在( )上进行。

A. 大比例尺地形图 B. 小比例尺地形图

C. 大比例尺航片 D. 小比例尺航片

4. 纸上定线是指( )。

A. 在小比例尺地形图上具体确定路线方案的方法

B. 在小比例尺地形图上具体确定路线中线位置的方法

C. 在大比例尺地形图上具体确定路线中线位置的方法

D. 在大比例尺地形图上具体确定路线方案的方法

三、问答题

1. 平原、微丘区纸上定线的步骤是什么?

2. 山岭区纸上定线的步骤是什么?

技能实训

如图 6-24 所示,设计人员在 AB 两点间进行道路定线。路线等级为三级,设计速度为 40 km/h。在定线方案中拟定适合的中间控制点,进行具体定线。

要求:

(1) 定出起、终点,中间交点位置及各交点转角值。

(2) 确定各交点处圆曲线半径和缓和曲线长度,计算各段曲线要素、路线里程桩号。

(3) 绘出平面曲线。

(4) 根据曲线平面位置,进行纵断面设计,绘出纵断面设计图。

(5) 完成定线报告。

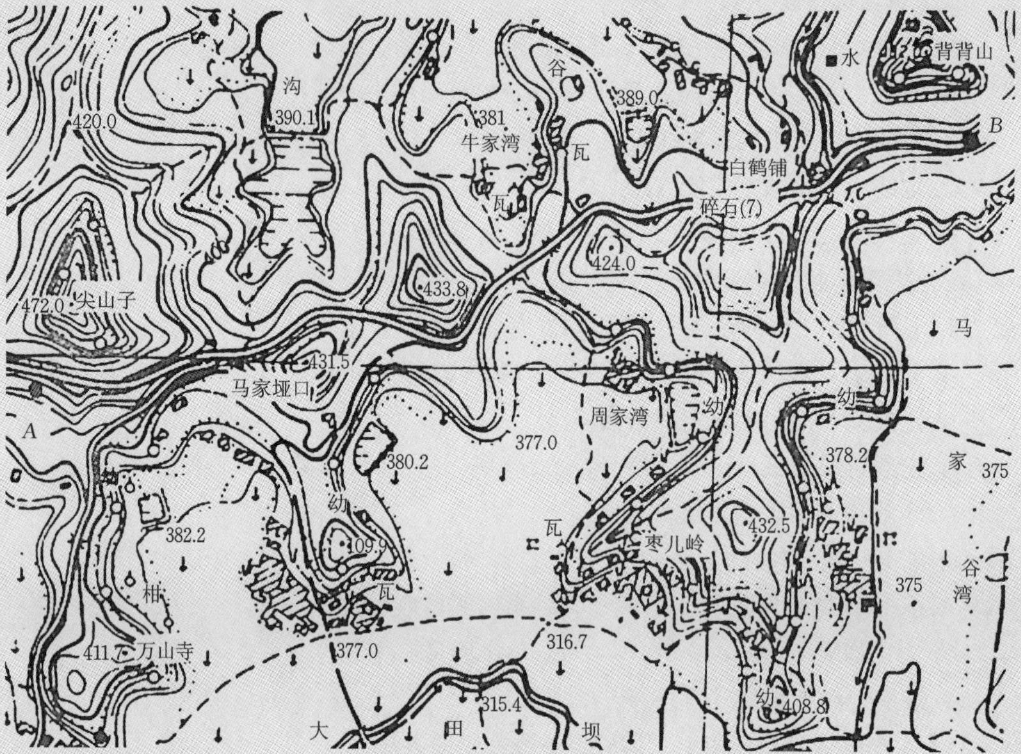

图 6-24　在 A、B 两点间定线

工作手册 7

公路交叉设计

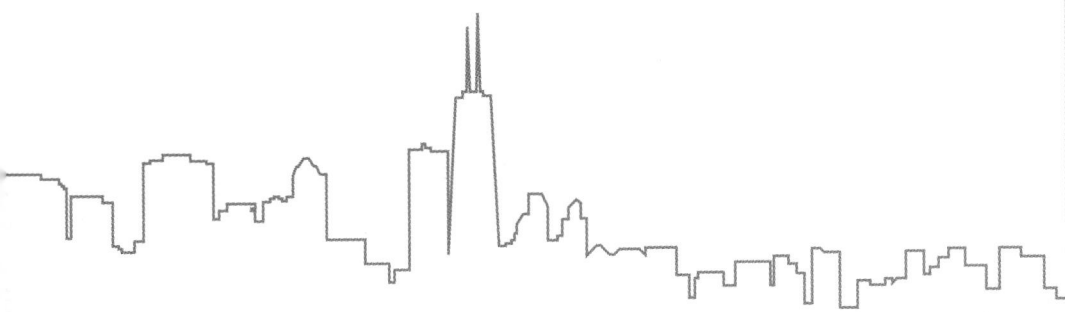

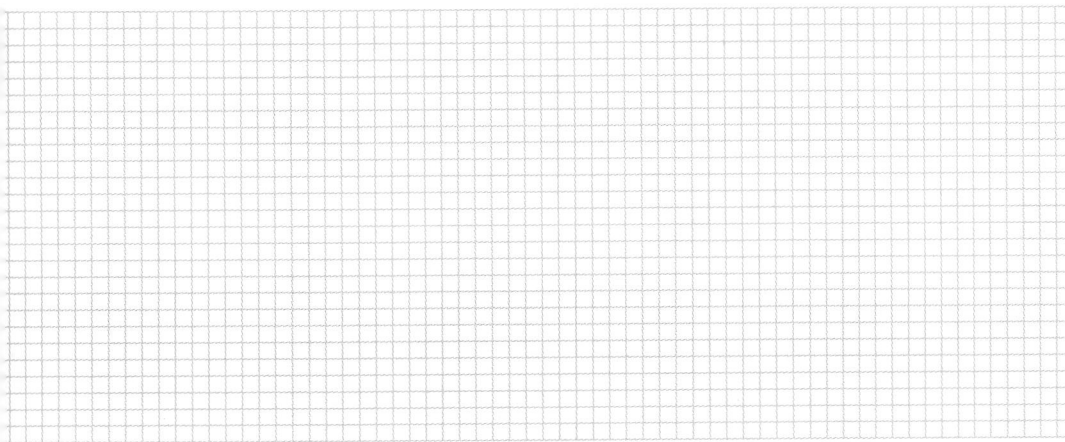

道路与道路(或铁路)在同一平面上相交的地方称为平面交叉,又称为交叉口。交叉口是道路系统的重要组成部分,是道路交通的咽喉。因此,如何正确设计交叉口,合理组织交通,对于提高交叉口的通行能力、避免交通阻塞、减少交通事故有重要意义。

道路与道路(或铁路)在不同平面上相交的地方称为立体交叉。在高等级公路相交、公路与相交道路之间交通量很大,平面交叉无法满足车辆正常行驶要求时,或交叉口处要求有较高的行车速度及较大的通行能力时,设计人员可考虑采用立体交叉。

本项目主要介绍公路交叉设计中危险点、冲突点的概念,交叉口设计的一般原则及要求。本项目重点介绍各种立交形式的适用条件,以及匝道设计的技术指标。

1. 了解平面交叉口的设计任务、原则,掌握平面交叉口的类型与适用范围。
2. 熟悉公路交叉口的交通组织措施。
3. 熟悉公路立体交叉的类型与适用范围,掌握立体交叉的布置与选择。
4. 熟悉匝道设计的方法。
5. 了解公路与其他路线交叉设计的方法。

1. 能够进行公路交叉口的交通分析。
2. 掌握进行公路平面交叉口和立体交叉口设计的要求。

在公路网中,公路与公路、管线交错,形成交叉。相交公路在同一平面上的交叉称为平面交叉,交叉的地方称为交叉口,相交的公路在不同平面上的交叉称为立体交叉。

7.1　公路交叉口分析

在平面交叉口,不同方向的车流和行人互相干扰,不但会降低车速、阻滞交通、降低通行能力,而且容易造成交通事故。平面交叉口是公路的重要组成部分,是公路交通的咽喉部位,直接影响公路的使用质量,所以必须予以足够的重视。公路的交叉规划和设计,必须符合安全、经济、合理、舒适和美观的要求。

7.1.1 平面交叉口的交通分析

车辆驶入交叉口后,以直行、右转弯或左转弯的方式,汇入欲行驶方向的车流后驶离交叉口。由于行驶方向不同,车辆间的交错就有所不同。当行车方向互相交叉时(此时行车路线的交角一般大于 45°),两车可能发生碰撞,这些地点称为冲突点;当来向不同而汇入同一方向时(此时行车路线的交角一般小于 45°),两车可能发生挤撞,这些地点称为合流点。显然,交叉口的冲突点和合流点是危及行车安全和发生交通事故的地点,统称危险点。其中,冲突点的影响和危害程度比合流点大得多。因此,设计交叉口时,应尽量消除、减少冲突点,或采用渠化交通等方法把冲突点限制在较小的范围内。平面交叉口的危险点如图 7-1 所示。

(1) 交叉口危险点的数量根据交叉口相交路线的数量和形式而异,且随相交路线数量的增加而显著增加。三路交叉口有 3 个冲突点、3 个合流点;四路交叉口有 16 个冲突点、8 个合流点;五路交叉口有 50 个冲突点、10 个合流点。因此,在规划设计交叉口时,除特殊情况外,交会的岔路不得多于 4 条,并采用合理的交叉口布置形式,以简化交通、减少危险点。

交通管制前后的危险点如图 7-2 和图 7-3 所示。

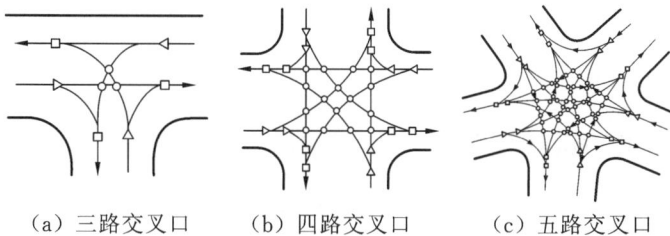

(a) 三路交叉口　　(b) 四路交叉口　　(c) 五路交叉口

图 7-1　平面交叉口的危险点
○—冲突点;△—分流点;□—合流点

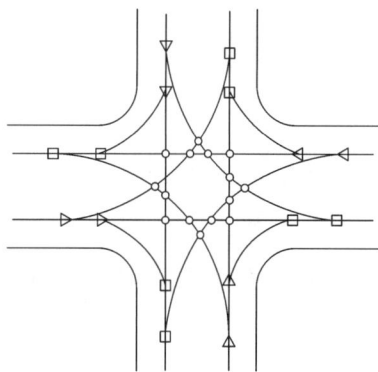

图 7-2　交通管制前的危险点

(2) 产生冲突点最多的是左转弯车辆。如果没有左转车辆,四路交叉口的冲突点就由 16 个减少为 4 个;如图 7-3 所示,四路十字形交叉口,如果采用信号灯或交通警察的指挥等交通管制措施,冲突点减少为 2 个、合流点减少为 4 个。因此,在交叉设计中,如何处理和组织左转弯车辆、采取必要的交通管制措施,是保证交叉口交通安全和畅通的关键之一。

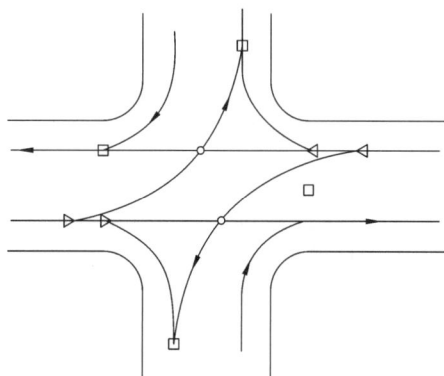

图 7-3　交通管制后的危险点

7.1.2　减少或消灭冲突点的措施

减少或消灭冲突点的措施有如下几种。

（1）建立交通管制：装设交通信号灯或由交通警察指挥交通，使直行车和左转弯车的通行时间错开。

（2）采用渠化交通：适当布置交通岛限制行车路线，使车辆按一定组织方式通过交叉口，可把冲突点限制在一定范围内；采用环形交叉（俗称转盘），使进入交叉口后的车辆按逆时针方向环绕中心岛单向行驶，从所要去的路口驶出，以同一方向循序前进，就消灭了交叉口的冲突点。

（3）创建立体交叉：将相互冲突的车流分别设在不同高程的车道上，互不干扰，这是彻底解决交叉口交通问题的办法，但立体交叉造价高，有的立体交叉仍有平面交叉问题，所以不能随意采用。

为了交通安全，交叉口前应设置交叉的标志牌，使驾驶员有心理准备；同时，交叉口处应具有足够视距，使驾驶员能看到各方向来车情况，以便及时采取措施。

为确保交叉口过往行人的安全、减少行人对交通的影响和干扰，除加强交通法规的宣传教育外，必要时应在交叉口设置人行横道和其他交通安全设施。

7.2　公路平面交叉

7.2.1　交叉口设计的基本要求和设计任务

（一）基本要求

（1）在确保安全的前提下，使车辆和行人在交叉口能以最短的时间顺利通过。

（2）正确设计交叉口立面，保证交叉口范围内的地面水迅速排除。

（二）设计任务

（1）正确选择交叉口形式，合理确定各组成部分的尺寸。

（2）确定必须保证的行车视距，从而确定交叉口的视距范围。

（3）保证立面布置符合行车和排水的要求。

（4）处理好主要公路与次要公路的关系。主要公路与次要公路交叉时，平、纵线形要全盘考虑、相互配合，使各自能符合有关技术标准的要求，但一般应优先保证主要公路线形的舒顺、平缓。

（5）正确、合理地进行交通组织和交通管制，设置必要的相关设施，将几何设计与标志、标线和信号设施等一并考虑、统筹布设。

（6）根据交叉口处的行人流量、公路等级和交通管理方式，合理布设人行横道、人行天桥、人行通道等。

综上所述，平面交叉的规划与设计，应根据交通量、设计速度、交通组成、车流分布和行人通行情况，结合该地区的公路网现状、规划、地形地质条件、经济环境等因素，综合考虑进行设计。对于改建公路，设计人员还应调查交通延误、交通事故等情况，有针对性地进行改建设计。

7.2.2　平面交叉的技术要求

（1）公路与公路交叉时，除高速公路全部采用立体交叉外，一级公路可少量采用平面交叉，二级以下公路可采用平面交叉。

（2）平面交叉路线应为直线并尽量正交，当采用曲线时，曲线半径宜大于不设超高的最小半径。若路线交叉为斜交，交叉角应大于 45°，同一位置平面交叉岔数不宜多于 5 条。

（3）平面交叉范围内，两相交公路的纵断面宜平缓。

（4）三级及三级以上公路的平面交叉均应进行渠化设计。

（5）平面交叉的形式应根据各相交公路的功能、等级、交通量、交通管理方式，结合地形、用地条件和投资等因素来选定。

（6）各平面交叉口的间距应尽量大，以便提高通行能力和保证安全。

（7）平面交叉的设计应以左转弯、右转弯和直行等不同方向的设计小时交通量为基本依据。

（8）远期拟建成立体交叉的平面交叉口，近期设计应将平面交叉与立体交叉进行总体设计，以便将来改建。

（9）平面交叉的交通管制分为主路优先交叉、无优先交叉、信号交叉三种方式。当被交叉公路等级较低、交通量较小或相交公路中有一条为干线公路时，应考虑采用主路优先交叉方式。当相交的两条公路等级均较低且交通量较小时，应采用无优先交叉方式。当出现以下情况时可采用信号交叉方式：两条交通量均较大，且功能、等级相同的公路相交；主、次公路相交但交通量均较大；主要公路交通量相当大；有相当数量的行人和非机动车穿越交叉；环形交叉的入口因交通量大而出现过多的交通延误。

（10）平面交叉范围内的设计速度，原则上应与相交公路的相应等级的设计速度一致。当相交公路等级相同或交通量相近时，平面交叉范围内的设计速度可降低，但不应低于路段的 70%。平面交叉右转弯车道的设计速度不宜大于 40 km/h，左转弯车道的设计速度不宜大于 20 km/h。

7.2.3　平面交叉的类型和适用范围

平面交叉口的形式设计得是否合理，直接影响投资和使用价值，所以设计人员应切合实际地考虑远期的需要和近期的可能两方面因素,选择合理的方案。平面交叉按构造组成分为渠化交叉和非渠化交叉;按几何形状分为 T 形交叉、十字形交叉和环形交叉等。

(一) 简单平面交叉

简单平面交叉的类型通常有十字形交叉、X 形交叉、T 形交叉、错位交叉、Y 形交叉、多路交叉,如图 7-4 所示。

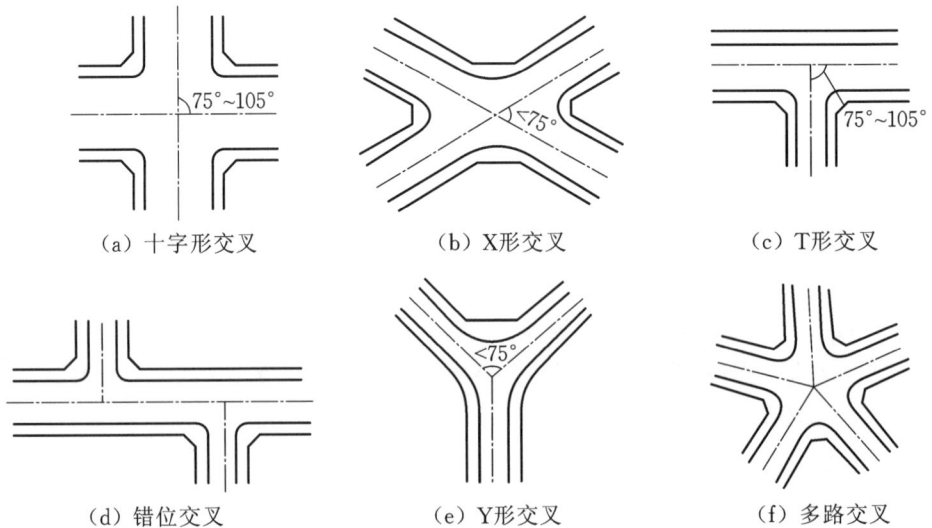

(a) 十字形交叉   (b) X形交叉   (c) T形交叉

(d) 错位交叉   (e) Y形交叉   (f) 多路交叉

图 7-4 简单平面交叉

特点:交叉口形式简单、占地少、造价低、设计方便,但行车速度低、通行能力小。

适用:交通量小、车速低、转弯车辆少的三、四级公路或地方道路;转弯交通量较小的主要道路与次要道路交叉。

(二) 渠化平面交叉

三级及三级以上公路的平面交叉应做渠化设计,以分隔岛、导流岛来指定各向车流行径。

为使转弯车辆不影响其他车辆的正常行驶,交叉口连接部通常增设变速车道和转弯车道,如图 7-5 所示。

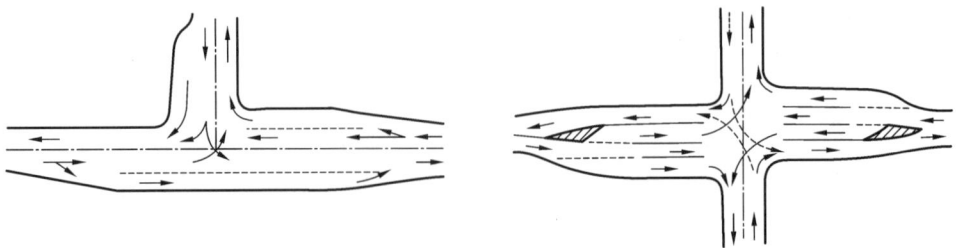

图 7-5 渠化平面交叉

（三）环形交叉

环形交叉是指在交叉口中央设置中心岛,用环道组织渠化交通,使进入环道的所有车辆一律按逆时针方向绕岛单向行驶,从要去的路口离岛驶出的平面交叉,俗称转盘,如图7-6所示。

特点:驶入交叉口的各种车辆可连续不断地单向行驶;环道上行车只有分流与合流,消灭了冲突点;交通组织简便,不需信号管制。

缺点:占地面积大,城区改建困难;增加了车辆绕行距离,特别是左转弯车辆;造价一般高于其他平面交叉。

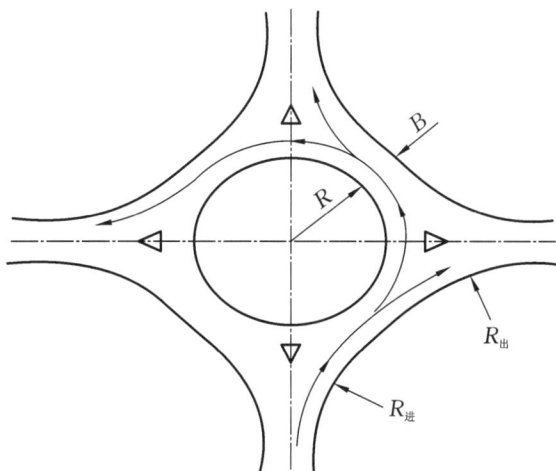

图 7-6　环形交叉

7.2.4　平面交叉的勘测设计要点

（一）勘测要点

（1）收集原有公路的等级、交通量、交通性质、交通组成、交通流向等资料和远景规划。

（2）根据地形和其他自然条件以及掌握的资料,按照有关规定,拟定交叉形式。

（3）选定交叉位置和确定交叉点,使各相交路线在平、纵、横方面都有较好的衔接。交叉点通常设在原有公路的中心线上或中心线的延长线上。

（4）测量交叉角、中线、纵断面和横断面。

（5）当地形和交叉口较复杂时,为更合理地选定交叉口的位置和形式,便于排水,勘测人员应详测地形图,以便做平面交叉竖向设计,比例尺采用1∶1000～1∶500。

（二）设计要点

1. 平面线形

（1）平面交叉范围内两相交公路应正交或接近正交,平面线形宜为直线或大半径曲线,尽量避免采用需设超高的曲线半径。

（2）新建公路与等级较低的既有公路斜交时,设计人员应对次要公路在交叉前后一定范围内进行局部改线,使交叉的交叉角大于45°。

2. 纵面线形

（1）平面交叉范围内,两相交公路的纵面应尽量平缓。纵面线形应满足最小停车视距的要求。

（2）主要公路在交叉范围内的纵坡坡度应为 0.15%～3.0%；次要公路上紧接交叉的部分引道以 0.5%～2.0% 的上坡通往交叉，而且此坡段至主要公路的路缘至少 25 m。

（3）在主要公路在交叉范围内是超高曲线的情况下，次要公路的纵坡应服从主要公路的横坡。

3. 视距

1）引道视距

每条岔道和转弯车道都应保证与行驶速度相适应的引道视距。引道视距在数值上等于停车视距，但量取标准为眼高 1.2 m、物高 0 m。引道视距及相应的凸形竖曲线的最小半径如表 7-1 所示。

表 7-1　引道视距及相应的凸形竖曲线的最小半径

设计速度/(km/h)	100	80	60	40	30	20
引道视距/m	160	110	75	40	30	20
凸形竖曲线的最小半径/m	10 700	5100	2400	700	400	200

2）通视三角区

两相交岔路间，由各自停车视距所组成的三角区内不得存在任何有碍通视的物体。

若条件受限制，不能保证通视三角区时，可降低要求保证主要公路的安全交叉停车视距（见表 7-2）和次要公路至主要公路边车道中心线 5～7 m 所组成的通视三角区。

4. 立面设计

平面交叉处两相交公路共有部分的立面形式及其引道横坡，应根据两相交公路的相对功能地位、平纵线形以及交通管理方式等因素确定。

表 7-2　安全交叉停车视距

设计速度/(km/h)	100	80	60	40	30	20
停车视距/m	160	110	75	40	30	20
安全交叉停车视距/m	250	175	115	70	55	35

（1）采用"主路优先"交通管理方式的交叉，应使主要公路的横断面贯穿交叉，调整次要公路的纵断面以适应主要公路的横断面，调整纵断面有困难时，应同时调整两条公路的横断面。

（2）主要公路设超高曲线时，应根据次要公路纵断面的不同情况处理立面。

（3）交叉范围内的路面排水设计应作为立面设计的主要考虑因素之一。

5. 附加车道

平面交叉范围内设置的附加车道有变速车道和转弯车道，设计要点和有关规定详见《公路路线设计规范》(JTG D20—2017)。

6. 改建旧平面交叉

改建旧平面交叉可采用增设车道、完善渠化、增加行人和非机动车横穿设施、改为立体交叉等方法。

（三）平面交叉基本设计成果

（1）平面交叉口平面布置图：比例尺为1∶1000～1∶500；图中示出路中心线和路面边缘线，注明交叉点，各岔道起、终点，加桩、控制断面的位置和桩号，列出平曲线要素表；图中还应标出各控制断面的宽度、横坡坡度和两侧路面边缘设计高程，注明交叉口处各坡段的纵坡等。

（2）纵、横断面图：除横断面图可用1∶200～1∶100的比例尺外，其余要求与一般路线设计的要求相同。

（3）交叉口地形图和竖向设计图，以及交叉口的工程数量等资料。

7.3　公路立体交叉

7.3.1　主要设计内容与一般要求

高等级公路相交或交通量过大而平面交叉无法适应时，行车速度高、地形条件适合做成立体交叉，从经济上考虑又合理时，设计人员均可以考虑用立体交叉。立体交叉分互通式和分离式两种。相交公路通过跨线桥、匝道等连接上、下线的立体交叉称为互通式立体交叉；相交公路通过跨线桥，但不能直接连接的立体交叉称为分离式立体交叉。

（1）高速公路和其他各级公路交叉时，必须采用立体交叉。交叉形式除在控制出入的地方设互通式立体交叉外，均采用分离式立体交叉。互通式立体交叉的形式，设置的间距，加（减）速车道、匝道的设计形式，应根据有关规定及具体情况确定。

（2）一级公路与交通量较大的公路交叉时，宜采用立体交叉。交叉形式可根据具体情况采用互通式或分离式立体交叉。

（3）二、三级公路间的交叉，当交通条件需要或在有条件的地点，也可采用立体交叉。

1.互通式立体交叉设计

确定互通式立体交叉位置时，设计人员应综合考虑公路网现状和规划情况，将互通式立体交叉设在公路线形指标良好，地形、地质和环境条件有利的位置。高速公路上相邻互通式立体交叉的间距不宜大于30 km，不宜小于4 km。若因路网结构或其他特殊原因所限，两互通式立体交叉之间应保持1000 m的极限最小净间距。

（1）互通式立体交叉按功能不同，可分为枢纽互通式立体交叉和一般互通式立体交叉。枢纽互通式立体交叉一般为高速公路间或高速公路与具干线功能的一级公路间的交叉，其匝道无收费站等设施，且应保证所有交通流无交叉冲突；一般互通式立体交叉为除枢纽互通式立体交叉之外的其他互通式立体交叉，一般用于高速公路或一级公路间及其与其他公路之间的交叉，允许在匝道上设置收费站和在出入口外采用平面交叉。

（2）互通式立体交叉按几何形状可分为T形、Y形和十字形三种，如图7-7至图7-9所示。

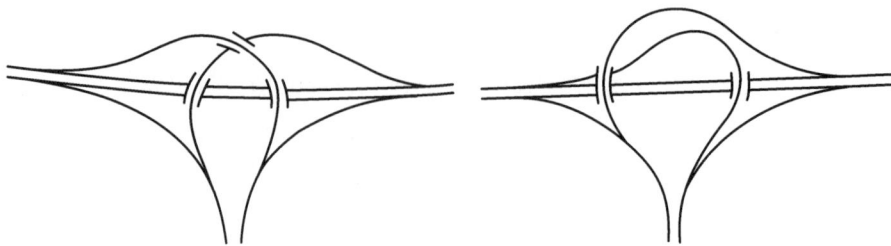

图 7-7　T 形互通式立体交叉

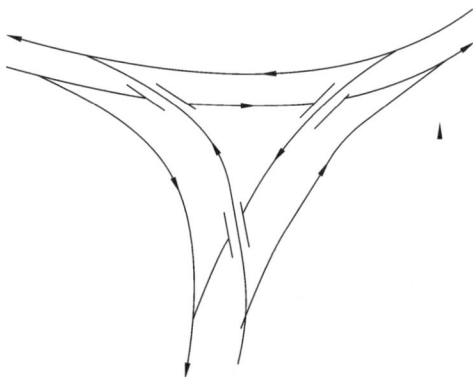

图 7-8　Y 形互通式立体交叉

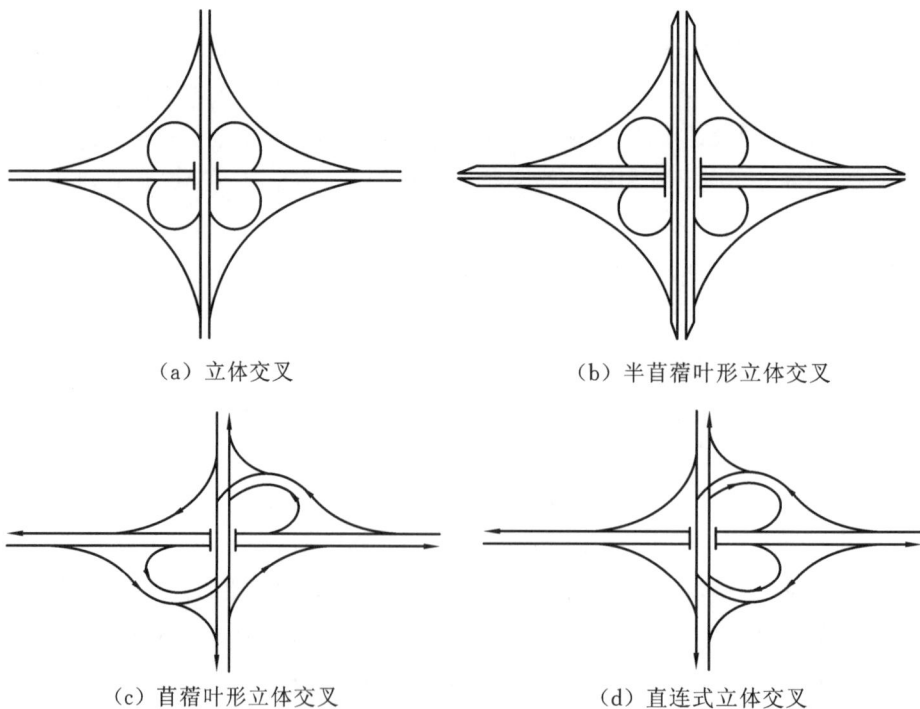

（a）立体交叉

（b）半苜蓿叶形立体交叉

（c）苜蓿叶形立体交叉

（d）直连式立体交叉

图 7-9　十字形互通式立体交叉

（3）互通式立体交叉范围内主线线形的主要技术指标如表7-3所示。

表7-3 互通式立体交叉范围内主线线形的主要技术指标

设计速度/(km/h)		120	100	80	60
最小平曲线半径/m	一般值	2000	1500	1100	500
	极限值	1500	1000	700	350
最小竖曲线半径/m	凸形 一般值	45 000	25 000	12 000	6000
	凸形 极限值	23 000	15 000	6000	3000
	凹形 一般值	16 000	12 000	8000	4000
	凹形 极限值	12 000	8000	4000	2000
最大纵坡坡度/(%)	一般值	2	2	3	4.5(4)*
	极限值	2	2	4(3.5)*	5.5(4.5)*

注：* 表示当主要公路以较大的下坡进入互通式立体交叉，且所接的减速车道为下坡，同时，后随的匝道线形指标较低时，主要公路的纵坡不得大于括号内的值。

2. 视距

互通式立体交叉区域应具有良好的通视条件，在主线分流鼻之前应保证判断出口所需的识别视距，如表7-4所示。

表7-4 识别视距

设计速度/(km/h)	120	100	80	60
识别视距/m	350～460	290～380	230～300	170～240

注：当驾驶员需接收的信息较多时，宜采用较大(接近高限)值。

在条件受限时，识别视距应大于1.25倍的主线停车视距。

匝道全长范围内应具有不小于表7-5规定的停车视距。

表7-5 匝道停车视距

设计速度/(km/h)	80	70	60	50	40	35	30
停车视距/m	110(135)	95(120)	75(100)	65(70)	40(45)	35	30

注：积雪冰冻地区应不小于括号内的数值。

3. 匝道设计

匝道是连接立体交叉上、下路线的通道，是互通式立体交叉的重要组成部分。

（1）匝道的设计速度如表7-6所示。

表7-6 匝道的设计速度

匝道形式		直连式	半直连式	环形匝道
匝道的设计速度/(km/h)	枢纽互通式立体交叉	50～80	40～80	40
	一般互通式立体交叉	40～60	40～60	30～40

（2）匝道的横断面设计要求如表 7-7 所示。

表 7-7　匝道的横断面设计要求

车道类型	图示
单向单车道	7.00+a(6.00+a)　0.75(0.50)　1.00　3.50+a　2.50(1.50)　0.75(0.50)　0.50　0.50
单向双车道或对向双车道	8.50+a　0.25　0.75　7.00+a　0.75　0.25　0.75　0.50　0.50　0.50
对向分离双车道	14.00+a+b(12.00+a+b)　0.25　2.50(1.50)　3.50+b　2.00(1.50)　3.50+a　2.50(1.50)　0.25　0.75　0.50　0.50　0.50　0.50　0.50　0.50　1.00(0.50)

（3）匝道的平面设计。匝道的平面应根据匝道设计速度、交叉类型、交通量、地形、用地条件、造价等因素设计。

匝道圆曲线的最小半径如表 7-8 所示。匝道回旋线参数及长度如表 7-9 所示。驶入匝道的分流点应具有较大的曲率半径，并使曲率变化适应行驶速度的变化，如表 7-10 所示。

表 7-8　匝道圆曲线的最小半径

匝道设计速度/(km/h)		80	70	60	50	40	35	30
圆曲线最小半径/m	一般值	280	210	150	100	60	40	30
	最小值	230	175	120	80	50	35	25

表 7-9　匝道回旋线参数及长度

匝道设计速度/(km/h)	80	70	60	50	40	35	30
回旋线参数 A/m	140	100	70	50	35	30	20
回旋线长度/m	70	60	50	40	35	30	25

表 7-10   分流鼻处匝道平曲线的最小曲率半径

主线设计速度/(km/h)		120	100	≤80
最小曲率半径/m	一般值	350	300	250
	极限值	300	250	200

（4）匝道的纵面线形设计。匝道的最大纵坡坡度如表 7-11 所示。匝道竖曲线的最小半径及最小长度如表 7-12 所示。

表 7-11   匝道的最大纵坡坡度

匝道设计速度/(km/h)			80、70	60、50	40、35、30
最大纵坡坡度/(%)	出口匝道	上坡	3	4	5
		下坡	3	3	4
	入口匝道	上坡	3	3	4
		下坡	3	4	5

表 7-12   匝道竖曲线的最小半径及最小长度

匝道设计速度/(km/h)			80	70	60	50	40	35	30
竖曲线的最小半径/m	凸形	一般值	4500	3500	2000	1600	900	700	500
		最小值	3000	2000	800	800	450	350	250
	凹形	一般值	3000	2000	1400	1400	900	700	400
		最小值	2000	1500	700	700	450	350	300
竖曲线的最小长度/m		一般值	100	90	60	60	40	35	30
		最小值	75	60	40	40	35	30	25

（5）匝道上的圆曲线超高设计与公路上的圆曲线超高设计的方法相同,但应与匝道上变速过程中的行驶速度相适应。超高和加宽应设置过渡段,具体要求参见相关规范。

（6）匝道出入口端部设计应满足以下要求。

① 互通式立体交叉的出入口一般应设置在主线行车道的右侧,如图 7-10 所示。在主线与匝道分流处,行车道边缘应设置偏置加宽,具体要求参见相关规范。

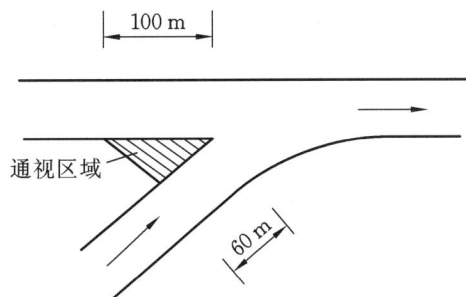

图 7-10   立体交叉入口

② 匝道与主线连接的路段应设置变速车道，以适应车辆变速行驶的需要。变速车道分为直接式和平行式两种，具体设计要求参见相关规范，如图 7-11 所示。

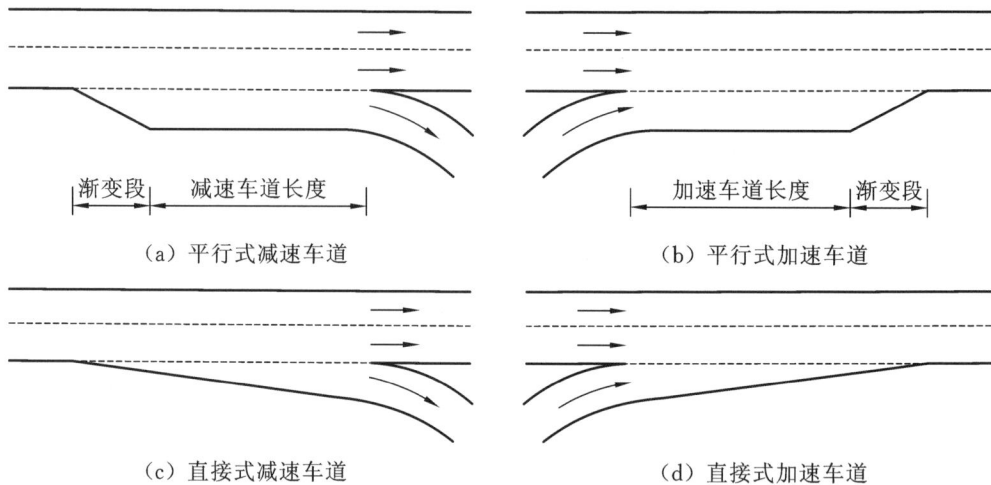

（a）平行式减速车道   （b）平行式加速车道

（c）直接式减速车道   （d）直接式加速车道

图 7-11 变速车道

7.3.2 测设要点

（1）应收集的资料，除平面交叉要求提供的资料外，还包括当地政府及有关部门的意见。

（2）初步拟订交叉位置和方案比选范围，用相交公路的中线为基线布设控制网，以供测量地形之用。

（3）地形测量，除分离式立体交叉外，均需测绘地形图。比例尺为 1∶2000～1∶500。测绘的范围视实际需要而定，一般应测至交叉范围外至少 100 m。测量要求与桥位地形测量相同。

（4）拟订方案：在地形图上定出不同方案的交叉位置和形式（包括匝道），并到实地核对，然后根据纸上资料等进行初步设计，拟订推荐方案。为便于方案比选，必要时应做模型和绘制透视图。

（5）按推荐方案在实地放样，测得平、纵、横三方面资料。

（6）地质勘探：在路线桥和其他构造物处，应进行地质勘探，要求与桥梁相同。

7.3.3 公路与公路立体交叉设计成果

（1）布置图比例尺一般为 1∶2000～1∶500，内容包括地形、地物、路线（包括匝道）、跨线桥及其他构造物等。

（2）纵、横断面图比例尺和要求与平面交叉略同。

（3）跨线桥设计图的要求与一般桥梁设计相同。

（4）如有挡土墙、窨井、排水管、排水泵站等其他构造物，均须附设计图。

（5）有比较方案时，应绘制布置图并提供有关资料。

（6）交叉口的工程数量等资料。

7.4 公路与其他路线交叉

7.4.1 公路与铁路交叉

公路与铁路交叉时，设计人员应根据公路的使用性质、交通情况、公路的规划断面和其他特殊要求，以及铁路的使用性质、运行情况、轨道数、调车作业（次数和断道时间）等情况，考虑并决定采用平面交叉、立体交叉或近期做平面交叉而远期改建为立体交叉的方案。

（一）公路与铁路平面交叉

（1）公路与铁路平面交叉时，应设置道口，并尽量正交，必须斜交时，交叉角应大于45°。

（2）根据交叉道口铁路等级，应保证汽车在公路上距交叉口相当于该公路停车视距并不小于50 m范围内，汽车驾驶员能看到两侧规定的最小距离以外的火车，如表7-13所示。

表 7-13　汽车瞭望视距

路段旅客列车设计速度/(km/h)	140	120	100	80
汽车瞭望视距/m	470	400	340	270

（3）为了行车的安全和方便，公路在交叉道口两端钢轨的外侧，应有不小于16 m的水平路段，该水平路段不包括竖曲线。紧接水平路段的纵坡的坡度一般不大于3%，在困难地段应不大于5%。

（4）交叉道口垂直于公路的宽度，应不小于交叉公路的路基宽度。交叉路口的路面（铁路称道口铺面）应根据铁路纵坡坡度做成水平或单向横坡，铺砌易于翻修的路面，如钢筋混凝土预制块、整齐条石等，铺砌长度应延至钢轨以外2 m。路面高程一般应和轨顶相同。

（5）公路与铁路接近时，两者的用地界之间宜保持一定的距离，高速公路不应小于30 m，一、二级公路不应小于15 m，三、四级公路不应小于5 m，必要时还应设置防眩设施。

（6）平面交叉道口在任何情况下，都应设置标志。

（二）公路与铁路立体交叉

公路与铁路交叉时，新建项目应首选立体交叉。高速公路、一级公路与铁路交叉时，必须设置立体交叉。其他各级公路与铁路交叉时，符合下列情况之一者，应设置立体交叉：

① 铁路与二级公路交叉时；

② 路段旅客列车设计车速为 120 km/h 的铁路与公路交叉时;

③ 铁路调车作业对公路上行驶的车辆会造成较严重延误时;

④ 受地形等条件限制,采用平面交叉会危及公路行车安全时。

测设时,设计人员应与铁路部门联系并取得具体的协议。一般铁路上跨公路的立体交叉,由铁路设计单位负责设计。

公路与铁路立体交叉时,以垂直交叉为宜,必须斜交时,交叉的锐角应大于 45°。

高速公路、一级公路与铁路交叉时,立交桥设置除考虑铁路对其的要求外,还应符合该路段公路的平、纵线形设计,不得在此局部降低公路技术指标。

交叉范围内公路视距要求:高速公路、一级公路应满足停车视距的要求,二、三、四级公路应满足会车视距的要求。

7.4.2　公路与乡村道路交叉

乡村道路泛指乡村、城镇之间不属等级之列,用于机动车、非机动车及行人通行的道路,包括大车道、机耕道等。乡村道路与公路交叉的数量,根据公路等级控制。在乡村道路密集地区,当交叉点过密且影响行车安全时,宜适当合并交叉点。

高速公路与乡村道路交叉时,必须采用分离式立体交叉。一级公路与乡村道路交叉时,宜设置立体交叉,即通道或天桥。二、三、四级公路与乡村道路交叉时,一般采用平面交叉。

平面交叉宜垂直相交,当必须斜交时,交叉的锐角应不小于 70°,受地形条件或其他特殊情况限制时,应不小于 60°。交叉处两侧的乡村道路的直线长度均应不小于 20 m,两侧公路应分别设置不小于 10 m 的水平段,紧接水平段的纵坡的坡度不应大于 3%,困难地段不应大于 6%。

平面交叉应设在视距良好的地方,乡村道路应设置一段水平路段并加铺与交叉公路相同的路面。

乡村道路从公路上面跨越时,跨线桥桥下净空应满足公路的要求。当乡村道路从公路下穿过时,净空可根据当地通行的车辆组成和交叉情况而定,一般人行道的净高不小于 2.2 m,畜力车及拖拉机通道的净高不小于 2.7 m、净宽不小于 4.0 m。

从下方穿越的公路或乡村道路,均应保证排水畅通,并在适当位置设置必要的标志。

7.4.3　公路与管线交叉

各种管线,如电信线、电力线、电缆、管道、渠道等均不得侵入公路限界,也不得妨碍公路交通安全,并不得损坏公路的构造物和设施。

为保证公路的正常养护,交通安全、畅通,公路的发展,新建或改建公路通过已有管线区时,设计人员应根据公路的使用要求,事先与有关部门协调,妥善处理修建公路引起的干扰问题。当需要沿现有公路两侧铺设管线时,有关部门亦应根据上述原则,事先与交通部门协调。

巩固训练

基础练习

一、填空题

1. 减少或消灭冲突点有 _____、_____、_____三种方法。

2. 机动车辆的交通组织有 _____、_____、_____、_____四种方法

3. 平面交叉口的形式按交叉口的几何形状可分为 _____、_____、_____、_____等。

4. 立体交叉按相交道路结构物形式可分为 _____、_____两类。

5. 立体交叉按交通功能可分为 _____、_____两类。

二、单项选择题

1. 完全互通式立体交叉的代表形式不包括( )。

A. 喇叭形　　　　　B. 苜蓿叶形　　　　　C. Y形　　　　　D. 圆形

2. 以下属于部分互通式立体交叉的是( )。

A. 菱形　　　　　B. A形　　　　　C. B形　　　　　D. 双喇叭形

3. 交织形立体交叉的形式是( )。

A. 菱形　　　　　B. A形　　　　　C. B形　　　　　D. 三路交织

4. 匝道是用来连接( )的通道。

A. 十字平面交叉　　　　　　　　B. 分离式立体交叉上、下路线

C. 互通式立体交叉上下路线　　　D. T形平面交叉

5. 在不采用任何措施的平面交叉口,产生冲突点最多的是( )车辆。

A. 直行　　　　　B. 左转弯　　　　　C. 右转弯　　　　　D. 以上一样多

三、问答题

1. 渠化交通的主要作用是什么?

2. 交叉口形式选择的要求有哪些?

3. 交叉口形式选择和设计的原则是什么?

4. 公路交叉口布置应注意哪些问题?

5. 道路立体交叉规划设计主要注意哪些问题?

6. 选用匝道设计速度时应注意哪些问题?

7. 匝道的平面线形的一般要求有哪些?

工作手册8

公路外业勘测

项目描述

　　本项目主要介绍公路初测与定测的目的、任务及测量队的组成；各作业组的工作内容及分工；曲线测设与计算方法。

知识目标

　　1.熟悉公路初测的要点。
　　2.掌握公路定测的主要内容和组织。

技能目标

　　1.能够进行公路的初测工作。
　　2.能够进行公路的定测工作。

　　公路建设是基本建设项目之一，建设过程包括公路规划、公路勘测设计、公路施工及公路养护四个大的环节。公路外业勘测为公路的设计提供纵、横断面图和带状地形图。通过外业勘测，设计人员可以按照公路的设计要求，将公路的起点、终点、平曲线以及路面的坡度测设于地面上，为公路的施工提供依据。公路外业勘测主要包括对路线的视察、踏勘测量和详细测量工作。

8.1　公路初测

　　初测是两阶段设计和三阶段设计中第一阶段（初步设计阶段）的外业勘测工作。
　　初测的目的是结合根据批复的可行性研究报告拟定的修建原则和路线基本走向方案，通过现场对各比选方案的勘测，确定采用方案，并收集、编制初步设计文件所需的勘测资料。
　　初测时，设计人员一般选用"纸上定线法"选定路线方案，地形、地物、设备条件有限时可采用"现场定线法"。
　　初测的任务是对路线方案进行进一步的核查、落实，进行各类相关资料的测量、调查工作，进行纸上定线和有关的内业工作。

8.1.1　准备工作

1. 收集资料

为满足初测和初步设计的需要,保证顺利开展工作,设计人员需要收集各种与项目相关的经济、技术、社会、自然条件、测绘等资料,包括以下资料:

① 三角点、导线点、水准点、GPS点等测量控制点以及各种比例尺的地形图、航片等资料;

② 沿线自然地理概况、地质、水文、气象、地震基本烈度等资料;

③ 沿线铁路、公路、航运、城建、农林、水利、电力、通信、文物、环保等部门与有关的规划、设计、规定及科研成果等资料;

④ 除上述资料外,改建公路还应收集原路的测设、施工、养护及路况等档案资料。

2. 内业研究路线方案

根据任务要求及已有资料,研究比选,拟定路线方案及需现场落实的问题;根据批复的工程可行性研究初步拟定路线起点、终点、中间控制点及路线基本走向,在地形图、数字地面模型或者航片上进行研究,拟定勘测方案,同时编写工作大纲和技术设计书。

8.1.2　现场踏勘

现场踏勘是勘测前必不可少的程序。由于收集到的地形图比例尺一般比较小且成图时间较早,国家建设发展很快,地形图与实际地物之间存在差异,设计人员必须在现场进行必要的调查,才能进一步落实路线方案。现场踏勘的主要内容如下。

1. 根据初拟方案现场核查的内容

(1) 核查所收集地形图地物的变化以及对初拟方案的影响,并研究相应的路线调整方案。

(2) 沿线居民点、农田水利设施、主要建筑设施和不良地质的分布情况及对初拟方案的影响,并对初拟方案做出相应的调整。

(3) 沿线各种地上(下)管线、重要历史文物、名胜古迹、旅游风景区、自然保护区、景观区(点)等的分布情况,并调整初拟方案或拟定相应的整改措施。

(4) 对沿线重点工程和复杂的大桥、中桥、隧道、互通式立体交叉等的位置与设置条件进行核查。

(5) 针对重要的路线方案、与当地规划或设施有干扰的方案,征求地政府或主管部门的意见。

(6) 改建公路应对原有旧路的路线线形、路基、路面、桥涵、防护和排水系统、交通事故与主要病害情况进行踏勘。

同时,设计人员要对收集的国家及有关部门布设的控制点的完好程度及可利用性进行检查,根据测区地形、植被覆盖情况,结合技术条件确定控制测量方案。现场踏勘之后,设计人员要确定初测路线地形图测图范围和地形图测量方案。设计人员还应调查沿线气候及交通条件等,确定外业勘测方案。

2. 踏勘资料整理

踏勘结束后,为方便后续工作的顺利开展,设计人员要完成以下工作。

(1)说明沿线地形、河流、工程地质、水文地质、气候等情况,采用路线方案的理由,沿线主要工程和主要建筑材料情况,勘测中应注意的事项,需进一步解决的问题等。

(2)估计野外工作的困难程度和工作量,确定初测队伍的组织及必需的仪具和其他装备,编制野外工作计划和日程安排。

(3)提出主要工程(如桥涵、隧道、立体交叉等)的工程地质勘察工作量和要求。

8.1.3 控制测量

为了控制全局、限制测量误差累积,为定测提供测量依据,测区内需要进行控制测量。控制测量分为平面控制测量和高程控制测量。

1. 平面控制测量

公路路线平面控制测量以导线测量为主。各等级平面控制测量的最弱点点位中误差不得大于 ± 5 cm,最弱相邻点相对点位误差中误差不得大于 ± 3 cm,最弱相邻点边长相对中误差不得大于表 8-1 的规定。

表 8-1 平面控制测量精度要求

测量等级	最弱相邻点边长相对中误差	测量等级	最弱相邻点边长相对中误差
二等	1/100 000	一级	1/20 000
三等	1/70 000	二级	1/10 000
四等	1/35 000		

各级公路和桥梁、隧道平面控制测量的等级不得低于表 8-2 的规定。

表 8-2 平面控制测量等级选用

高架桥、路线控制测量	多跨桥梁总长 L/m	单跨桥梁跨径 L_K/m	隧道贯通长度 L_G/m	测量等级
	$L \geqslant 3000$	$L_K \geqslant 500$	$LG \geqslant 6000$	二等
	$2000 \leqslant L < 3000$	$300 \leqslant L_K < 500$	$3000 \leqslant L_G < 6000$	三等
高架桥	$1000 \leqslant L < 2000$	$150 \leqslant L_K < 300$	$1000 \leqslant L_G < 3000$	四等
高速、一级公路	$L < 1000$	$L_K < 150$	$L_G < 1000$	一级
二、三、四级公路				二级

平面控制点还有一定的布设要求。

(1)平面控制点相邻点间平均边长应满足要求,如表 8-3 所示。四等及以上平面控制网中相邻点之间的距离不得小于 500 m;一、二级平面控制网中相邻点之间的距离在平原、微丘区不得小于 200 m,在重丘、山岭区不得小于 100 m。最大距离不应大于平均边长的 2 倍。

表 8-3　相邻点间平均边长

测量等级	平均边长/km	测量等级	平均边长/km
二等	3.0	一级	0.5
三等	2.0	二级	0.3
四等	1.0		

（2）路线平面控制点距路线中心线的距离应大于 50 m，宜小于 300 m，每个点至少应有一个相邻点通视。特大型构造物每端应埋设 2 个以上平面控制点。

导线测量的主要技术指标如表 8-4 所示。水平角观测的主要技术指标如表 8-5 所示。

表 8-4　导线测量的主要技术指标

测量等级	附（闭）合导线长度/km	边数	每边测距中误差/mm	单位权中误差/(″)	导线全长相对闭合差	方位角闭合差/(″)
二等	≤18	≤9	≤±14	≤±1.5	≤1/52 000	≤3.6$\sqrt{n}$
三等	≤12	≤12	≤±10	≤±2.5	≤1/35 000	≤5$\sqrt{n}$
一级	≤6	≤12	≤±14	≤±5.0	≤1/17 000	≤10$\sqrt{n}$
二级	≤3.6	≤12	≤±11	≤±8.0	≤1/11 000	≤16$\sqrt{n}$

注：1. n 为测站数。

2. 以测角中误差为单位权中误差。

3. 导线网节点的长度不得大于表中长度的 0.7 倍。

表 8-5　水平角观测的主要技术指标

测量等级	经纬仪型号	光学测微器两次重合读书差/(″)	半测回归零差/(″)	同一测回中 2C 较差/(″)	同一方向各测回间较差/(″)	测回数
二等	DJ$_1$	≤1	≤6	≤9	≤6	≥12
三等	DJ$_1$	≤1	≤6	≤9	≤6	≥6
	DJ$_2$	≤3	≤8	≤13	≤9	≥10
四等	DJ$_1$	≤1	≤6	≤9	≤6	≥4
	DJ$_2$	≤3	≤8	≤13	≤9	≥6
一级	DJ$_2$		≤12	≤18	≤12	≥2
	DJ$_6$		≤24		≤24	≥4
二级	DJ$_2$		≤12	≤18	≤12	≥1
	DJ$_6$		≤24		≤24	≥3

注：当观测方向的垂直角超过 ±3 ℃时，该方向的 2C 较差可按同一观测时间段内相邻测回进行比较。

2. 高程控制测量

路线高程控制测量采用水准测量。初测的高程控制测量主要沿导线设置水准点，测出导线点和加桩的高程。高程控制测量的规定如下。

（1）高程控制测量应采用水准测量或三角高程测量的方法进行。

（2）同一个公路项目应采用同一个高程系统，并应与相邻项目高程系统衔接。

（3）各等级公路高程控制网最弱点高程中误差不得大于 25 mm，用于跨越水域和深谷的大桥、特大桥的高程控制网最弱点高程中误差不得大于 10 mm，每公里观测高差中误差和附合（环线）水准路线长度应满足规定，如表 8-6 所示。当附合（环线）水准路线长度超过规定时，可采用双摆站的方法进行测量，其长度不得大于水准路线长度的 2 倍。

表 8-6　高程控制测量的技术要求

测量等级	每公里高差中数中误差/mm		附合或环线水准路线长度/km	
	偶然中误差 $M_\triangle$	全中误差 M_W	路线、隧道	桥梁
二等	±1	±2	600	100
三等	±3	±6	60	10
四等	±5	±10	25	4
五等	±8	±16	10	1.6

注：控制网节点的长度不应大于表中长度的 0.7 倍。

高程控制测量等级选用如表 8-7 所示。

表 8-7　高程控制测量等级选用

高架桥、路线控制测量	多跨桥梁总长 L/m	单跨桥梁跨径 L_K/m	隧道贯通长度 L_G/m	测量等级
	$L\geqslant3000$	$L_K\geqslant500$	$L_G\geqslant6000$	二等
	$1000\leqslant L<3000$	$150<L_K<500$	$3000\leqslant L_G<6000$	三等
高架桥、高速、一级公路	$L<1000$	$L_K<150$	$L_G<3000$	四等
二、三、四级公路				五等

在水准测量中，观测的技术要求如下。

（1）水准测量的主要技术要求应符合规范规定。

（2）跨河水准测量还应满足以下要求。

① 当水准路线通过宽度为各等级水准测量的标准实现长度 2 倍以下的江河、山谷时，设计人员可用一般观测方法测量，但应在测站上变换一次仪器高度，观测两次，两次高差之差应符合表 8-8 的规定。

② 高程视线长度超过各等级水准测量标准视线长度的 2 倍以上时，应按表 8-9 的规定选择观测方法。

③ 视线长度超过 3500 m 时，采用的方法和要求应根据测区条件进行专题设计。

④ 观测的测回数和组数不得小于表 8-10 的规定。

⑤ 各测回高差互差应小于下式计算的限差，即

$$M_限=3M_\triangle\sqrt{nS}$$

式中:$M_限$——测回间高差限差互差;

　　M_Δ——相应水准测量等级规定的每公里观测高差偶然中误差,mm;

　　n——测回数;

　　S——跨河视线长度,km。

表 8-8　跨河水准测量两次观测高差之差

测量等级	高差之差/mm	测量等级	高差之差/mm
二等	≤1.5	四等	≤7
三等	≤7	五等	≤9

表 8-9　跨河水准测量的观测方法及跨越视线长度

观测方法	跨越视线长度/m	观测方法	跨越视线长度/m
直接读数	三、四等≤300	倾斜螺旋法	≤1500
	五等≤500	测距三角高程法	≤3500
光学测微法	≤500		

表 8-10　测回数和组数

视线长度/m	测量等级							
	二等		三等		四等		五等	
	测回数	组数	测回数	组数	测回数	组数	测回数	组数
<300	2	2	2	1	2	1	2	1
300～500	2	4	2	2	2	2	2	1
500～1000	8	6	2	2	2	2	2	1
1000～1500	12	8	4	2	3	2	3	1
1500～2000	16	8	8	3	3	3	3	1
>2000	8S	8	4S	3	4	3	4	1

注:1. S 为视线长度的公里数,尾数凑整到 0.5 或 1。

　　2. 1 测回是指两台仪器对向观测 1 次。

　　3. 组数是指不同时间段实施规定测回数的次数。

3. 控制测量资料提交

控制测量结束以后,测量人员应提交以下测量及计算资料:

① 技术设计书;

② 点之记(含固定桩志表);

③ 仪器检验报告;

④ 原始记录手簿;

⑤ 控制测量计算书;

⑥ 平面控制网联测及布网略图;

⑦ 高程控制测量联测及路线示意图；

⑧ 作业自检报告；

⑨ 检查验收意见；

⑩ 技术总结；

⑪ 所有资料的电子文档。

8.1.4 地形图测绘

地形图包括路线地形图(也叫公路带状图)和工点地形图。路线地形图是以路线为依据的带状地形图,主要供纸上定线或路线设计用。工点地形图是为特殊小桥涵和复杂的排水、防护、改河、交叉等工程布设的专用地形图。地形图测绘的要求如下。

(1)路线地形图应全线贯通实测。纸上定线法初测的带状图宽度为中线两侧各 200～400 m;现场定线法初测带状图宽度为中线两侧各 150～250 m。测图比例尺一般采用 1:2000 或 1:1000,工点地形图的比例尺可采用 1:2000～1:500。

(2)地形图的基本等高距应满足表 8-11 的要求。

表 8-11　地形图的基本等高距

地形类别	不同比例尺的基本等高距/m			
	1:500	1:1000	1:2000	1:5000
平原	0.5	0.5	1.0	1.0
微丘	0.5	1.0	2.0	2.0
重丘	1.0	1.0	2.0	5.0
山岭	1.0	2.0	2.0	5.0

(3)地形图的测图精度应满足表 8-12 和表 8-13 的要求。

表 8-12　图上地物点的点位中误差

地物类型	重要地物	一般地物	水下地物/mm		
			1:500	1:1000	1:2000
点位中误差/mm	≤±0.6	≤±0.8	≤±2.0	≤±1.2	≤±1.0

表 8-13　等高线插值的高程中误差

地形类别	平原	微丘	重丘	山岭	水下
高程中误差	$\leq (1/3)H_d$	H_d	H_d	H_d	H_d

注:1.高程注记点的精度按表中 0.7 倍执行。

2.H_d 为基本等高距。

地形图测绘工作结束后应提交以下资料：

① 技术设计书；

② 图根控制测量记录手簿；

③ 图根控制测量计算书；

④ 地形图；

⑤ 地形图分幅图；

⑥ 地形图测量自检报告；

⑦ 地形图检查验收报告；

⑧ 技术总结。

8.1.5 路线勘测与调查

地形图测量后可以进行纸上定线或者现场定线。

纸上定线应进行的勘测内容如下。

（1）将有特殊要求或控制性的地点、必须绕避的建筑物或地质不良地带、地下建筑物和管线等标注于地形图上。

（2）对于越岭路线需进行纵坡控制的地段，在地形图上进行放坡，并将放坡点标示于图上。

（3）直接从图上判读路线上一般地形变坡点的高程，实测高程要求较严格的路段和地点的高程，点绘纵断面图。

（4）对高填深挖地段、大型桥隧、立体交叉以及需要特殊控制的地段进行实地放线，进行纵、横断面测量。

（5）在地形图上点绘或者实绘纵断面图。

现场定线一般只适用于三、四级公路的线路选取，应进行的勘测内容如下。

（1）现场踏勘前，应在地形图上确定控制点、绕避点，选择路线通过的最佳位置。

（2）在越岭路线或受纵坡控制的路段，选择好坡面及展线方式进行放坡试线。

（3）现场定线时，采用直接定交点法、延长直线定转点或交点的方法确定路线交点位置。直接定交点法一般用于地形平坦、地面目标明显、路线受限不严或旧路改建等工程。

8.1.6 其他勘测内容

其他勘测包括以下内容：

① 路基、路面及排水勘测与调查；

② 小桥涵勘测与调查；

③ 大、中桥勘测与调查；

④ 隧道勘测与调查；

⑤ 路线交叉勘测与调查；

⑥ 沿线设施勘测与调查；

⑦ 环境保护调查；

⑧ 临时工程勘测与调查；

⑨ 工程经济调查（包括沿线筑路材料、占地、拆迁建筑物、概算资料调查等）。

8.1.7　内业工作

初测以后，设计人员就可按照初步设计的深度和要求进行内业整理工作。

1. 初测内业工作内容

（1）对具有检核条件的测量数据进行限差检核，对超限的数据进行重测，如控制测量、图根测量、纵断面测量等。测绘成果均应进行精度分析并满足相应精度指标要求。

（2）进行纸上定线、移线及局部方案比选。

（3）初步拟定各种构造物设计方案，综合检查定线成果。

（4）编制勘测报告、制作有关图表、汇总。

（5）逐日复核、检查外业原始记录资料，如有差错、遗漏，及时纠正或弥补；对于向其他部门收集的资料，根据测设需要，检查、分析其是否齐全、可靠和适用，做到正确取用。

（6）综合检查、协调路线设计与有关专业及结构物布设的合理性，进行现场核对。

2. 初测应提交的基本资料

初测应提交以下基本资料：

① 各种调查、勘测原始记录及检验资料；

② 测量成果及计算等资料；

③ 勘测报告及有关协议、纪要文件。

初测应提交的勘测资料和相关图表、技术资料的内容和要求可以参见《公路勘测细则》（JTG/T C10—2007）中的相关内容。

8.2　公路定测

公路定测即定线测量，是指施工图设计阶段的外业勘测和调查工作。

定测应根据上级批准的初步设计文件及确定的修建原则和工程方案，具体核实路线方案，现场确定路线或放线，并进行详细测量和调查工作，其目的是为施工图设计和编制工程预算提供资料。

8.2.1　准备工作

公路定测的准备工作包括资料收集和现场核查,目的是弄清楚初步设计的意图和各种变化情况,进一步调查路线优化线形及局部构造的设计方案,保证定测工作质量。

1.资料收集

资料包括以下内容:

① 工程可行性研究报告;

② 初步设计阶段勘测、设计的有关资料及审查、批复意见;

③ 初测有关的记录、计算及设计资料;

④ 初步设计阶段收集的资料。

2.现场核查

现场核查包括以下内容:

① 初测控制桩的保存情况。

② 根据任务的内容、规模和仪器设备情况,拟定勘测方案。

③ 对初步设计收集的资料进行现场核查。

④ 对沿线地形、地貌及地物的变化情况进行核查。

⑤ 对初测阶段施测的路线平面、高程控制测量进行全面检查。

当检测成果与初测成果的较差符合限差要求,并且控制点分布可以满足设计要求时,应采用原成果,否则应对整个控制网进行复测或重测,并重新进行平差计算。

8.2.2　定测的内容与步骤

定测包括以下内容:

① 对初步设计方案进行补充勘察;

② 实地选定路线或实地放线(纸上定线时),进行测角、量距、中线测设、桩志固定等工作;

③ 引设水准点,进行路线水准测量;

④ 路线横断面测量;

⑤ 测绘带状地形图,有大型构造物的地段测绘局部大比例地形图;

⑥ 进行桥、涵、隧道的勘测与水文资料的调查;

⑦ 进行路基路面调查;

⑧ 占地、拆迁及预算资料调查;

⑨ 沿线土壤地质调查及筑路材料调查;

⑩ 征询有关部门对路线方案及征地拆迁等方面的意见,签订必要的协议;

⑪ 检查及整理外业资料,完成外业期间所规定的内业设计工作。

定测队按工作内容可分为选线组、导线测角组、中桩组、水平组、横断面组、地形组、调查组、内业组等。如果采用"纸上定线法"，选线组和导线测角组可以合并成一个放线组。

1. 选线组

选线组又称大旗组，是定测的第一步，也是整个外业勘测的核心。选线组的主要任务是实地确定中线位置。它的主要工作是进行路线察看，进一步确定路线布局方案；清除中线附近的测设障碍物；确定路线交点及转角并钉桩；初拟曲线半径；会同桥涵组确定大、中桥位；会同内业组进行纵坡设计；在越岭线地带进行放坡定线工作等。选线组的分工及工作内容如下。

1）前点放坡插点

主要工作是选定路线方案，加密小控制点，供定线参考，一般需 1～2 人（需放坡时为 2 人）。

2）中点穿线定点

主要工作是根据技术标准，结合地形及其他条件，修正路线方案，用花杆穿直线的方法反复插试，穿线定交点，并在长直线或相邻不通视的交点间增设转点，初拟曲线半径及其有关元素，需 2 人。

3）后点钉桩

主要工作是初测路线转角，钉桩插标旗，给后面作业组留下初拟半径及其他有关控制条件的纸条，需 1 人。

2. 导线测角组

选线组工作后应紧跟导线测角组。主要任务是标定直线与修正点位、测角及转角计算（见图 8-1）、测量交点间距、平曲线要素计算、导线磁方位角观测及复核、交点及转点桩固定，设分角桩，测定交点高程，设置临时水准点，协助中桩组敷设难度大的曲线等工作。

$$\alpha_右 = 180° - \beta$$
$$\alpha_左 = \beta - 180°$$

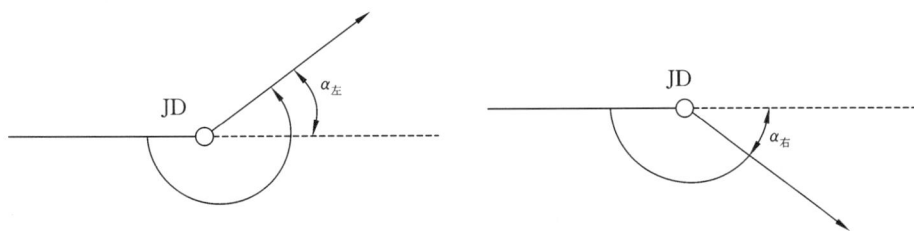

图 8-1　转角计算示意图

导线测角组需 4 人，其中，司仪 1 人，记录计算 1 人，插杆跑点 1 人，固桩 1 人。

为便于寻找和避免交点桩丢失，交点桩在定测时必须固定和保护。交点桩的保护一般采用就地灌注混凝土，深度为 30～40 cm，直径为 15～20 cm。

3. 中桩组

中桩组的主要任务是根据选线组选定的交点位置、曲线半径、缓和参数和导线测角组所测得的路线转角，进行量距、钉桩、敷设曲线及计算桩号，负责编制直线、曲线及转角一览表。

1) 分工

中桩组的工作内容比较多,一般需 7 人。前点 1 人,负责寻找前方交点,插前点花杆;拉链 2 人,分别为前链手和后链手,后链手负责指挥前链手进行穿线;卡链 1 人,负责卡定路线中桩的具体位置;记录、计算 1 人,负责进行桩号及敷设数据计算、记录中桩编号、累计链距等;写桩 1 人,负责中桩的具体书写;背桩及打桩 1 人。

2) 工作内容

(1) 中线丈量。中线丈量指丈量路线的里程,通常情况下把路线的起点作为零点,逐链累加计算。所量距离为水平距离。量距一般用皮尺,公路等级较高时,最好采用光电测距仪和钢卷尺。导线边长量距累计与测距仪所得边长的相对较差不应超过 1/200,否则返工。

(2) 中桩钉设。中桩钉设一般与中线丈量同时进行。需钉设的中桩包括路线的起、终点桩,公里桩,百米桩,平曲线控制(主点桩),桥梁或隧道中轴线控制桩,以及按桩距要求根据地形、地物、地质需要设置的加桩等。

路线中桩间距是指相邻中桩间的最大距离,应满足表 8-14 的要求。桩位精度应满足表 8-15 的规定。

表 8-14　路线中桩间距

线形	直线		曲线			
地形	平原、微丘	重丘、山岭	不设超高曲线	$R>60$	$30<R<60$	$R<30$
路线中桩间距/m	50	25	25	20	10	5

注:表中 R 为平曲线半径,单位为 m。

表 8-15　桩位精度

公路等级	中桩位置误差/cm		桩位检测误差/cm	
	平原、微丘	重丘、山岭	平原、微丘	重丘、山岭
高速公路,一、二级公路	$\leqslant\pm5$	$\leqslant\pm10$	$\leqslant10$	$\leqslant20$
三级以下公路	$\leqslant\pm10$	$\leqslant\pm15$	$\leqslant20$	$\leqslant30$

加桩(一般设在整米上)位置的选择原则如下:

① 路线范围内纵向与横向地形有显著变化处;

② 与水渠、管道、电信线、电力线等交叉或干扰地段起、终点;

③ 与既有公路、铁路、便道交叉处;

④ 病害地段的起、终点;

⑤ 拆迁建筑物处;

⑥ 占用耕地及经济林的起、终点;

⑦ 小桥涵中心及大桥、中桥、隧道的两端。

(3) 写桩与钉桩。所有的中桩应写清桩号、桩名、编号。

（4）断链及处理。在丈量过程中,出现桩号与实际里程不符的现象叫断链,主要是由计算和丈量发生错误或局部改线、分段测量等客观原因造成。断链分长链和短链两种类型。长链是指路线桩号短于地面实际里程,短链是指路线桩号长于地面实际里程。所有的断链桩号都应在总里程及断链桩号表中体现。路线总里程的计算公式为

$$路线总里程＝终点桩里程－起点桩里程＋\Sigma 长链－\Sigma 短链$$

4. 水平组

水平组的任务是对各中桩高程进行测量,并沿线设置水准点,为路线纵断面、横断面设计和施工提供高程资料。水平组通常由 6 人组成,分成中平组和基平组。中平组主要对各中桩进行水准测量;基平组主要设置临时水准点并进行水准点高程测量。

中桩高程应起闭于路线高程控制点,测至桩志处的地面,精度应满足表 8-16 的要求,并取位至厘米。

表 8-16　高差误差要求

公路等级	闭合差/mm	两次测量之差/cm
高速公路,一、二级公路	$\leqslant 30\sqrt{L}$	$\leqslant 5$
三级及三级以下公路	$\leqslant 50\sqrt{L}$	$\leqslant 10$

注:L 为高程测量的路线长度。

5. 横断面组

横断面组的主要任务是在实地测量每个中桩在路线横向(法线方向)的地面起伏变化情况,并画出横断面的地面线,为路基横断面设计、计算土石方数量及今后的施工放样提供资料。

横断面测量的第一项工作是确定横断面方向。在直线路段,横断面的方向与路线垂直,用方向架或经纬仪作垂线确定;在曲线段,横断面方向与该点切线垂直(法线方向),可用弯道求心方向架或经纬仪确定。

横断面测量是以中线地面点(中桩位置)为直角坐标原点,分别沿断面方向向两侧施测地面各地形变化特征点间的相对平距和高差,由此点绘出横断面的地面线。横断面测量有多种方法,如抬杆法、手水准法,特殊断面还有交会法和钓鱼法,如图 8-2 至图 8-5 所示。不同地形和不同精度要求可采用不同方法。

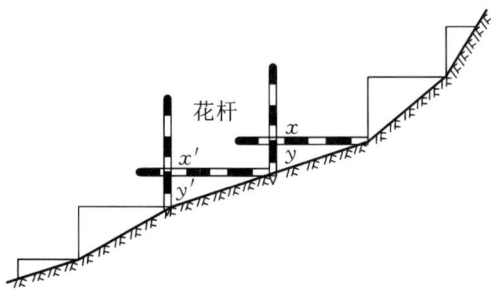

图 8-2　抬杆法

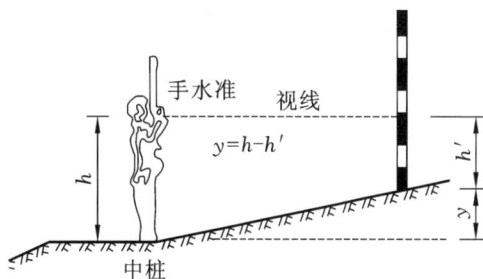

图 8-3　手水准法

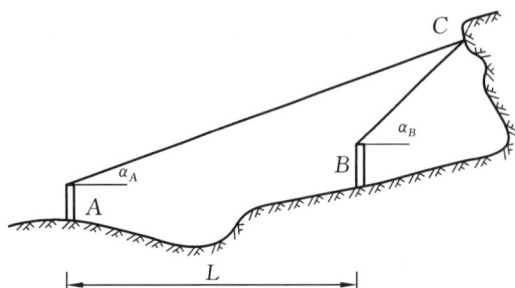

图 8-4   交会法

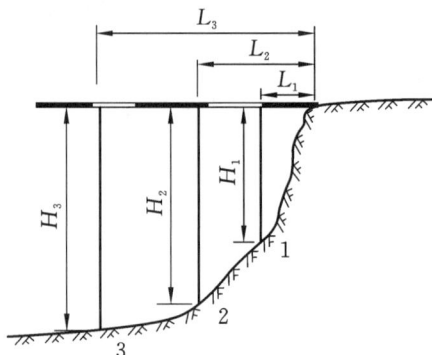

图 8-5   钓鱼法

抬杆法利用花杆直接测得平距和高差,适用于横向地面变化较多、较大的地段;手水准法用花杆测量高差,用皮尺量距,适用于横坡较缓的地段;不良地质地段可用经纬仪进行视距测量和三角高程测量,深沟路段采用钓鱼法。高等级公路横断面测量方法:经纬仪皮尺法、经纬仪视距法或全站仪法。

横断面图的点绘以中桩点为中心,分左右两侧,按测得的各侧相邻地形特征点之间的平距与高差或倾角与斜距等逐一将各特征点点绘在横断面图上,各点连线即构成横断面地面线。点绘一般采用现场边测量边点绘的方式,这种方法的优点是不用外业记录,可及时核对,减少差错。现场无绘图条件时,可采用现场记录、室内整理绘图的方式,如表 8-17 所示。

表 8-17   横断面记录

左侧			桩号	右侧	
$\dfrac{0}{13}$	$\dfrac{+1.0}{13}$	$\dfrac{+1.5}{5}$	K0+020	$\dfrac{-1.0}{10}$	$\dfrac{-1.0}{11}$

横断面的绘制应按桩号的顺序由下到上、从左到右安排断面位置。绘图比例尺一般为1:200,特殊情况可采用1:100,图内适当位置需要简要说明断面的地物情况。横断面测量精度要求如表 8-18 所示。

表 8-18   横断面测量精度要求

公路等级	距离/m	高差/m
高速公路,一、二级公路	$\leqslant L/100+0.1$	$\leqslant h/100+L/200+0.1$
三级及三级以下公路	$\leqslant L/50+0.1$	$\leqslant h/50+L/100+0.1$

注:1. L 为测点至中桩的水平距离。

2. h 为测点与中桩的高差。

6. 地形组

地形组的任务是根据设计和施工的需要,按一定比例测绘出沿线一定宽度范围内的带状地形图(或局部范围的专用地形图)。

定测一般利用初测地形图,并进行现场核对。地形、地物发生变化的路段,应进行修测;

地形图范围不满足设计要求时,应进行补测;变化较大时,应进行重测。

定测的测图要求与初测相同。

7. 调查组

调查组的任务是根据测设任务的要求,通过对公路所经地区的自然条件和技术经济条件进行调查,为公路选线和内业设计收集原始资料。

调查组一般由2～3人组成,可综合调查或分小组同时调查。

调查的主要内容包括路基路面及排水情况、桥涵、隧道、路线交叉工程经济调查等。

1) 路基路面及排水情况调查

路基路面及排水调查要进行以下工作:

① 实地核查初测收集的资料,进行补充和完善;

② 调查沿线筑路材料的种类、产地、储量、运距、采运条件及有关的物理力学性质;

③ 调查沿线农田水利设施的现状、特点、发展规划,农田表土的性质及厚度等对路基、路面的影响;

④ 调查沿线水系及相互关系,地表水、地下水、裂隙水等的位置、流量、流向和流速,泉眼的位置和流量,公路通过农田、洼地时调查地表水的积水深度、积水时间;

⑤ 对路段所经过地区水文、地质、气候、土质的适种性等进行勘测调查;

⑥ 对于路基防护,现场确定路基边坡防护工程的位置、起讫桩号、防护长度及形式,设置防护工程的路段,应实地放出构筑物轴线,进行高程测量和横断面测量;

⑦ 对于改移工程,实地确定改移工程的起讫桩号,敷设轴线桩,进行纵、横断面测量,将轴线与路线控制测量联测,测绘1:2000～1:500地形图;

⑧ 调查该地区既有路面或相似路面的施工技术、施工控制、面层构造和材料路面等情况;

⑨ 实地调查已有排水设施,确定排水设施的形式、横断面尺寸、加固措施,测量起讫桩号、长度、进出口位置。

2) 桥涵调查

桥涵调查要开展以下工作:

① 实地核实和补充初测调查内容;

② 实地测量形态断面、河床比降、特征水位和汇水面积等;

③ 对于小桥涵调查,需要实地放样出其中桩,并实测沟渠和路线的交角及桥涵纵断面;

④ 对于大、中型桥梁,需要建立满足桥梁设计精度要求的平面和高程控制网,如表8-19所示;

表 8-19　桥梁设计精度要求

测量等级	桥轴线相对中误差	测量等级	桥轴线相对中误差
二等	≤1/150 000	一级	≤1/40 000
三等	≤1/100 000	二级	≤1/20 000
四等	≤1/60 000		

⑤ 审核和完善初测所绘地形图;

⑥ 应测量桥轴线纵断面、引道,同时需要在桥位、上下游各算一个断面进行形态断面测量,并满足相应的精度要求。

3) 隧道调查

隧道调查要开展以下工作:

① 需要核实和补充隧道所在位置的地形、工程地质、水文地质和环境等内容;

② 建立相应的平面和高程控制网;

③ 在洞口前后各 50 米实放中桩,适当加桩,桩距不超过 10 m,并对所有中桩进行横断面测量;

④ 现场核对初测地形图,必要时进行修测和补测。

4) 路线交叉调查

路线交叉调查要开展以下工作:

① 现场核实和补充调查初测内容;

② 对于互通式立体交叉,需要进行主线勘测、匝道和连接线测量,技术要求与路线测量相同;

③ 重新测量交叉道路、管线的交叉角度、交叉点高程和纵坡坡度等要素;

④ 各种交叉的位置、形式、相交道路改移方案等均应与相关部门签订协议。

5) 工程经济调查

工程经济调查的内容包括沿线筑路材料的调查,占地情况调查,拆迁建筑物调查,砍树、挖根、除草等调查,在初测调查的基础上对预算资料进行核实和补充调查。

6) 其他调查

除了上述调查以外,设计人员还需要进行沿线设施勘测调查、环境保护和临时工程勘测调查等。工作思路都是需要核实和补充初测调查内容,对发生变化较大的地物和地形,还需要进行修测和补测。

8. 内业组

内业组的工作主要包括外业资料检查、复核、整理和制作图表,与初测内业工作要求相同。对于复杂地形的路线、不良地质地段、大型桥隧、立体交叉等地段的勘测资料,设计人员还必须进行现场核对。

8.2.3 资料提交

定测工作完成后需要提交以下资料:

① 控制测量检测、补测或复测记录、计算和成果资料,地形图补充测量资料;

② 各种调查、勘测原始记录、图纸和资料;

③ 各专业勘测调查的质量检查和分析评定资料;

④ 外业勘测说明书及有关协议和文件;

⑤ 根据设计需要编制的各种图表和说明资料。

巩固训练

基础练习

一、填空题

1.测量标志分为_____、_____、_____。

2.定测队一般由_____、_____、_____、_____、_____、_____、_____、_____8个作业组构成。

3.横断面测量方法有_____、_____、_____、_____。

二、单项选择题

1.横断面测量的方法不包括(　　)。

A.偏角法　　　　　B.水准仪法　　　　　C.抬杆法　　　　　D.经纬仪法

2.初测应提交的成果不包括(　　)。

A.纸上定线或移线成果及方案比较资料

B.各种主要构造物设计方案及计算资料

C.路基、路面、桥梁、交叉、隧道等工程设计方案图及比较方案图

D.沿线设施、环境保护、筑路材料等施工方案

3.桥涵地质调查内容不包括(　　)。

A.基础地质土壤类别与特征　　　　　B.不良地质情况

C.土壤冻结深度　　　　　　　　　　D.桥址附近交通状况

三、问答题

1.公路初测的内容有哪些?

2.公路初测的内业工作有哪些?

3.定测的内容有哪些?

技能实训

在市郊某处进行公路勘测实训。要求在该区域范围内选出一条2 km左右路线,并对其进行勘测设计。

具体工作如下:

① 进行实地公路选线,测角,水平、纵断面、横断面测设工作,完成各项内业工作;

② 学习路线布局的基本方法,了解路线方案比较的方法、公路路线线形的概念,进一步加深课堂所学勘测知识,学习公路各种曲线的敷设方法,基本掌握各类地形、曲线的运用和测设方法;

③ 熟悉测量工作方法,进行测量的基本训练;

④ 完成测设的内业工作任务,编写实习报告。

工作手册9

公路现代测设技术

项目描述

　　本项目主要介绍了公路路线 CAD 技术、数字地形模型、公路透视图、"3S"技术。

知识目标

1. 掌握公路路线计算机辅助设计(CAD)系统的组成。
2. 了解"3S"技术在公路勘测设计中的应用。
3. 熟悉数字地形模型及其在公路设计中的应用。

技能目标

1. 能够在工程上应用 CAD 技术。
2. 掌握公路路线辅助设计。

9.1　公路路线 CAD 技术

　　1963 年,美国麻省理工学院首次提出了 CAD 的概念,60 年来,随着计算机技术和微电子学的发展,价格低廉、性能优良的 CAD 软、硬件系统得到了广泛的应用。

9.1.1　CAD 技术简介

1. CAD 的概念

　　CAD 是计算机辅助设计(computer aided design)的简称,是近年来工程技术领域中发展迅速、引人注目的高新技术之一。它将计算机迅速、准确地处理信息的特点与人类的创造思维相结合,为现代设计提供了理想手段。

2. CAD 系统的组成

　　CAD 系统由软件系统和硬件系统组成。

1) CAD 软件系统

　　CAD 软件系统由数据库、图形系统和科学计算三部分组成。

　　① 数据库:通用性的、综合性的以及减少数据重复存储的"数据集合"。它按照信息的自然联系来构成数据,即把数据本身和实体之间的描述都存入数据库,用各种方法来对数据进行各种组合,以满足各种需要,使设计所需数据便于提取,新的数据便于补充。其内容包括原始资料、设计标准与规范数据、中间结果、最终结果等。数据库及其管理系统是整个

CAD 系统的纽带。

② 图形系统:包括几何构型、绘制工程设计图、绘制各种函数曲线、绘制各种数据表格、在图形显示装置上进行图形变换以及分析和模拟等。图形系统是 CAD 技术的基础。

③ 科学计算:包括通用的数学函数和计算程序,以及在设计中占有很大比例的常规设计、优化设计等,即 CAD 的应用软件包。科学计算是实现工程设计、计算、分析、绘图等具体专用功能的程序,是 CAD 技术应用于工程实践的保证。

2) CAD 硬件系统

CAD 硬件系统由计算机、显示器、打印机及绘图仪四部分组成。计算机进行数据的处理,处理的结果由显示器进行显示,供设计者判断、修改,由绘图仪输出所需的图形,由打印机输出数据处理的结果,必要时也可输出打印图形。在绘图精度和效率都要求较高的场合,CAD 硬件系统可以在基本配置的基础上增加图形输出板或数字化仪,以改进输入手段,提高输入效率和精度;在输出方面,CAD 硬件系统可以增添图形硬盘拷贝机,以提高输出效率和效果。

公路 CAD 系统总体结构如图 9-1 所示。

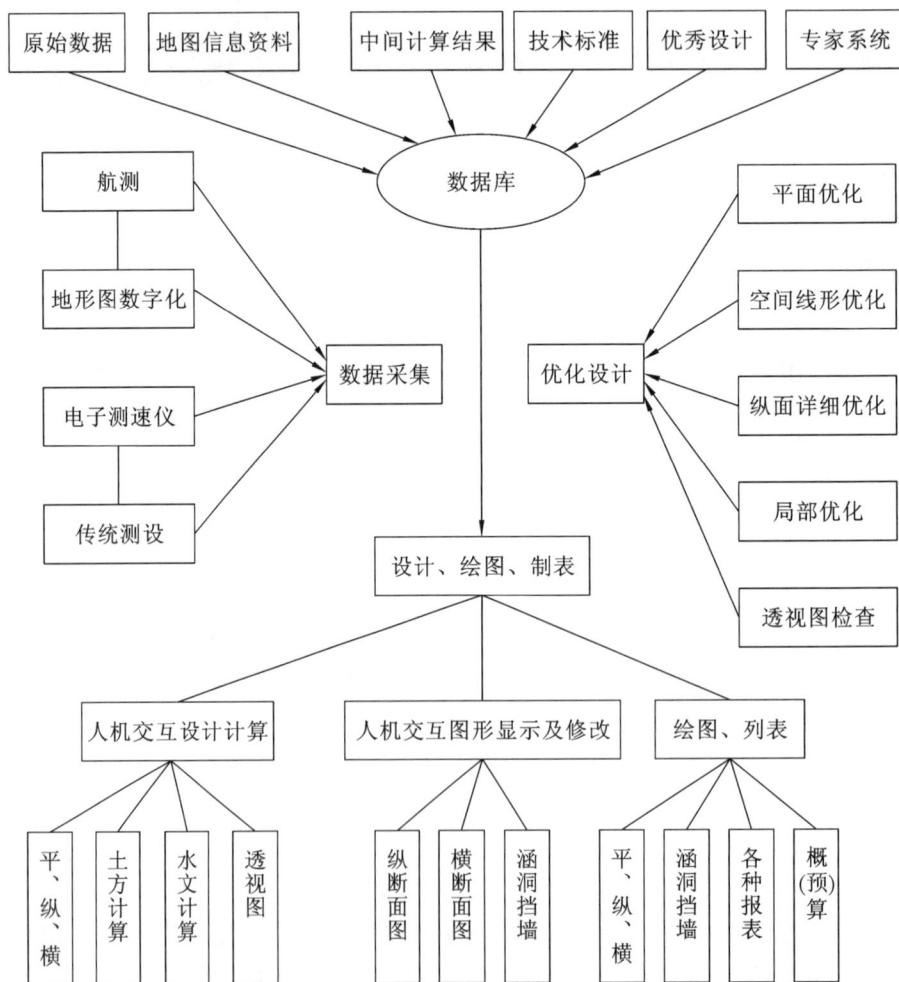

图 9-1　公路 CAD 系统总体结构

3.CAD技术在工程上的应用

早在20世纪60年代,公路设计人员就运用计算机技术,解决公路路线中烦冗重复的计算问题。随着计算机图形处理功能的发展、动态可视化技术的日渐成熟,以及GPS(全球定位系统)、航测、遥感等现代测量技术的应用和普及,道路CAD技术已逐步发展成为集数据采集与处理、设计、分析、优化于一体的集成化系统,该系统由数字地形模型子系统、路线平纵优化子系统、路线设计子系统、立体交叉口设计子系统、公路中小桥涵设计子系统、公路工程造价分析子系统六大专业设计子系统组成。

CAD系统覆盖了地形数据采集、建立数据地面模型、人机交互地进行路线平、纵、横设计、线形优化设计和人工构造物的设计图表屏幕编辑、图纸的绘制以及工程造价分析等成套CAD技术。这些技术一经推出,很快得到了推广,并取得了显著的工程效益。

目前,路线CAD系统的发展方向是建立在数字地形模型基础上的三维设计。随着计算机技术的飞速发展,路线CAD系统已解决在实际应用中受数字地形模型大小限制的问题,使利用数字地形模型为依据进行多路线方案优化设计成为可能。桥梁CAD系统也在朝着基于数据库的项目管理、三维设计的方向发展。

9.1.2 公路路线CAD技术的应用

1.公路路线CAD系统总体结构

公路路线CAD系统总体结构采用模块技术,各子系统及子系统内的各个程序都成为单独的模块。在使用时,公路路线CAD系统运用菜单技术,通过数据库,采用数据通信的方式,有机地将各块联系起来。数据库起到了桥梁的作用。这种模块化了的程序系统,不仅节省了有限的计算机内存空间,而且增添了系统的灵活性,可以不断地把新模块增添到系统内,加强系统功能。

2.数据采集

公路路线设计必须依靠大量的地面信息和地形数据。数据采集方法分类如图9-2所示。

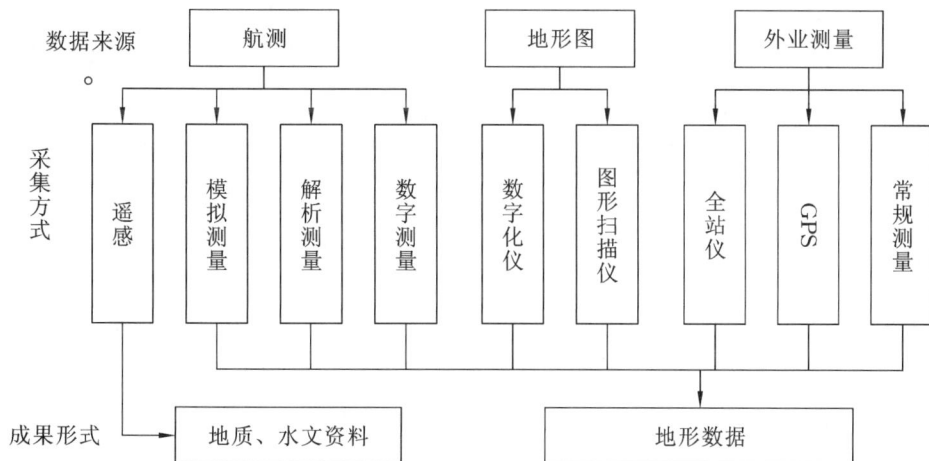

图9-2 数据采集方法分类

（1）用现代化的航空摄影测量手段建立数字地形模型。该方法快速、自动化水平高，但采用专摄航片须委托航测部门按数据采集的要求订立合同，这种专摄航片受到时间、费用等因素的限制，除非对重点工程项目，在目前条件下对一般公路建设项目工程尚难以推广。

（2）用全站仪或红外线测距仪对地面进行实测，直接建立三维的数字地形模型，该方法在工程上普遍采用。

（3）用传统的经纬仪、水准仪和小平板进行实测。

3. 路线优化设计

要使公路计算机辅助设计系统具备经济效益和获得质量较高的设计方案，软件必须包含优化设计。在进行优化设计时，设计人员应根据不同设计阶段不同的重点要求，建立一个从粗到细到精的逐渐优化的思路，还应注意到多种复杂因素的干扰。在优化设计过程中，设计人员可不断发挥人机交互作用，以获得切合实际的最优方案。传统的道路路线设计一般是在路线平面位置确定以后进行的，利用计算机辅助技术进行路线设计有如下两种做法。

第一种做法：在数字地形模型支持下，借助教学方法，由计算机初定路线平面位置，进行优化设计，根据计算机选择的最优方案和数字模型提供的地形资料，完成各种路线设计工作，这种方法自动化程度高。但是，由于平面线形优化涉及很多复杂因素，此方法目前尚处于研究开发和完善阶段。

第二种做法：在路线平面位置确定以后，利用计算机进行辅助设计，类似于传统的设计方法。设计人员根据地形和环境条件，首先在实地或在地形图上（1:1000 或 1:2000）确定路线平面位置，将平面设计资料输入计算机，由计算机逐一完成或人机采用交互方式共同完成路线平面设计，然后输入平面设计方案所对应的纵、横断面资料，由计算机完成整个路线设计（如内业计算和有关图表的绘制等）。设计所需地形资料可由野外实测获得，可以从地形图上或者在数字模型支持下通过程序获得。目前，现有的公路路线辅助设计系统大部分是采用这种方法开发的。平、纵、横设计过程如下。

1）路线平面设计

路线方案确定以后，设计者根据实际地形条件在实际或纸上确定平面线形，将平面设计资料输入计算机，如交点坐标（或交点间距、偏角）、平曲线半径、平曲线类型、缓和曲线长度等。计算机根据这些资料按照程序计算路线里程、平曲线要素和曲线上各特征点的桩号以及逐桩坐标。设计者可以根据设计结果，反复调整设计参数，直至满意。

这是在路线平面位置完全确定的情况下进行的，设计人员基本上不参与路线平面设计的过程。为了充分发挥人的主观能动性，让设计人员更多地参与平面设计，设计人员也可以采用人机交互的方式，在屏幕上进行平面设计，过程如下：在路线平面方案确定的基础上，利用数字化仪将路线导线图或线形草图输入计算机，作为平面设计的依据。在图形编辑软件的支持下，设计人员利用直线、平曲线和缓和曲线拟合出理想的平面线位，让计算机输出该线形的设计结果，若不满足要求，可以反复调整上述元素的设计参数，直至满意。

平面设计完成以后，软件自动将设计结果以数据文件的方式存储在计算机中，供后续工作调用。软件也可以通过专用程序，绘制路线平面设计图和有关表格。

路线平面设计流程如图 9-3 所示。

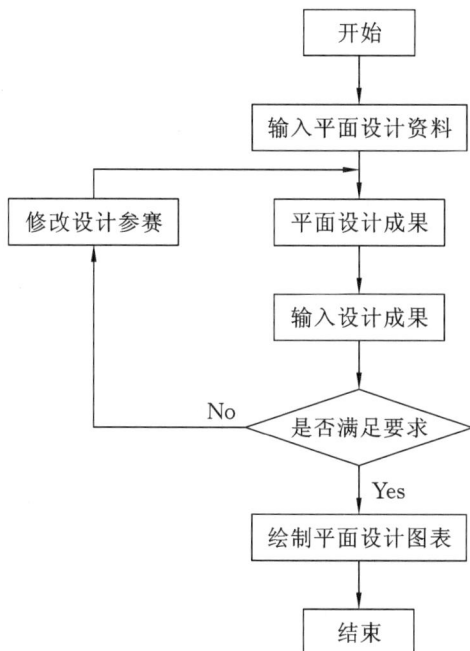

图 9-3　路线平面设计流程

2）路线纵断面设计

（1）纵断面地面高程的获取。

道路平面位置确定以后，一种方法是实地对道路中线进行水准测量或根据纸上定线的结果在地形图上人工读取中桩高程，通过键盘输入计算机，得到地面高程资料，这是传统的获取纵断面地面线的方法。另一种方法是利用建立的带状数字模型，利用计算机进行数模内插，得到道路中线上任一点的高程值，从而获得纵断面地面线，这种方法可以局部或全部代替人工测量输入工作。

（2）纵断面设计线的确定。

路线平面设计方案确定以后，如何让计算机自动产生道路的最优纵断面是从事道路计算机辅助设计人员研究的重点。目前，国内利用计算机进行纵断面设计仍采用传统的设计方法，即计算机将输入的地面资料处理后由绘图机输出或由屏幕显示一张纵断面地面线图，设计者在上面进行手工拉坡，然后将纵坡设计信息输入计算机，计算机自动完成纵断面设计的计算与输出工作，如图 9-4 所示。

3）道路横断面设计

在整个道路设计中，横断面设计的工作量是相当繁重的，并且大部分工作是重复性的，如横断面面积计算、绘图等。利用计算机进行辅助设计，既能提高设计速度，又可提高设计质量。

利用计算机进行横断面设计，需要处理大量横断面地面线数据。这些数据若靠人工输入，工作量是很大的，并且容易出错，一般是利用数字化仪将实测横断面地面线输入或通过数字地形模型自动产生。其工作过程可描述如下：设计人员根据路线所经地区的地形、地

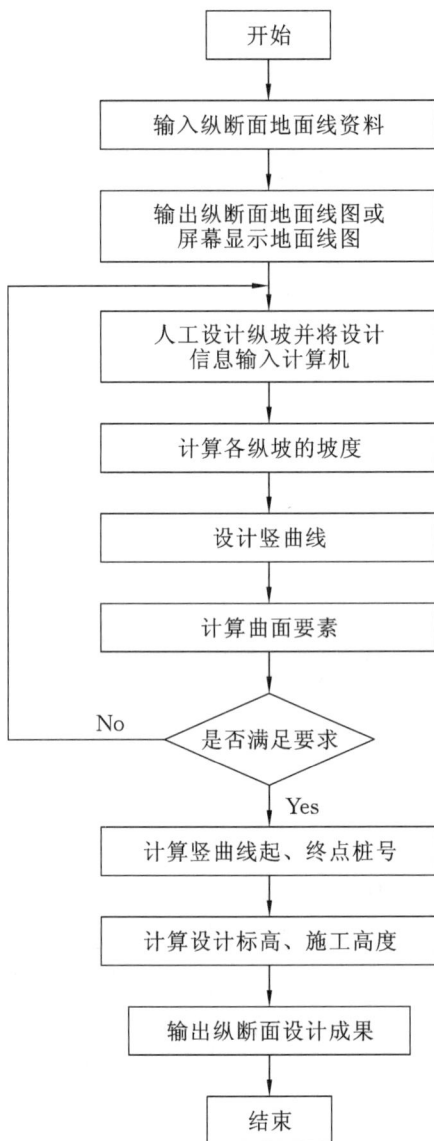

图 9-4　路线纵断面设计流程

质、水文、气候等条件,归纳可能出现的横断面形式和处理方式,确定各段的标准设计横断面形式及构造物布置形式,让计算机根据标准横断面自动进行横断面设计,如图 9-5 所示。设计成果通过计算机逐个显示在屏幕上,设计人员可根据地形、地质条件等在屏幕上修改不合理的设计断面。计算机自动提取并存储修改后的数据,计算土石方工程量和土石方累计数据,根据土石方累计数据曲线进行土石方调配,输出横断面设计图和有关图表。

4.计算机辅助设计、绘图和制表

现代计算机辅助设计一般具备在荧光屏上显示并通过人机对话对设计方案进行修改的功能;通过不断的人机交互作用,以获得切合实际的最优方案,在设计完成时可以利用绘图机输出各设计阶段所需的相应的图纸,并由打印机输出工程量和概预算等设计资料。

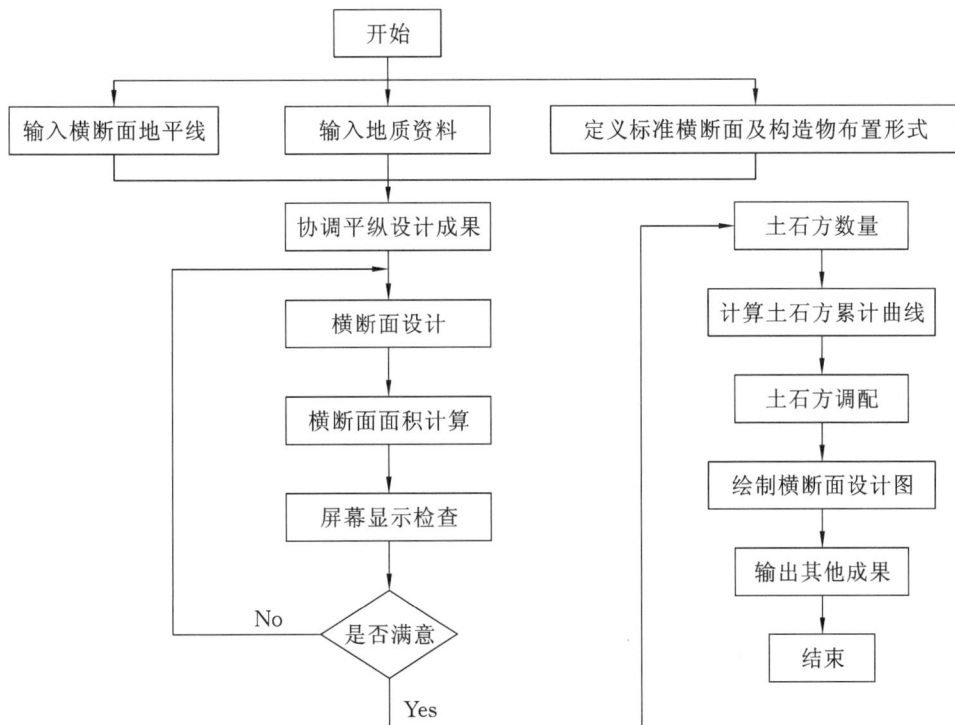

图 9-5 横断面设计流程

9.2 数字地形模型

数字地形模型是以抽象的数字整列表示地貌起伏、地表形态的模型,虽然是一种不直观的、抽象的地表形态表示,人眼不能观察,但计算机可以从中直接、快捷、准确地识别,进行数据处理,提供方便的地形数据,以实现各项作业的自动化。

9.2.1 数字地形模型及其应用

数字地形模型(DTM)是指地形地表形态等多种信息的数字表示,由许多规则或不规则整列的地形点三维坐标(X,Y,Z)组成,是数字化的地形资料存储于计算机的产物。对于呈带状的公路来说,设计人员需要的是公路左右一定范围内的地形资料,对应的数字地形模型为带状数字模型。有了数字地形模型,设计人员就可以采用一种数学内插方法,把这种地形信息拟合成一个表面,以便在公路设计时根据已知点的坐标计算标高。

由于采用了数字地形模型,设计人员只需根据地形图资料而不必进行极为艰苦的外业测量,或者只需要做一些必要的外业资料调查,便能既保证精度,又高效地完成各个阶段的设计工作。如果配合计算机绘图设备,设计人员还可绘出包括平、纵、横三方面的设计图纸,甚至公路透视图。数字地形模型的应用如图9-6所示。

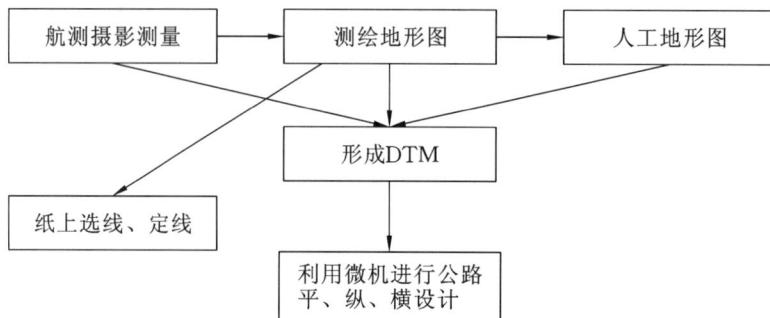

图9-6　数字地形模型的应用

9.2.2　数字地形模型的种类

1. 离散式数字地形模型

离散式数字地形模型简称三点数模,是由随机分布的离散地形数据构成的,可通过内插产生路线设计所需要的纵、横断面地面线资料。基本思想:在地面某个小范围内,地面可用圆滑曲面表现,对每一个待定点,从存储的地形中选择该点附近若干个地形点,按距离远近考虑其相应权数,确定一个拟合曲面。三点数模的优点:地形点可以任意布置,能够适应地形的变化。三点数模的缺点:地形点的选择要依赖设计人员的经验判断、占用计算机内存多、计算速度相对较慢。

2. 方格网式数字地形模型

方格网式数字地形模型将工程用地的一定范围划分成相等大小的方格或长方形,按一定次序读取网格点的高程,如图9-7所示。作为公路设计用的带状方格网数字地形模型,方格网式数字地形模型常根据地形类型的变化,在不同区段选用不同的方格大小,以提高它的使用精度。

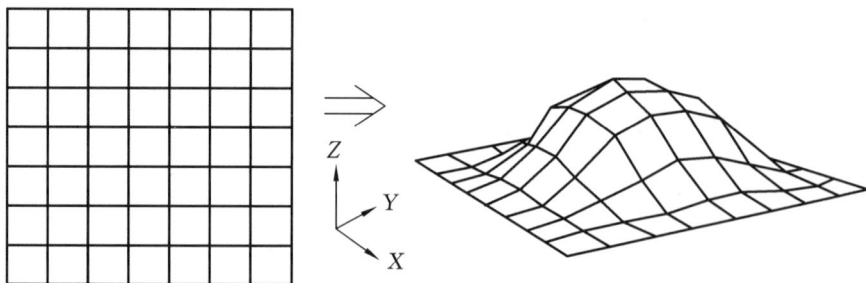

图9-7　方格网式数字地形模型

这种数字地形模型的优点是只需要储存网格点的高程值而无须储存平面坐标值,内插和检索简单,节省计算时间,采集数据方便,选点不依赖经验;缺点是地形变化大的地方精度较低,常常漏掉地形的真正变化点。

3. 三角网式数字地形模型

三角网式数字地形模型,由所有三角形顶点的三维坐标组成,并把每个三角形看成由三顶点高程构成的一个平面,因此划分三角网时,应尽量使三角形的周边以内所有等高线都呈直线,而且相互平行、间距相等,如图 9-8 所示。

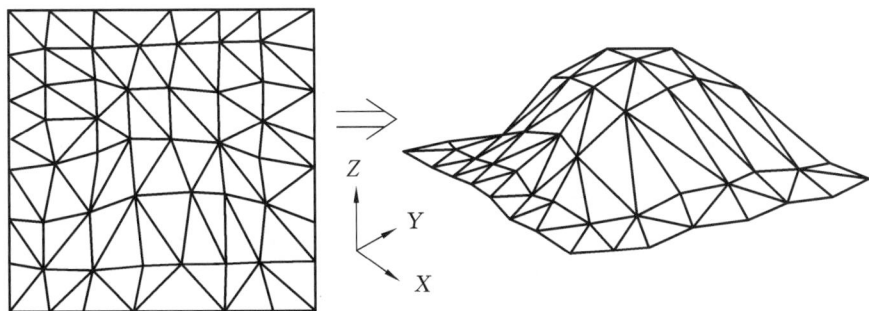

图 9-8　三角网数字地形模型

这种数字地形模型要存储三角形顶点三维坐标,但为了达到同样的使用精度,网点数远小于方格网式数字地形模型所需要的网点数,因此能节省很多的计算机内存。如果采用数字化仪等自动坐标输入装置,获取原始数据也颇为方便,只是要求操作者有一定的工作经验,以免取点不当,降低计算精度。此外,为了有效地查询,设计人员还应将所有三角形按一定规律标号排列起来。

4. 鱼骨式数字地形模型

鱼骨式数字地形模型是在路线方案确定以后,沿路线方向和垂直于路线方向采集地形点构成的数字地形模型,如图 9-9 所示。优点:数据采集方法简单,容易从航片或地形图上采点,只考虑中桩及中桩两侧一定宽度内的地形,节省计算机内存。缺点:要在路线方案确定以后才能建立数字地形模型,不能用作方案比选,在地形变化大的地区或远离中线的地方内插精度较低。

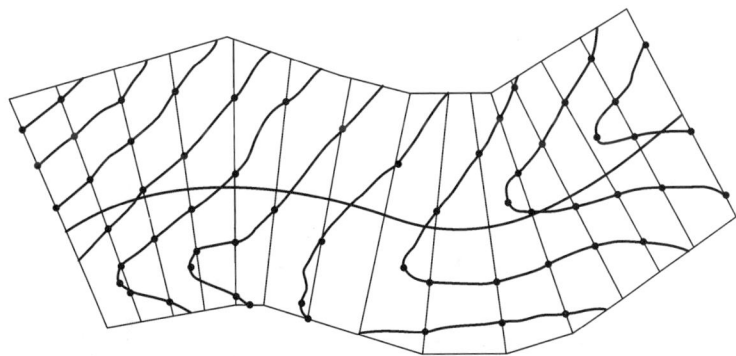

图 9-9　鱼骨式数字地形模型

9.2.3　数字地形模型数据点的获取

数据采集是指选取构造数字模型的数据点及量取其坐标值的过程,是建立数字地形模型的基础工作。

数据采集一般采用以下三种方式。

(1) 从现有的地形图上获取。从现有的地形图上获取是对现有的地形图进行数字化的一种方式。除人工读取数据外,目前最常用的是手扶跟踪式的坐标读取装置图形数字化仪。

(2) 利用自动记录的测距仪(或全站仪)在野外实测,获取原始数据。这种方法数据精度高,但人工劳动强度大且费时,适用于局部补测。

(3) 数字摄影测量方法:利用带有自动记录设备的立体测量仪或数字测图仪,对立体模型进行断面扫描或勾绘等高线,将坐标记录在纸带或磁带上。

9.3　公路透视图

现代公路除要满足交通要求外,还要满足行车舒适安全、线形和谐优美、与环境相互融合的要求,使乘客的视觉良好、心旷神怡、即使长途旅行也不感到疲劳和厌倦。随着道路等级的提高,人们对道路线形的审美要求和道路与周围景观的协调性越来越重视。公路透视图是路线计算机辅助设计的重要组成部分,它可以使设计人员在设计阶段获得形象逼真的道路全貌,用以检查路线设计的线形质量以及道路与周围景观的协调程度,是评价公路线形质量的主要手段之一,并以此作为修改设计的依据,也是当今进行招标、投标时显现设计效果的重要手段。

公路透视图有线形透视图、全景透视图、复合透视图和动态透视图等。复合透视图将线形透视图与照相技术相结合,以照片形式反映道路与周围景观的配合情况。动态透视图以移动的画面模拟汽车行驶时驾驶员感受到的道路情况。设计中常用的是线形透视图(见图9-10)和全景透视图(见图9-11)。

图 9-10　线形透视图

图 9-11　全景透视图

某一点(视点)和被视物体的各点(物点)相连的射线(视线)与画面产生一系列交点,连接这些交点所产生的被视物体的图像即该物体的透视图。与画面垂直的视线称为视轴,视轴与画面的交点称为主点,视线与物体的交点称为物点,视线与画面的交点称为迹点。

透视图设计流程:首先计算道路各点的大地坐标,接着确定视点、视轴及视轴坐标系,然后确定透视断面和透视物点,最后进行坐标计算转换,经过消隐等手段绘制出透视图。

透视图的运行设计:设计人员设置有关透视参数,让计算机显示或输出透视图的模型,也可以在计算机屏幕上观看动态透视图。设计人员通过透视图的检查,对公路平面、纵断面、横断面设计进行分析,对线形存在的问题进行修改,然后绘出透视图进行分析研究,直至满意。

9.4　"3S"技术

在大规模进行公路建设的今天,公路勘测设计成果的好坏以及设计水平的高低直接影响着整个工程的质量。因为一个公路建设项目质量的好坏、投资的多少以及运营是否完善直接取决于勘测工作是否周全,设计方案是否合理,两者是相辅相成、互为影响。但目前的公路勘测设计仍然没有完全摆脱传统的勘测设计模式和方法,技术含量低,特别是高科技含量不足,制约了高速公路建设的发展。如何有效地加快勘测速度、缩短设计周期、优化设计方案、提高设计质量是公路设计人员面临的重要任务。目前设计人员已提出数字化地球的概念,并通过"3S"计划来实现,内容如下:

① 丰富的全球地理信息系统(GIS);
② 精确的全球卫星定位系统(GPS);
③ 先进的遥感测设系统(RS)。

未来的世界将是"数字化的世界",数字化的概念将渗透到我国的各行各业。公路行业的数字化也是最近几年才提出来的概念,包括三个部分:

① 公路的数字化地理信息系统;
② 公路的全球卫星定位系统;
③ 公路的遥感测设系统。

9.4.1　地理信息系统

公路地理信息系统(geographic information system)是综合处理三维公路信息的计算机软硬件系统,是 GIS 技术在公路领域的发展,是 GIS 与多种公路信息分析和处理技术的集成。数字化地理信息系统应该具备详细的地形数据资料,其内容主要包括平面点的坐标、高程,已建道路和桥梁的位置、名称,道路沿线的民宅、工矿企业事业单位、田地、果林、鱼塘、水渠、河流、电力管线等详细地面资料。建立一个庞大的 GIS,单靠公路是无法实现的,需要与测绘、航测、规划、地勘等部门通力合作，系统完成后，可以实现资源共享，具有较大的经济效益和社会效益。应用GIS，设计人员可以方便地打开某一个区域或设计路段数字化地形图，通过鼠标在地形图上选取控制点，方便地比选出最佳路线方案，同时获取其他相关信息资料（如最佳路径，最短出行时间，交通流量，道路沿线地区人口数量和经济状况，建材分布与储量，运输条件，土壤、地质和植被情况等）。同时，设计人员对同一起、终点的路线，可以选取不同的路线方案进行分析、对比、筛选，直至获得最满意的方案。

GIS在道路前期规划中发挥了巨大作用。设计人员可以在GIS电子地图上准确确定出占地线宽度，让软件自动算出占地面积，占地范围内的鱼塘、田地、果树、电线杆、水井和电力管线等分项拆迁工程量，减轻前期规划人员外业作业强度，提高工作效率。设计人员还可以随时到现场进行碎部测量并采集数据，以补充更新原有的GIS数据库。

9.4.2　全球卫星定位系统

全球卫星定位系统（global positioning system）是目前应用广泛、技术成熟的卫星导航和定位系统，它是一种可以实时测距的空间交会定点导航系统。GPS系统由卫星系统、地面控制系统、用户系统三部分组成，不仅具有全球性、全天候、连续性、实时性的精密三维导航与定位能力，而且具有良好的抗干扰性和保密性。相对于经典测量学技术，GPS定位技术具有观测点之间无须通视、定位精确度高、观测时间短、提供三维坐标、操作简便以及全天候作业等优点。随着GPS技术的快速发展、产品的更新换代，新一代具备RTK（实时动态定位）系统功能双频GPS接收机的诞生给当今公路测设事业注入了新的活力。最新的RTK技术在公路测设及建设中主要应用于以下几个方面。

1）工程控制测量

用GPS建立控制网，精密方法为静态测量。对大型结构物，如特大桥、隧道、互通式立体交叉等进行控制，宜用静态测量；一般公路工程的控制测量，可采用实时GPS动态测量。该法在测量过程中能实时获得定位精度，当达到要求的点位精度，即可停止观测，提高了作业效率。因点与点之间不要求通视，测量简便易行。

2）绘制大比例尺地形图

公路选线多是在大比例尺（1:1000或1:2000）带状地形图上进行的。采用传统方法测图，首先要建立控制网，然后进行碎部测量，最后绘制成大比例尺地形图。传统方法工作量大、速度慢、花费时间长。用实时GPS动态测量，在沿线每个碎部点上仅需短暂的时间，即可获得测点的坐标，结合输入的点特征编码及属性信息，构成碎部点的数据，在室内由绘图软件成图。因只需要采集碎部点的坐标和输入其属性信息，采集速度快，降低了测图的难度，既省时又省力。当基准站设置完成后，整个测设系统可由一人持流动站接收机操作，也可设置几个流动站，利用同一基准站观测信息各自独立操作。

3）公路中线测设

纸上定线后，设计人员需将道路中线在地面上标定。采用实时GPS测量，设计人员只需将中线桩点的坐标输入GPS接收机，移动接收机就会定出放样点位。每个点的测量独立完成，不会产生累计误差，各点放样精度一致。

4）公路的纵、横断面测量

道路中线确定后,利用中线桩点坐标,通过绘图软件,即可绘出路线纵断面和各桩点的横断面。所用数据是测绘地形图时采集的,不需要再到现场进行纵、横断面测量,减少了外业工作。如需进行现场断面测量,设计人员也可采用实时 GPS 测量。

5）施工测量

实时 GPS 系统有良好的硬件,也有丰富的软件可供选择。施工中对点、线、面以及坡度等放样方便、快捷。

9.4.3　遥感技术

遥感技术(remote sensing)是利用航片或卫星照片上含有的丰富地表信息,通过立体观察和航片判释并经过计算机的自动处理、自动识别,获得各种地形、地貌、地质、水文等资料的计算机软硬件系统。现代遥感技术系统一般由空间信息采集系统、地面接收和预处理系统、地面实况调查系统、信息分析应用系统四部分组成。

遥感技术的主要产品之一就是遥感专题地图。遥感专题地图通过图形符号,客观、系统地反映一定地区内环境和资源的空间分布和时间变化规律。按内容和专题性质不同,遥感专题地图可分为三类,即自然地图(如地质图、地貌图、气象气候图、土壤图、植被图等)、社会经济地图(如行政区划图、居民分布图、经济地图、文化地图等)、其他专题地图(如航海图、航空图、城市平面图)。

遥感技术及其提供的遥感资料,具有视域广、整体感强、资料获取迅速、影像逼真、信息量丰富等特点,特别是对地形、地貌、地质、植被等信息的反映最为直接。目前,在公路勘测设计中,遥感技术主要是一种辅助性的地质勘查技术手段,其应用主要体现在以下几个方面。

1）查明地质条件

利用遥感影像,配合地面地质调查,可以判定区域地质条件、地形、地貌、岩性、构造和不良地质现象等资料,大幅度减小野外工作量,节省野外勘察成本。

2）为公路选线提供资料

在公路可行性研究阶段,利用 TM 卫星影像或 SPOT 影像可以判释大地区域地质构造及地层岩性,推荐适宜路线布局的合适走廊带,为公路方案的选择与优化提供宏观地质依据,避开容易因工程建设引起多种不良地质现象发生地段,从而降低工程造价和路线运行维护成本。

3）为路线构造物设计提供帮助

利用路线走廊带大比例尺航片,可以判释出绝大部分物理地质现象,如崩塌、滑坡、泥石流等自然灾害的位置、规模,并能对相应的地质灾害提出相应的治理方法和建议,可以对工程构造物的位置、形式等提出建议。

4）可对所选路线线形进行三维透视

通过 GIS、GPS、RS 一体化技术的综合处理,将遥感图像叠加于三维地形模型上,形成真实的地形环境模拟,可以帮助设计人员了解路线线形是否顺畅、行车视距是否良好、与周围景观是否协调一致,更体现出遥感技术在公路路线比选中的重要作用。

巩固训练

基础练习

一、填空题

1. CAD 系统由＿＿＿＿和＿＿＿＿组成。

2. CAD 软件系统由＿＿＿＿、＿＿＿＿和＿＿＿＿三部分组成。

3. ＿＿＿＿模型简称三点数模，是由随机分布的离散地形数据构成的，可通过内插产生路线设计所需要的纵、横断面地面线资料。

4. 公路 GIS 是综合处理＿＿＿＿的计算机软、硬件系统，是 GIS 技术在公路领域的发展，是 GIS 与多种公路信息分析和处理技术的集成。

二、单项选择题

1. 以下是全球地理信息系统的是（　　　）。

A. GIS
B. GPS
C. RS
D. TM

2. 以下是全球卫星定位系统的是（　　　）。

A. GIS
B. GPS
C. RS
D. TM

3. 以下是遥感测设系统的是（　　　）。

A. GIS
B. GPS
C. RS
D. RTK

三、问答题

1. CAD 的含义是什么？CAD 的组成系统有哪些？

2. 什么是数字地形模型？数字地形模型有哪几种类型？

3. 数字地形模型原始数据采集方法有哪些？

4. 什么是透视图？

5. 简述"3S"技术在公路测设中的应用。

技能实训

运用所学知识，理解平面、纵断面、横断面图之间的关系，绘制已有的一条三维路线的透视图。

参 考 文 献

[1] 中华人民共和国交通运输部. JTG B01—2014 公路工程技术标准[S].北京:人民交通出版社,2014.

[2] 中华人民共和国交通部. JTG C01—2007 公路勘测规范[S].北京:人民交通出版社,2007.

[3] 中华人民共和国交通运输部. JTG D20—2017 公路路线设计规范[S].北京:人民交通出版社,2017.

[4] 中华人民共和国交通运输部. JTG D30—2015 公路路基设计规范[S].北京:人民交通出版社,2015.

[5] 陈芳晔,李绪梅.公路勘测设计[M].4 版.北京:人民交通出版社,2018.

[6] 韩冰. 公路勘测设计[M].哈尔滨:哈尔滨工业大学出版社,2016.

[7] 杨少伟. 道路勘测设计[M].北京:人民交通出版社,2009.

[8] 田万涛. 道路勘测设计[M].北京:高等教育出版社,2010.

[9] 蔡龙成,刘雨. 公路勘测设计[M].2 版.郑州:黄河水利出版社,2012.

[10] 中华人民共和国交通部.JTG/T C10—2007 公路勘测细则[S].北京:人民交通出版社,2007.

[11] 中国有色金属工业协会. GB 50026—2007 工程测量规范[S].北京:中国计划出版社,2008.

[12] 中华人民共和国交通运输部. JTG C20—2011 公路工程地质勘察规范[S].北京:人民交通出版社,2011.

[13] 中华人民共和国住房和城乡建设部. GB 51038—2015 城市道路交通标志和标线设置规范[S]. 北京:中国计划出版社,2015.

[14] 杨少伟.道路勘测设计[M].3 版.北京:人民交通出版社,2013.

[15] 中华人民共和国住房和城乡建设部.CJJ 37—2012 城市道路工程设计规范(2016 年版)[S].北京:中国建筑工业出版社,2016.

[16] 中华人民共和国交通运输部. JTG B04—2010 公路环境保护设计规范[S].北京:人民交通出版社,2010.